张远航◎主编

中国近代马克思传记稀有版本文献

⑤

马克思传

（上册）

李季◎著

中央编译出版社
CCTP Central Compilation & Translation Press

图书在版编目（CIP）数据

马克思传. 上册 / 李季著. -- 北京 : 中央编译出版社, 2025. 6. --（中国近代马克思传记稀有版本文献 / 张远航主编）. -- ISBN 978-7-5117-4922-2

Ⅰ. A711

中国国家版本馆CIP数据核字第2025JW8963号

马克思传 . 上册

选题策划	张远航
责任编辑	周雪凝
责任印制	李　颖
出版发行	中央编译出版社
地　　址	北京市海淀区北四环西路 69 号（100080）
网　　址	www.cctpcm.com
电　　话	（010）55627391（总编室）　（010）55627312（编辑室） （010）55627320（发行部）　（010）55627377（新技术部）
经　　销	全国新华书店
印　　刷	廊坊市印艺阁数字科技有限公司
开　　本	710 毫米 ×1000 毫米 1/16
字　　数	268 千字
印　　张	32.25
版　　次	2025 年 6 月第 1 版
印　　次	2025 年 6 月第 1 次印刷
定　　价	2380.00 元（全 7 册）

新浪微博：@ 中央编译出版社　　**微　信：**中央编译出版社（ID：cctphome）

淘宝店铺：中央编译出版社直销店（http://shop108367160.taobao.com）（010）55627331

本社常年法律顾问：北京市吴栾赵阎律师事务所律师　闫军　梁勤

凡有印装质量问题，本社负责调换，电话：（010）55627320

馬克思傳

李季 著

神州國光社

馬克思傳

上

李季著

神州國光社

馬克思傳

（全三册）

一九四九年八月出版

著者　李季

出版者　神州國光社

上海福州路三八四弄四號

發行者　神州國光社

定價

Karl Marx.

馬克思·燕妮

馬克思傳 目次

上冊

下册

第四篇　晚年時代（集成時期：一八六七年至一八八三年）

著者自序

卡爾・馬克思（Karl Heinrich Marx）爲近世科學的社會主義之始祖，他的聲名卽隨着這種社會主義的運動而傳播於世界各國；歐美的勞動羣衆知道有馬克思其人，已在半世紀以前，至於智識界的人——特別是從事於社會運動的——知道他的，尤較一般勞動羣衆爲早。在他的生時，比，英，德，法等國不獨有無數馬克思主義者，並且前後都有所謂『馬克思黨』出現了。自馬氏死後，歐美各國社會主義的運動日盛一日，在最近數年中，風聲所播，已徧及於全世界，這都是和馬克思的學說有直接或間接關係的。因此，在一切有文化的國家中，關於紀載馬氏事蹟和討論馬氏學說的著作，眞是累百盈千，尤以他的出生地德國爲最多。桑姆巴特（W. Sombart）於一九〇五年曾將世人對於馬克思及其學說的德，法，英，意文著作列舉出來，編成一表，共達三百種之多。（見社會科學與社會政策叢刊第二十卷，四一三至四三〇頁，桑氏馬克思主義書籍題解資料。Ein Beitrag zur Bibliographie des

著者自序

Marxismus. Archiv für Sozialwissenschaft und Sozialpolitik. 但內有數種是馬克思自己所著，還有數種是他人對於昂格思——Friedrich Engels——的著作。）桑氏自己並說明此表所載，極不完備，因爲除掉遺漏的不計外，凡德，法，英，意文中載有馬克思事業及其學說的社會主義史，社會運動史，經濟學史和百科全書等等，他都沒有收入，而俄文中對於馬氏及其學說的一大批著作，他也沒有列在裏面。自一九〇五年到現在已經二十多年，近來描寫或批評馬氏及其學說的人較前更多，因此，各國此項著作不知道又增加多少倍了。

可是說來也很奇怪，各國學者對於馬克思的著作雖多，然至今還沒有一部詳盡無遺的馬克思傳，描寫馬氏生平的態度，品性，和事業等等，使他的聲音容貌，言語動作，得一一活現於我們的眼前。就是世間討論馬氏學說的著作，也大概僅限於一隅，沒有涉及全局；要求對於馬氏學說的各方面，作一種有統系的紀述，與公正的批評，這種著作現在尚寥若晨星。至於將馬氏一生所經歷的事實，所發表的著作，與所表見的學說，冶爲一爐，貢獻於世的，無論在何種文字中，除掉幾部數十百頁的小册子外，簡直沒有見過。本書之作，志在於斯。因此本書特分爲上下兩編，上編爲馬克思的傳記，兼述其重要著作的大要；下編則專對於他的學說作一種有統系的紀述，並且加以批評。上編既敘述馬氏的重要著作，便已涉及他的學說，惟這是以每種著作為單位的，例如講資本論，（Das Kapital）則專以此書為限，不涉及其他著作。至於下編則是以學說為主體的，例如講歷史的唯物論，則將馬氏各種著作中關於此說的議論綜合起來，使自成一統系。這是上下兩編同講學說而及各不相同之點。作者深信應用這種方法，則凡馬氏一切重要的片段議論，與零星學說，在下編不能容納的，皆可在上編敘述他的著作或事業時，連帶介紹出來，如此便沒有疏漏之虞。又上編所講的學說，下編大概不再提及，因此又可免重複之弊了。現在本書上編業已告成，惟因篇幅繁多，故分作三冊出版，今特述其要點如左。

我們要講這一編的要點，須先把各國學者替馬克思所作的傳記略提一下，庶幾有個比較，容易明瞭。西洋關於此類的著作，除短篇——如昂格思一八七八年在不拉克八民歷書（Blackos Volkskalender）中所發表的，伊利安樂（Eleanor）一八八三年在倫敦進步（Progress）月刊五月號所發表的，拉花爾格（Paul Lafargue）一八九〇年在新時代雜誌（Die Neue Zeit）所發表的，雷士列（Lessner）一八九三年在新時代雜誌所發表的，以及一切百科全書，

著者自序　　四

經濟學史，社會主義史等書所載的——不計外，就德英及俄文中所見的專書講，有下列各種。（法文中至今猶未見有馬克思傳出現。）李卜克內西（Wilhelm Liebknecht）的馬克思紀念册，(Karl Marx zum Gedächtnis, 1896.)澤特金(Klara Zetkin)的馬克思及其終身事業—(Karl Marx und sein Lebenswerk 1913.)墨爾林（Franz Mehring）的馬克思傳，(KarlMarx, Geschichte seines Lebens, 1918.)丹列柏克(Robert Danneberg)的馬克思——其人及其事業，(Karl Marx, Der Mann und sein Werk, Wien 1913.)柏爾(M. Beer)的馬克思傳及其學說，(Karl Marx, sein Leben und seine Lehre.)威爾不蘭特(R. Wilbrandt)的馬克思，(Karl Marx, Versuch einer Wurdigung 1918.)脫尼斯(Ferdinand Tonnies)的馬克思傳及其學說(Karl Marx Leben und Lehre, 1921)斯巴哥(John Spargo)的馬克思的生平及其言行，(Karl Marx, his Life and Work, 1910.)洛利亞（Achille Loria）的馬克思(Karl Marx)原爲意大利文，一九二〇年由保羅夫婦——Eden and Cedar Paul——譯成英文。）卡罕確慈（Zelda Kahan-Coates）的馬克思傳及其學說。（Karl Marx: His Life and Teaching, 1918)耶贊諾夫（D. Rjasanov）的馬克思與昂格思，（Marks i Engels)斯節

克諾夫(Steklov)的馬克思傳及其活動。（Karl Marks, ego Jizn i Dieatelncste） 在這些書中，只有斯巴哥的，墨爾林的和耶贊諾夫的，為大部頭著作，斯氏的書就德文譯本講有三百五十頁，墨氏的書有五百六十頁，耶氏的書有二百六十頁。）其餘的都只是些數十百頁的小本子。 此等小書敍述馬克思生平的事業和學說是非常簡略的，故我們現在只就斯墨耶，三氏的書講一下。

斯巴哥的馬克思的生平及其言行一書缺點極多。 他的書名本來含有討論馬克思著作的意思，可是對於馬氏許多著作並未提及，即就提及的講，也僅涉及皮毛，未能深入。 例如他對於馬氏的主要著作資本論雖另闢專章，多至四十餘頁，然內中所述的，有百分之九十與資本論沒有關係；資本論的內容是什麼，他竟沒有說及，其他更不必論了。 斯氏的書成於一九〇九年，當時馬克思大部分的書信及其他著作多種尚未出版，作傳的材料已經是極不完備，加之斯氏不甚懂德文，對於德文中已出版的馬克思著作和他人對於馬氏的著作，既不能盡量利用，復不能正確利用。 例如他常抄襲墨爾林的德國社會民主黨史（Geschichte der Deutschen Sozialdemokratie）第一卷前面的節段，可是他不肯翻閱全書，所以他對於本卷後而所載昂格思自述於一八四二年在寬恩(Köln)第一次遇見馬克思的信絲毫不知道，竟對於他們兩人於一八四四年第二次在巴黎相見，大書特書為初次會面。 至於他引用墨氏所校的馬克思與昂格思文牘(Aus dem literarischen Nachlass von K. Marx und F. Engels.1841 bis 1850.)中的節段，也是屢次鬧出笑話的。 他又好以己意造出些捕風捉影之談，其用意是想替馬克思鼓吹，實則常厚誣馬氏。 例如一八四七年公正同盟會(Der Bund der Gerechten)開第一次大會，馬克思因缺少路費，(參看昂格思與馬克思書信錄第一卷六四頁，一九二一年出版。——Der Briefwechsel zwischen F. Engels und K. Marz. 1844-1833.)不能前往，他竟說馬氏靜居不律塞，(Brüssel)要有正式的請求，才肯參預下屆大會，(參看斯氏馬克思的生平及其言行德文本八〇頁。) 按其語氣，馬氏大有深居簡出，以大首領自居之意，這自然是養尊處優，裝腔作勢的著作家一種最無聊的揣測之詞，非熱心於工人運動，奮不顧身的馬克思眞正的態度。 墨爾林稱斯氏此書為『一部無價值的編輯，』(見新時代雜誌第三十一年度一卷四二三頁墨氏斯巴哥的馬克思的生平及其言行。 —— John Spargo, Karl Marx, sein Leben und Werk.) 耶費諾夫認他此書為『一種完全的失敗』，(見爭鬪月刊第六卷二八五頁，耶氏書評：馬克思傳，一九一三年維也納出版。Marx Biographie, Der Kampf.）這不算是一種苛論了。

墨爾林的馬克思傳與斯氏的書比較，不獨是內容完全不同，而且敍述的正確，與議論的精密，遠過斯氏，不愧爲現今馬克思傳記中的最上乘。不過墨氏對於馬克思在私人生活中刻苦奮鬥的情形，及其爲無產階級而著書立說，犧牲一切的經過，說得很少。他雖明知馬氏『是一個思想家，對於人類知識的數量有重大的增加，』（見新時代雜誌第二十六年度一卷八二三頁，墨氏馬克思紀念—Marx zum Gedächnis）可是他對於馬氏的學說也寫得很少；他雖自認對於馬氏學說描寫得並不少，（參看社會主義與工人運動史叢刊第八卷三一〇頁，墨氏馬克思主義雜談一九一九年萊比錫出版。Eine Episode des Marxismus,Archiv für die Geschichte des Sozialismus und der Arbeiterbewegung.）但就他描寫的講，却有詳於馬氏前半生學說，而略於其後半生學說之弊。他所唯一注意的地方，是馬克思的政治生活。所以邁耶（Gustav Mayer）以爲『他只願替馬克思作一部政治傳，至於思想家和學者〔的馬克思，〕他就使之埋沒在革命家〔的馬克思〕之下了。』（見社會主義與工人運動史叢刊第

著者自序

十卷五四頁，遡耶馬克思傳的新材料。Neue Beiträge zur Biographie von Karl Marx.）

至於耶氏的書係由九次演講錄而成，篇幅既較斯，墨兩氏的書爲少，又兼述馬克思與昂格思兩人的事業，因此他對於馬克思更不能有詳細的紀述。他自己在序言中並且明言此書的要旨是在描寫革命家的馬克思與昂格思（參看耶氏馬克思與昂格思第八頁，一九二三年莫斯科出版。）與墨爾林的書同爲馬克思的政治傳。然此書對於一般民衆允稱善本，因其描寫革命家的馬克思與昂格思，尤注意於當時的政治狀況和社會運動，使讀者看清背景，容易認識馬昂兩氏，而其敍事的簡單扼要，與行文的平易通俗，且在墨氏一書之上。

斯，墨，耶三氏的書內容各異，本書上編與此三書及上列各種傳記亦復不同，其主要不同之點有二，特分述於下。

一、編制上的不同。按馬克思生平發達的程序，截然分爲四個時代，而每一時代之中，各自有其特點。上列各書，除脫尼斯的馬克思傳及其學說外，均不分時代。（脫氏的書雖分時代，却有點錯誤，例如他的書目錄中傳記部分所劃分的年分，與其本文中所標的年分不一致，又目錄中明言馬克思第一時代自出生時起至認識昂格思爲止，而下面括符中註明一八一八年至一八四三年，便是自相矛盾，因爲馬昂兩氏第一次相見實在一八四二年年底。）此等著作對於馬氏的事業大概是依照次序，一直敍下去。（脫氏的書也是如此。）就書中各章的標題講，多係紀事本末體，然就內容講，則同一種類的事件，常因年月上的距離而散見於各處，因此又半爲編年體了。 本書上編按照馬克思一生發達的程序，分作四個時代，並且在下面括符中用四字註明每個時代中主要的特點，使讀者一望而知馬氏生平事業的梗概。時代既經分出，卽有了段落，便於紀述；例如馬克思在某個時代中生有幾個兒女，或受過多少困苦，都可作一次描寫出來，一經翻閱，便可瞭然。 倘若不分時代，中間既沒有關欄，自無所謂起止，只好按照次序，將此等事夾在各種重要的事中，分頭敍出，使人不容易找着線索，以彼較此，得失立見了。

二、取材上的不同。 拉花爾格說：『世間有些稀有的人物，對於學問和公共活動，同時能站在第一等地位上，馬克思就是這種稀有人物中之一；他結合這兩種要素至爲堅固，大家的心目中如果不把他看做一個學者和社會主義的戰士，大家便不能夠懂得他。』（見新時代雜誌第九年度一卷一〇頁，拉氏回憶馬克思。——Karl Marx, Persönliche Erinnerungen.）

著者自序

阿衛靈（Edward Aveling）說：『馬克思不僅是一個學者，他還是一個實行家。他是一個爭鬬的革命家。在過去現在及將來，他總是我們現代抵抗資本專制的無產階級武力的階級爭鬬中精神上的主腦，在過去現在及將來，他總是幾百萬男女——這些人中有許多是未曾讀過他的著作一字一句的——精神上的引導者。』（見新時代雜誌第十五年度二卷七五六頁，阿氏達爾文與馬克思。Charles Darwin und Karl Madx.）英國海德曼（Hyndman）也說：『當馬克思對於自由黨的政策——即對於這一黨所持的愛爾蘭政策——帶着怒氣發言的時候，這位老戰士一雙小而且深的眼睛光芒四射，他的密布的眉毛縐在一起，他的扁平而且肥大的鼻子以及全臉都露出憤激的顏色，他的口中雄辯滔滔，若決江河，同時他的脾氣中的怒火以及他操我國語言的巧妙着重式都表現出來了。他因憤怒而大爲激動時的行狀，與他進而發表他對於當時經濟進程的意見時的態度，互相對照，顯然大有區別。他不現出何種顯然的自制力，復從一個現身說法者和激烈的彈劾者之地位而歸於一個心平氣和的哲學家之地位。』（見墨爾林的馬克思傳五一一頁，一九二〇年第三版。）馬克思能做一個社會主義的戰士，同時又能做一個學者，他能『怒髮衝冠』，即刻又能『雍容自若』，這完全是由於他有一種非常稟賦，這完全是由於他具有熱烈的心腸，與冷靜的頭腦；或像考茨基(Karl Kautsky)所說的一樣，具有『光輝燦爛的革命熱忱，嚴峻銳利的批評〔能力〕；如火如荼的氣魄，百折不回的忍耐性，蓋世的聰明，對於一切卑鄙齷齪的痛恨心；對於一切憂患的熱烈同情心，和科學的深遠的觀察力。』（見丹列柏格馬克思——其人及其事業第六頁，一九一三年維也納出版。）馬氏既有如此的稟賦，所以他一入社會的戰場，即成為一個奮勇無匹的戰士，一進研究室，即成為一個精思玄妙的學者。凡替他作傳的人對於這兩點倘若忽略了一點，則其傳記便只描寫出『半個馬克思，』因此，讀這種傳記的人也自然不會完全懂得馬克思了。本書對於馬氏這兩方面的事實，力求兼收並蓄，希望藉此寫出『整個馬克思』。

本書的要旨既在描寫戰場上的馬克思，與研究室中的馬克思，那麼，所涉的範圍便非常廣泛了。今請先言第一項。我們要描寫戰場上的馬克思，必先敍出對敵的雙方，和戰場的形勢，庶幾名角登台，英雄用武，方有蛛絲馬跡可尋。因此，本書對於共產黨，(Der Bund der Kommunisten) 一八四八年歐洲各國的革命，國際黨，(Die Internationale) 巴黎公社，(The Commune at Paris) 和德國社會民主黨 (Die sozialdemokratische Partei

Deutschlands）等都特闢專章，詳其起止。至於馬克思的活動和意見，或是連帶敍出，或是接着在下一章中敍出，則隨材料的多寡，與作法上的結構爲轉移。總之，本書對於此等事所取的材料，較上列各書爲多。凡歐洲十九世紀科學的社會主義或共產主義（這兩個名詞本有區別，詳見本書共產黨宣言——Manifest of the Communist Party——一章，但現今著作界仍視爲異名同義的名詞，隨便應用，本書使用此等名詞，一仍通例。）及其運動的歷史，可以說大概都包括在這一編中了。昂格思於馬克思死後，即擬替馬氏作傳，畢竟因年老事多，不克如願相償。埃系霍恩（E. Eichhorn）述及此事，說：『昂格思尤有一種爲馬克思作傳的事懸掛在心頭，這種傳在他的手中必定成爲一種十九世紀科學的共產主義及其運動的歷史，這是沒有疑義的。』（見埃氏校的昂格思書簡一一頁，一九二〇年出版。F. Engels. Vergessene Briefe. Ein Beitrag zum hundertjahrigen Geburtstag.）埃氏說這句話並非憑空推測，乃是根據昂格思答覆考茨基要求作國際黨史的信而來的。（參看同書同頁。）由此可見在馬克思傳中敍述科學的社會主義及其運動的歷史，是最關重要的。

現在再講研究室中的馬克思。馬克思的好學是出自天性。他自最小時起即歡喜讀書，後來入學校更力學不倦，常至廢寢忘餐。 他出學校後，仍不改變這種態度，並且還在病中求學，所以阿克恩(Hermann Oncken)說：『馬克思有一次在幾星期的重病中寫信道：「此時我完全沒有工作能力，此時讀過的書為卡盆特(Carpenter)的生理學，洛德(Lord)的生理學，寬里克(Köllikrë)的組織學，(Gewebeleher)施頗慈海(Spurzheim)的腦及神經系統剖解學，施王(Schwan)和施乃登(Schleiden)對於細胞病的著作。」 大家由此可以測出他平常康健時的精神事業了。』(見普魯士年書第一百五十五卷二一三頁，阿氏馬克思與昂格思。Marx und Engels, Preussische Jahrbücher.) 馬克思就是到了衰老多病的時候，猶捨不得一個『學』字。 他當五十六歲時，患病甚劇，曾寫信給索爾格說：『凡不願意做牛的人，一沒有工作能力，在實際上就是被宣告了死刑。』(見倍克，晉慈根，昂格思，馬克思等致索爾格等書信錄一三六頁，一九二一年出版。——Briefe und Auszüge aus Briefen von Joh. Phil. Becker, Jof. Dietzgen, F. Engles, K. Marx u.A. an F.A. Sorge und Andere.) 馬氏這句話就是表示他視因病不能從事學問為絕大的痛苦。 後來他病到將死的時候，猶栖栖遑遑，轉地療養，想藉此恢復工作能力去完成他的資本論。 馬克思對於學問既具有一種自然的熱忱，故本書上編起首一章即標爲『家庭教育』，特別注意於他幼年的教養。此外，如『學校教育』，『思想的變遷』，『文字生涯』，『家庭狀況』，『研究室中的成績』，和『疾病與死亡』等章，或是全文，或是一部分描寫他對於學問一方面的狀況。因爲他除掉參加社會運動外，畢生精力，都集於此，內中經過的情形十分複雜，我們斷不能用幾句話概括起來，當隨時隨地爲之介紹，庶可表現眞相。上列各章對於這一方面所敍的事實多爲他書所未曾道及，這是本書取材獨多之點。

昂格思說：『一個階級愈伏處於社會中的下層，他愈是『無教育的』——這是就此語通常的意義講的——則他和進步的距離愈近，而他的前程愈大。就大體講，這是每個革命時期的特點。』(見邁耶校的昂格思早年著作二五五頁，一九二〇年出版。——Friedich Engels. Schriften der Frühzeit. Berlin.) 在資本主義當權之世，只有無產階級伏處於社會中的下層，只有無產階級是『無教育的』，然恰因此只有他和進步的距離愈近，也只有他的前程愈大。凡具有赤膽忠心，與深思遠慮的先知先覺，生於這種時代，無有不樂爲無產階級服務的。馬克思生平最大部分的光陰都花在研究室中，然他不像世間一般無用的書獃子一樣，焚

膏繼晷　兀兀窮年，爲着學問的緣故而求學，此外絲毫沒有目的；他也不像封建貴族或資產階級的學者一樣，養尊處優，席豐履厚，視研究室爲消遣之所，或『趣味主義』試驗之場，此外一無顧慮。　馬氏自變成社會主義者以後，其求學的目的是在替無產階級創造一種由本階級觀點出發的學說，去批評資產階級的學說，他在研究室中仍是替無產階級服務，所以『替世界作工』一語，是他時常所樂道的。　耶寶諾夫說，馬克思『的一生完全爲革命事業犧牲了，他只知道有一種思想的勢力──卽從資本主義奴隸制的羈絆中解放無產階級。』(見耶氏馬克思主義大綱一〇九頁，一九二三年莫斯科出版──Ocherki Po istorii Marksizma.)　昂格思也說：『馬克思一生眞正職業是在這種或那種方法中，對於推倒資本主義的社會以及由這種社會所造成的國家組織，共同活動，是對於近世無產階級──他首先使這個階級覺悟自己的地位與需要，並且覺悟自己解放的條件──的解放，共同活動。』(見一九二三年柏林出版的馬克思紀念雜刊第三至四頁。Karl Marx zum Gedächtnis)　在馬克思以前，社會主義與工人運動是各自獨立，不相爲謀的，自馬氏出，才運用他的銳利的眼光，淵深的學識，與實際運動的經驗，著書立說，將社會主義與工人運動打成一片。　澤特金說得對：『馬克思不朽的歷史發展就在對於社會主義與工人運動兩者間造成一所堅固的連接的橋梁。 他舉出一種確切的科學的證據，指明那照耀於歷史地平線上的社會主義制度，只能是奮鬥的工人階級的事業——等於一種無可逃避之自然的必要——也必定是這個奮鬥的工人階級的事業。 馬克思既不復把社會主義當做一種偶然的事件，卻證明這是一種合乎定律的歷史發展的結果，那麼，他就使這種主義由烏託邦而變成科學。他既確切指出要負並且能負歷史使命的工人階級知道去形成這種歷史發展的結果 那麼，他就與工人運動以一種貴重的證書，（證明這種運動）是社會革命的擔當者，至於這種社會革命即是人類因無產階級的解放，由（非人的）動物圈內跳到完全人類自由（的境界中）。」（見澤氏馬克思及其終身事業三〇頁。） 馬克思做學問的目的既專在溝通社會主義與工人運動，既專在替無產階級服務，故本書將他對於工人運動的學說與批評，以及他所手草的黨綱和議案等等，盡量地加以介紹，這也是本書取材獨多之點。

自馬克思死後，柏柏爾（August Bebel）提議用德國社會主義工黨(Die sozialitische Arbeiterpartei Deutschlands）全體的名義，在馬克思的墓前樹一塊碑石，藉作各國勞動者表示感謝和團結的意思，但馬夫人已有墓碑，馬克思的名字當一同刻在上面，因此馬氏家人不同意於柏柏爾的提議。柏氏寫信給昂格思說：『馬家對於每種紀念碑既經拒絕，……使不能有所舉動。可是讓我們熱心防護，使馬克思的見解和學說，得廣為傳播，並且愈加實現。』（見柏氏我生回顧錄第三册二五二頁，一九二〇年出版。——Aus meinem Leben von August Bebel, Stuttgart）柏柏爾要盡心竭力去傳播馬克思的學說，這自然比在馬氏墓前樹立一塊紀念碑好得多。因為馬克思在少年時代卽已說過：『學說一入羣衆中，也會變成物質的武力。』（見馬克思與昂格思文匯第一卷三九二頁，一九二〇年第三版。）羣衆有了物質的武力，終有獲到勝利的一日，無產階級的羣衆一旦解放，則馬克思便可以含笑於九泉，區區一碑，何足以當馬氏之意。作者固為馬克思主義者，窮年累月，專治斯學，今既作『馬克思——其生平其著作及其學說』一書，則作者希望馬氏學說得傳播於世的心理，也自然不減於柏柏爾。可是作者固不挾絲毫成見，對於馬氏的學說與事業任意加以鼓吹。本書是一本求眞求實的精神，紀述必以事實為根據，批評必以公正為準則，凡馬氏的學說與事業，對的地方，固予以表彰，卽不對的地方，也不稍加掩飾。且一種學說一與其他學說相較，最易顯其異同，證其得失，而讀者也得因此確知其利弊之所在，讀者自己的判斷，加以去取。澤特金說：『〔大家要〕明白懂得馬克思及其歷史的事業，却有一要義，就是大家要把拉塞爾（Ferdinand Lassalle）及其理想和活動劃入研究範圍之中。』（見澤氏馬克思及其終身事業四三頁。）我以為大家要完全明白懂得馬克思及其歷史的事業，除澤氏所述的一要義外，大家還要把巴枯甯（Michael Bakunin）及其理想和活動劃入研究範圍之中。因為在馬克思之世，同與馬氏主張改造社會，而見解與方法完全不同的，在一方面有持改良主義的拉塞爾，在他方面則有倡無政府主義的巴枯甯。拉，巴兩氏既足為這兩派的代表，又與馬克思有極多的關係，故大家不能不予以充分的注意，而作傳的人，為求完備起見，於拉巴兩氏也不能不作充分的紀述。本書『拉塞爾』一章敍至四萬字以上，『巴枯甯』一章敍至二萬字以上，而『國際黨的盛衰』一章尚有許多地方是涉及巴氏的。因為要寫出他們和馬克思的關係，須先寫出他們是何種人物。要介紹馬氏對於他們學說的批評，須先介紹他們的學說。本書因此臚列改良主義，科學的社會主義，和無政府主義三項學說，讀者卽得到一個比較，可自由加以評判。此外，威特靈（Weitling）和卡伯（Cabet）烏託邦的共產主義以及蒲魯東（Proudhon）的學說，與馬克思主義也有直接的關係，故本書對於他們的學說，略加以介紹。　關於主義一項，這又是本書取材獨多之點。

桑姆巴特作『馬克思主義書籍題解資料』一文，將世人對於昂格思的著作一併列在裏面，驟然看來，好像奇怪。　其實所謂馬克思主義並不是只含有馬克思的學說，兼含有昂格思的學說。　阿德勒（Max Adler）以為：『馬克思主義同時就常是「昂格思主義」。』（見阿氏思想家的昂格思第四頁，一九二〇年出版。Engels als Denker, Berlin）　報丁（Louis Boudin）稱昂格思為『馬克思主義的始祖之一。』（見報氏馬克思學說的體系一五頁。——The Theoretical System of Karl Marx, Chicago.）　考茨基也說：『大家的心目中如果沒有昂格思，便談不到思想家和政治家的馬克思。』（見新時代雜誌第三十五年度一卷三七二頁；考氏馬克思的兩卷新著作。Zwei neue Bände Marxscher Schriften）　這都是絲毫不錯的。馬克思與昂格思雖是兩個人，然他們卻和比目魚一樣，是不能分開的。　昂格思說：沒有馬克思，『決沒有現今的學說。』（見昂氏佛愛巴黑與德國唯心哲學的尾聲三七頁，一九二〇年出版。Ludwig Feuerbach und der Ausgang der Klassischen deutschen Philosophie, Stuttgart）

這話固然不錯，但在相對方面，我們可以說，沒有昂格思，也不會有現今所謂馬克思主義。可是我們中國的青年，凡讀過麥皋萊（T.B. Macaulay）約翰孫行述（Life of Samuel Johnson）的，大概都以爲昂格思對於馬克思的關係，恰和波茲衛爾（Boswell）對於約翰孫是一樣的。就是西洋人士，以及德國人士也大概把昂格思看做馬克思的附屬品。甚至於號稱馬克思主義者的人猶免不了陷於阿德勒下面所述的一種情形中，就是：『據世人的見解，以爲昂格思在精神史上的重要，只在對於馬克思繁難複雜的思想而爲一個巧妙的解釋者和通俗演述者，即在馬克思主義的團體中，也以爲是如此的。』（見阿氏思想家的昂格思第八頁。）這些見解都是極不正確的。昂格思雖不能像馬克思一樣，出身於大學，受過極完備的教育，他雖不能像馬氏一樣，出學校後仍繼續文字上的工作，偏要置身於他所不喜的商界中，然他的天才是很大的，他的見解是很高的，他的自修功夫也是十分充足的。論年紀，他比馬克思小些，論在著作界享盛名，他却先於馬氏。因爲他於一八四五年刊布『英國工人階級的狀況』（Die Lage der arbeitenden Klasse in England.）一書，這是千古傑作之一，凡共產黨宣言的種子，都已含在其中。所以墨爾林稱此書爲『科學的社會主義第一種大文書。』

〔見新時代雜誌第二十三年度二卷五五三頁，恩氏論昂格思 Friedrich Engels.〕考茨基也說：『科學的社會主義是以此書為起點。』(見考氏昂格 的生平，活動與著作〔三頁，一九〇八年第二 ，Friedrich Engels, sein Leben sein Wirken, seine Schriften. Berlin)

馬克思當時還沒有單獨著書行世，(昂氏在著英國工人階級的狀況之前，已與馬氏合著一書，名神聖家庭或批評的批評之批評—Die Hilige Familie oder Kritik der Kritischen Kritik—但未嘗引起世人的注意。) 他受昂氏此書的影響是很大的。 還有一層，馬克思主義的經濟基礎不獨是由昂氏首先安下的，馬克思不獨是初時受昂氏的影響，為之心折，即到後來，他雖因多年專門研究經濟學說，造詣極深，然他對於昂氏的著作能力仍是極端重視的。所以他於一八六六年七月要求昂氏參加資本論的著作，說道：『我們對於工作組織是由生產工具決定的學說，還有何處比得上殺人的工業中證明得更顯著麼？ 你對於這一點動筆作一點東西，(我於此欠研究，)正是值得勞神的，我可以將這種作品用你的名字刊在我的書中，作為附錄。 請你忖度一下。……你可知道，你要是以共著者〔的資格〕，直接出現於我的主要著作（我向來所作的都只是些小品）中，〔你的名字〕不僅因〔我〕引書而始出現，那便使我大大地歎喜了！』（見昂格思與馬克思書信錄第三卷三三一至三三二頁。）由以上各點看來，馬克思在精神方面是得了昂格思不少的益處，（昂格思在精神方面自然也得了馬氏很大的益處，）並且是始終重視昂氏的學識。　更就物質方面講，馬克思得昂氏的益處，那是大極了。　昂格思爲維持馬克思及其家庭的生計起見，於一八五〇年年底復投身商界，至一八六九年才得抽身出來，他因馬克思的緣故，甘心犧牲自己的前程，而勞形於文牘簿記等瑣務，這種行誼是曠古所無的。　馬克思所以聽昂格思屈居商界，受其補助而不辭，也無非是視昂氏爲一體的人，他們因分工的必要，不得不如此，他有一次寫信給昂氏，於聲明他的困苦之後，接着說道：『我確實告訴你，我與其寫此信給你，毋寧砍斷我的大指頭。　半生依賴，眞是陷入深泥中了。　只有一種唯一的想法使我足以自解的，就是，我們兩人開一個合夥的鋪子，我的時間用在營業中理論的和黨務的部分。』（見同書二六七頁。）　此外，昂格思和馬克思共同著作，爲馬氏暫時作報章上的英文論說，以及爲馬氏籌劃家務，編訂遺著等事，是很多的，　阿克思說：『馬克思和昂格思是屬於我們民族中眞正同患難，共生死者之列，論個性，他們是相距很遠的，　然他們對於自己，對於他們的著作，對於後世已經熔合成爲不可分離的一體了。』（見普魯士年書一五五卷二一〇頁。）李卜克內西說：『昂格思是馬克思的二我。』（見李氏馬克思紀念册一六頁，一八九六年出版。）阿李兩氏的話是非常中肯的。昂格思對於馬克思及馬克思主義的關係既是如此密切，因此本書『昂克思』一章描寫他的事業和學說在四萬字以上，此外各章中提及他的，所在皆是，這又是本書取材獨多之點。

馬克思既爲近世科學的共產主義之始祖，所以現今全世界的共產黨都是崇奉他的學說的。可是回顧我們中國人，那些藉『討赤』來爭權奪利的軍閥和官僚，以及依掠取剩餘價值爲生的地主和資本家不必說，卽一般痛恨軍閥，官僚，地主和資本家的革命家，以及有志於改造社會的改革家，一聽見共產黨或共產主義者的名詞，幾乎要膽戰心驚，掩耳疾走，以爲這只是些殺人放火，謀財害命的強盜！其實共產黨的目的只在對於資本主義的社會制度和全資產階級宣戰，並不要謀取單個資本家的財產；至於一個共產主義者所持的態度，昂格思已經說得很明白，就是：『沒有一個共產主義者願意向單個的私人尋仇，或是相信單個的有產者在現今狀況之下，能於他所行所爲之外，另有別種做法。』（見昂氏英國工人階級的狀況二九九頁，一九二一年第七版。）　一個眞正共產主義者的行動─尤其是對於錢財方面的行動─是純潔的，高尙的，並且還可以說是神聖的。　我們試看共產主義的宗師馬克思個人的行動就知道了。　一八四八年法國二月革命爆發後，巴黎革命政府中人願以金錢供給馬克思和昂格思同德創辦『新萊因報』，（Die neue Rheinische Zeitung）他們辭而不受。　後來他們招股辦報，馬克思當主筆，至一八四九年的上半年，報館負債纍纍，而反革命的勢力又復戰勝，馬氏於出亡之前，竭力爲報館償還一切債務，他從他父親所得的遺產二萬一千馬克，（Mark）除掉前此因作革命運動支出一部分外，都因此報犧牲了。　他因爲要往法國，困於資斧，將他的夫人的銀器付質，得一筆小款，才得成行。　馬克思這種臨財不苟取和患難中慷慨好義而至於不顧一己生活的行爲，是濁世中不能常見的。　馬氏後來亡命倫敦，一家數口，無以爲生，昂格思雖盡力援助，究竟能力有限，直等於杯水車薪，馬氏顚連困苦的結果，兒女夭亡一半！　他雖於一八五一年至一八六一年得爲美國一種最大的『紐約特里標報』（New York Tribune）的駐英通信員，藉此獲得一種經常的收入，然此報的主筆德那（Dana）待他十分刻薄，他的通信稿件常作爲社論登出，他本是報館中的柱石，但德那不獨不肯送一份報給他看，並且對於他的稿件任意取捨，肆行割裂，德氏對於他所供給的定額以內的論說，常是只登出三分之一，計件給值，而價格又常只等於原來議定的數目之半。 馬克思遇着這種艱苦的遭際，常是窮到不名一錢。 他有一次要替紐約特里標報作文，因爲沒有錢買報看，不果；有一次要出外，因沒有鞋子穿不果；有一次要著書，沒有稿紙，竟將自己的上衣付質去買紙；有一次要送書稿往德國，竟無力付郵費；有一次死了女兒，竟沒有錢買棺木；諸如此類的事，不知凡幾。 像馬克思這樣才學兼全，並世無雙的人，如果肯爲自己一身一家策安全，權利害，那麼，天下之大，他何往而不能安富尊榮；更何往而不能豐衣足食？ 他爲什麼竟陷在這種赤貧的境遇中呢？ 這個原因他已經明白宣布出來了。 他有一次寫信給一個黨友說：『我必須排除萬難，貫徹目的，不使資產階級的社會用我作發財的機器。……我希望吾黨獲得一種科學上的勝利。』（見新時代雜誌第二十五年度二卷一八一頁，梁爾林馬克思與昂格思傳的新材料。——Neue Beiträge zur Biographie von K. Marx und F. Engels）他有一次又說：『我必須訓練一批人出來，使他們於我死之後，繼續從事於共產主義的傳播。』（見新時代雜誌第九年度一卷一〇頁，拉花爾格回憶馬克思。） 馬克思拋棄世間一切幸福，著書立說，奔走運動，片刻不停，他的目的，全在於此。　然他因此所受的痛苦是極多的，他這種『富貴不能淫，貧賤不能移，威武不能屈』的精神是空前未有的，也是後起的青年所應當矜式的！　耶贊諾夫說得對：『絞人架上的處死是難堪的，懲治所和牢獄中的慘刑是難堪的，在欺詐的狀況之下，要忠於所信所守，是必須有英雄氣概的，可是親身遇着慢慢地挨餓之事，親眼看見啼饑號寒的家眷，與一個一個死去的小兒女，安然忍受着，在反對者仇視之下，於茲可恐怖的患難中，不屈不撓，一步也不離正軌，此處所需的英雄氣概，正不少於上述一事！』（見新時代雜誌第三十二年度二卷五七〇頁，耶氏馬克思與昂格思書信錄。 Der Briefwechsel zwischen Marx und Engels.）　考茨基說得更對：『馬克思的偉大不僅在乎為一學者，還在乎為一模範人物；大家不能單說他只有益於奮鬥的無產階級之智識，並且當說他還有益於奮鬥的無產階級之心性；他不獨是啟發我們的思想，並且還鼓舞我們的勇氣。……　我們不獨當研究他的著作，並且還當研究他的身世，我們如熱心追隨他之後，那麼，凡我們能力所及之處，我們所做的事業，將為最優美的了。』（見丹列柏格馬克思—其人及其事業第六頁。）　馬克思的人格既是如此高尚，偉大，故本書對於他私人在金錢方面的行爲以及他在奮鬥中艱難困苦的經過，寫得頗爲詳盡，一則以此表現科學的共產主義始祖之眞精神，一則以此作爲後起青年刻苦自勵，努力奮鬥的模範。關於馬氏的私人生活一項，這又是本書取材獨多之點。

本書上編與歐美各國學者的馬克思傳不同之處，除上述數點外，尚有論馬氏著作，也較他書獨詳之處，關於這一點，本書題目上已經標出，不待說明。茲再述一事，使讀者容易在本書中找出馬克思造成他的學說的淵源。柏柏爾說：『每個人是他所生息的時代和環境之產物。……每個人的思想是時代精神和他的環境逼迫出來的。種種觀念（ideas）是種種協作的社會要素（The co-operating social factors）之產物。沒有近世社會，便沒有近世的觀念，這是顯然無疑的，這是不可爭辯的。』（見柏氏過去現在及將來的婦女英文譯本一九五至一九六頁，倫敦出版。Woman in the Past, Present and Future.）我們把馬克思看一下，覺得柏氏的話是何等正確啊！馬氏是十九世紀時代精神的產兒，他所倡的科學的社會主義，是合德法英三國特有的思潮熔鑄出來的，今特借考茨基幾句簡單明瞭的話說明這一點：『英國予他們〔指馬克思與昂格思〕以最多實在的經濟材料，德國的哲學予他們以一種最好的方法，使之由這種材料中轉變現社會發達的目標；而法國的革命則清清楚楚向他們指明當怎樣取得權力—即政治的權力—去達到這種目標。所以他們是聯合英法德的思潮中一切偉大的和有結果的質素，因結爲一體，造成近世科學的社會主義。』(見考氏馬克思在歷史上的成就二五頁，一九一九年第二版。Die historische Leistung von Karl Marx, Berlin)讀者預先明白了這一點，則以後便知道本書敍述馬克思研究黑格爾(Hegel)的哲學，以及寄居巴黎，往遊倫敦，並研究法英的歷史，政治和經濟等等，都是極關重要的地方，非等閒紀錄可比了。

斯巴哥說：『社會主義與馬克思主義在實際上已是互相交換的術語，有同等的意義。……社會主義與馬克思主義在美國是異名同義之語。』(見斯氏馬克思的生平及其言行序言第四頁，一九一二年德文譯本。) 將馬克思主義與社會主義完全視爲同一物，這種謬見現在是傳播很廣的。可是希爾非丁(Rudolf Hilferding)說得對：『就邏輯上講，除掉馬克思主義歷史上的活動不計，單視爲一種科學的體系，則馬克思主義只是一種社會運動律的學說，而這種學說構成馬克思主義的歷史觀，並且使馬克思主義的經濟學應用於商品生產的時代。社會主義的斷案是商品生產社會中種種傾向徹底實現的結果。』（見馬克思研究第三卷希氏財政資本序言一〇頁一九二三年維也納再版（D s Finanzkapital, Marx-Studien） 馬克思主義與社會主義不能等量齊觀，希氏這幾句話已經說明了。 本書的任務固在描寫馬克思的生平及馬克思主義的學說，然對於他所倡之科學的社會主義，尤特別注意 昂格思說：『社會主義既成為一種科學，便當作一種科學去研究。』（見昂氏共產主義與巴枯甯主義三三頁，一九二〇年第三版。Kommunismus und Bakunisnus! Berlin） 我作此書的主要動機是在予國人以一種研究科學的社會主義之門徑書，不過我的學識既十分淺陋，而本書所涉的範圍又非常廣大，內中謬誤之點自所不免，尚望國內外學者不吝指教，俾將來得加以改正，那於我所感謝不置的。

李季序於上海

重版序言

本書上中下三冊先後出版於一九二六，一九三〇年和一九三二年，距今已有二十年左右。在這個長時期中，關於馬克思傳記的德俄文材料又陸續刊佈了好些，本書目前尚難改排，自無補充的可能。今特借解放後重版的機會，提出兩個最重要之點略說一下。

馬克思對於拉塞爾的爲人及其社會運動始終表示不滿。當拉氏死後半年（一八六五年二月），尚寫信給柯格爾曼，斥他叛黨，私與畢士馬克勾結，擬『強迫』畢氏以『工人』的名義，宣告兼倂什列斯威和好斯敦。此事已由普魯士邦內政部祕密櫃中所發見的拉塞爾和畢士馬克的通信證實了。這不過是他們兩人政治聯盟計劃中的一部分；拉氏以爲畢氏有建立『社會王國』的可能，並要使畢氏相信：沒有他的幫助，不能統一德意志帝國。

在另一方面，馬克思對於巴枯寧的爲人及其社會運動也始終表示不滿。據俄國革命後所發見的帝俄檔案看來，巴氏實在缺乏革命家的品格。他於一八五一年九月十五日和一八五七年二月十四日上書兩個沙皇，要求減輕刑罰：第一次竟署名爲『懺悔的罪人』，並從這個觀點去敍述他的革命事業，第一次甚至於聲明他『開始於空想而無效的努力，結束於罪惡。……我咒咀我的錯誤，荒唐和罪惡』。

拉塞爾和巴枯寧曾以一右一左的形態出現於工人運動中，與馬克思作劇烈的爭鬥，德國好些馬克思主義者——作馬克思傳的墨爾林卽爲其中之一——甚至表同情於兩氏，對於馬氏不無微辭，觀於以上的事實，便可明瞭根本的曲直所在了。

本書原名馬克思——其生平其著作及其學說，當中册交平凡書局付排時，被改稱馬克思傳。已出三册均着重於馬氏的生平及其著作；至於學說雖到處散見，佔去篇幅甚多——特別是關於共產黨、第一國際、德國社會民主黨的宣言、黨綱、組織、和革命爭鬥，工人運動等等——然有系統的描寫，尚待完成。十幾年來，在國民黨反動統治和生活壓迫，或其它迫切需要的文字工作之下，實無法進行；尤其不幸的是所有德英俄文參考書寄存於老友沈仁先生家中，於八一三日寇侵滬，進攻南市時，全被焚燬，受着一種致命的打擊。將來如有機會獲得此類書籍，在不妨礙我的高血壓病的條件之下，當勉力草成學說之部，並恢復原來的書名。

一九四九年六月二十日　李季序於上海

馬克思傳　上

第一篇　少年時代（求學時期：一八一八年至一八四三年）

第一章　家庭教育

『人類的意識並不決定他們的生存，反之，他們在社會中的生存却決定他們的意識。』這句名言是本書主人卡爾，馬克思於出生四十年後在他著的政治經濟學批評（Zur Kritik der politischen Oekonomie）序言（見原書第八版序言五五頁）中說出來的。我們相信他這句話是眞理，因此，我們替他作傳，首先要說明他出生前後的社會狀況和環境。

自十八世紀中葉至十九世紀初期，代表歐洲最高文化的英法德三大國發生三大革命——即英國的產業革命，法國的政治革命，和德國的哲學革命。馬克思承受這三大革命的精華，融會貫通，造成馬克思主義，這不是一椿偶然的事。因為在他出生的萊因省當時就是這三大革命潮流的交叉點。

萊因省位於德意志的西部，有德國最美麗和最大的萊因河縱貫其中，交通便利，物產豐富，一端隔比荷兩國而遙遙與英國相望，（自一八一七年起即有汽船往來倫敦，）一端與法國毗連；故德意志容易感受英法兩國文化的地方，當以萊因省爲第一。　此地自十八世紀末年起，受法國大革命的影響至二十年之久，到了十九世紀初年，萊因省的一部分且受拿破崙（Napoleon Bonaparte）間接的統治，盛行一種法國化，至一八一五年全省才歸入普魯士統治之下。　當十九世紀初葉，發源於英國的資本主義的紡織工業在此地正開始萌芽，新興的資產階級很富於反抗封建制度的革命精神，而無產階級也因工業的發展，跟着出現了。　又自一八一八年起有邦恩（Bonn）大學出現，所以萊因省對於德國偉大的學術思潮也有接受的機關了。　總之，萊因省在當時的德國，幾乎無論在何方面，要算是首屈一指，特別是他的工業的發達，（比較的，）政治的進步，維新的氣象，與革命的精神，爲全國之冠。

可是馬克思要於不知不覺之間，感受上述三種偉大的潮流，當在年紀稍長的時候，至於他幼年沒有直接與此等狀況接觸，他還處在另一種環境中。　他是一八一八年五月五日在德國萊因省居利（Trier 按此地在前又名居列夫—Treves）出生的。居利爲德國唯一最古的城市，曾爲古羅馬帝王遊息之所，自中世紀至法國大革命時，（一七八九年，）復爲神聖羅馬帝國大教主兼德意志選帝侯的駐在所，又爲天主教牧師大學的區域，所以此處有羅馬皇宮和圓形劇場的遺蹟，有黑門（Porta Nigra）的偉大紀念物，並且有羅馬式的和哥武（Gothic）式的大禮拜堂。列文多爾芝（Eugen Lewin-Dorsch）謂此等古蹟『使這個活潑孩子感覺靈敏的心神獲益非淺，使他的思想已經很早地注射到世界史上的對象，』（見鐘聲週刊第九年度第一卷三四五頁，列氏馬克思家庭與家譜——Familie und Stammbaum von Karl Marx, Die Glock）這是不錯的。當馬克思出生的一年，居利有居民一萬一千四百，這要算是一個中等的城市了。

關於馬克思出生前後的社會狀況和環境已如上所述，我們現在再講他的家世。他出身於猶太人的家庭，據維也納圖書館員瓦哈斯台（Wachstein）博士的考據，遠溯他的祖先至十五世紀初葉，（參看鐘聲週刊第九年度第一卷三四〇頁至三四二頁，）他們世代相傳，均爲猶太法律博士（Rabi）和學者，一直到他的父親海恩利系，馬克思猶守此業。原來在猶太教中『就甯心講，他們第一是一種平民的智識層。……除掉自己世俗的職業外，即以學問和儀式的法律指導者爲副業。』（見馬克斯．韋柏宗教社會學第三卷四〇九至四一〇頁——Max Weber: Religionssoziologie. Tübingen. 1921）馬克思說：『一切過去世代的遺傳，像夢魔一樣壓在活人的頭上。』（見馬氏路易拿破崙的霧月十八日第七頁，一九二一年出版。Der achtzehnte Brumaire des Louis Bonaparte. Stuttgart）他生平觀察事物，精細透徹，無以復加，這是由於出身於這種『精神貴族』（引列文多爾芝語，見鐘聲週刊第九年度第一卷三四四頁），有這樣久的精細分析法律的世代遺傳性，此事我們是不當輕輕看過的。

海恩利系．馬克思世居居利，早年非常貧苦，後來才有一點蓄積，成爲一個小康之家。他初爲律師，後充居利地方政府的法律顧問。他的爲人慈善溫和，仁愛備至，對於政治上的見解，雖忠於普魯士，迹近保守，然思想比較自由，因爲他所受的教育，不僅限於德國式的，對於法國的哲學和文學，頗有研究，如盧梭（Rousseau）和福祿特爾（Voltair）等的著作，都是他喜歡誦讀的。他的妻子係荷蘭一個猶太法律博士的女兒，也和他一樣，秉性慈祥，兼受過善良的教育。不過這位操荷蘭語的妻子終身不善操德語，因此對於自己的兒子在教育上沒有很大的影響。　她的子女甚多；然到死的時候，還只剩有一子三女；所謂一子卽卡爾・馬克思，係第二次所生，她的第一胎也一個女兒，名索妃(Sophie)，至於其餘兩個女兒，一名愛美麗(Emilie)，一名路易色(Luise)。

海恩利系・馬克思夫婦雖屬於猶太種族，然却不爲猶太人一脈相傳的舊習和成見所拘束，當卡爾六歲的時候(一八二四年)，他們捨棄猶太教而改奉基督教。　世人前此誤傳他們的改教是出於普魯士政府强迫一切担任公家職務的猶太人捨棄猶太教，否則解除職務的命令，但據墨爾林的調查，此說毫無根據，他們此舉完全是出於自由意志的(參看墨氏校的馬克思與昂格思文匯一卷第三至四頁)。　居利本是天主教盛行的城市，至於基督教幷不佔勢力，『當一八一六年的時候，此處才有三百個教徒，一直到一八一九年還沒有自造的教堂。』(見鐘聲週刊第九年一卷三四五頁。)　然海恩利系・馬克思夫婦不信盛行全市的舊教，而偏信沒有勢力的新教，可見他們的改教確有主宰，幷不是隨波逐流的。

馬克思說：宗教『是人民的鴉片。』(見馬克思與昂格思文匯一卷三八五頁。)　這本是一種麻醉人心的催眠藥。　自反對宗教或不信宗教的人看來，他的父母由猶太教改奉基督教，並沒有脫去迷信的圈套，至多也不過是五十步與百步的比較，那裏值得我們大書特書？其實不然，他們此舉對於卡爾精神上的發達甚關重要。　英國著名的經濟學者李嘉圖（David Ricardo)和德國著名的社會主義詩人漢納(Heinrich Heine)都和卡爾一樣，是猶太人的兒子，前者于二十一歲時改奉基督教，後者于二十八歲時改奉基督教，都收得良好的效果，所以漢氏稱那種受基督教洗禮的券是一張『歐洲文化入門券』Entrittsschein zur europäischen Kultur)。　卡爾後來研究歐洲各國的學術，成為一個自由思想家，全是由於他從小時起受了父母之賜，得脫去猶太教一切深錮巨蔽的成見，全是由於他預先獲得一張『歐洲文化入門券』。　所以關於他的父母改教一事，並不像脫尼斯所說的一樣：『在表面上像有意義，在裏面是很少意義的。』（見脫氏馬克思傳及其學說第三頁。）

卡爾生長於一個具有高深教育和處境豐裕的美滿家庭中，幼年時代的景況是很優美的。關於此時期的經過情形，雖很少表見於世，然就曾經遺下來的一鱗半爪看來，他所受的家庭教育是普通的中等家庭兒童所夢想不到的。　他秉性剛　勇猛，沉毅果敢，並且聰穎絕倫，當他到了能讀書識字的時候，他的父親即盡心竭力教他讀書，後來並授以德法名人關於哲學和歷史等等的著作。他對於所教的東西很容易了解和領悟，因此特別為他的父母所鍾愛。他的父親看見他具有一種天才和優美的性質，對他便抱有無限的希望，斷定他將來當為人類造幸福。同時他的母親則相信他將來必定得到好處，必定是諸事如意，所以常呼他為『幸運兒。』(Ein glückskind) 我們看他此後一生的努力畢竟是為人類謀幸福，而他的遭遇也是一個『幸運兒』應有的遭遇，(指他得到絕無僅有的妻子和朋友等事，) 果然像他的父母所期望的了。

卡爾小時從他的父親受得德法優美的教育，這已經是他的幸運超過尋常兒童的地方，然我們所謂『家庭教育』，還不止此。居利尚住有一家貴族，離馬家不遠，家主為威斯特華倫男爵。(Baron Ludwig von Westphalen) 他於一八一六年才遷居此地，來就居利政府顧問之職。他到居利後，與海恩利系，馬克思成為很好的朋友，因此卡爾自小時即出入他的家中，與他的小女兒燕妮(Johanna Bertha Julie Jenny von Westphalen)共同嬉戲。威斯特華倫擅長於希臘和英國的詩歌戲曲，他常以希臘最著名的詩人荷馬 (Homer 生於紀元前九百年之間) 的敘事詩，和英國最大的戲劇家莎氏比亞 (ShakesPeare) 的戲曲教卡爾和他的女兒等等。卡爾的資質既很聰穎，所以威斯特華倫非常愛他，並且樂於教訓他。他在此處所受的教育，又是他的家庭中所沒有的。所以墨爾林謂『幼年的馬克思在這位自由思想官吏的家中找着一個第二家庭。』（見墨氏德國社會民主黨史第一卷二〇八頁，一九二一年第十一版。）

卡爾的家庭教育既是合德，法，英，希等國著名學者的作品而成的，所以他幼年的學業即已大有可觀；他以後做學問，所涉的範圍非常之廣，這是因爲他的家庭教育預先替他安下一種堅固不拔的寬廣的基礎，所以他能夠在這種基礎上造成宏大的建築物。概括說起來，他從他的父親所受的教育是偏於哲學一方面的，因此引起他後來研究哲學的興味；他從威斯特華倫男爵所受的教育是偏於文學一方面的，因此引起他後來嗜好詩歌戲曲，要做詩人的念頭，他並且對於荷馬和莎氏比亞的著作是終身嚮往，不時誦讀的。

卡爾幼時在教育上既獲得他的父親和威斯特華倫男爵絕大的益處，所以他對於他們兩人是特別感恩，終身不忘的。關於他不忘父恩一事，我們可以從他的女兒伊利安樂的一段話中看出來：『他〔指卡爾馬克思〕講自己父親的事，從來不覺得疲倦，他把他父親的相片放在身上。 當馬克思於他的妻子死後，作長途的悲慘行旅，去恢復他已經喪失的康健之際——因爲他要完成他的著作——他仍以他父親這個相片和我母親一個玻璃製的舊相片（裝在盒子裏面）及我姊姊〔小〕燕妮個相片自隨，我們於他死後在他的胸前衣袋中發見這些相片。 昂格思將這些相片放在他的棺材裏面。」（見新時代雜誌第十六年度一卷第五頁。） 至於馬克思對於威斯特華倫，也有一種特別的表示。 當他在大學畢業的時候，他草就一本數十頁的論文，謄正預備付印，他在卷首題名篇上大書特書「敬獻此書」於親愛如父親的居利政府秘密顧問威斯特華倫先生，藉誌子姪之愛」等字，（參看馬克思與昂格思文匯第一卷六三頁）由此可見他敬愛威氏是至深且切了。

第二章　學校教育

馬克思在小時既受了一種善良的家庭教育，他入學校讀書自然更容易長進，更容易顯露他的天才。　可惜他初時入學校的年月和在學校讀書經過的一切情形，當時沒有遺下一點材料，因此我們無從得知。　我們所知道的，只是伊利安樂所說的一點，就是：他在學校中極爲一般同學所愛畏，他們所以愛他，是因他會作小孩子的遊戲，他們所以畏他，是因他好作譏刺詩嘲笑他們。（參看李卜克內西的馬克思紀念册英文譯本一四至一五頁。）　他年才十七歲，卽畢業於居利中學。　他的中學文憑上所塡的日期爲一八三五年九月二十五日。　文憑上褒獎他的品行端正，說明他對於希臘文，拉丁文，德文以及歷史等課，成績甚好，對於數學也不錯，惟法文一門所學無幾。　文憑上並且特別註明他時常知道從希臘和拉丁古文的傑作中繙譯並解釋其艱深的節段，凡文字本質不難而其中事物和思想的線索艱深之處，他尤知道去繙譯和解釋；他的拉丁文論說雖常是過於堆砌，然在實質方面，却表示這是富於思想的，並且是窮源竟委，深入內層的。

當馬克思在居利中學預畢業考試的時候，共分爲口試與筆試兩種。他在口試中，將鴴拉慈（Horaz羅馬詩人）的一首短詩，李維阿斯（Livius羅馬歷史家）的一章書，伊利亞斯（Ilias荷馬的名著之一）的幾首詩，以及托細笛底斯（Thacydides雅典歷史家）的一章書，由原文譯成德文，都譯得很好。可是在歷史的口試中，他要對於塞維亞斯托里亞斯（Servius Tulläus羅馬古傳中第六王）的國家制度，以及第五十字軍和君士坦丁羅堡（Konstantinorpel）的克服等事加以說明，就不大對答得來。他的筆試是兩個題目，第一個題目是關於宗教的，他沒有完卷，所以也弄得不好；第二個題目是：青年人對於選擇職業的審察，（Betrachtung eines Junglings vor der Wahl eines Berufs）他對於這個題目作得出色。主試人的批語如下：『頗好。』此文顯出思想的豐富與結構的周密。但作者於此又犯了平常一種好用僻語麗詞的毛病因此許多節段中詞句之間，常有欠明瞭之處。內中有一句話很有趣味，就是：「我們相信自己可應命而往的職業，常是得不到手；在我們預備決定自己在社會中諸關係之前，此等關係已經有幾分開始「存在」了。」』（見新時代雜誌第二十九年度一卷第五頁，墨爾林馬克思傳的鱗爪 Splitter zur Biographie von Karl Marx）馬克思這句話不是本書第一章起首所引政治經濟學批評序言中一句話的影子麼？ 一個十七歲的學生在試場中所發的議論，居然含有唯物史觀的種子，這可以證明馬克思是一個天才，是一個大思想家，而資產階級的所謂學者如施班（Ott，Spann 維也納大學有名的經濟學教授）等動輒斥馬氏非天才，非大思想家的話，（參看施氏國民經濟學的主要學說第十版一四一頁——Die Haupttheorien der volkswirtschaftslehre——和眞正的國家一六四頁，一九二一年出版。——Der Wahre Staat. Leipzig）簡直是違心之論了。

馬克思自居利中學畢業後，卽於是年秋季升入邦恩大學，依照他父親的意思習法律學。他在此校讀書一年，關於他求學的詳細情形，沒有直接的報告可供給我們做材料。 可是從他的父親的信中看來，在一方面他對於學業上的長進，不能如老人所預期，在另一方面，他的行爲似乎是流於狂縱，並且耗費金錢太多，殊出老人意料之外。因此海恩利系，馬克思於失望之餘，心中大不高興，對於他頗多責備之詞。 至一八三六年七月老馬克思決定令卡爾轉學柏林大學，使他因更換較好的環境，有所觀感，得發憤上進。

柏林大學的學風爲當時全德意志各大學之冠。佛愛巴黑於一八二四年七月移居柏林，寫信給他的父親說：『縱飲，格鬥，以及共同馳騁等事，在此處〔指柏林大學〕是想不到的；沒有一個大學像此處這樣一致勤學，這樣不僅做學生事業，並還蓄有求更高深〔學問〕的意志，這樣努力求知，並且這樣安靜。其他大學和此處的工作室對照，眞正是些寄宿所。』（見墨爾林校的馬克思與昂格思文匯一卷二八頁）然柏林大學的優點並不在他的學生能安安靜靜讀死書，而在他們靜悄悄的研究室中的工作能與當時社會上所發生的活潑潑的問題，密切結合，他們的教師在當時思想界爭鬥的運動中能站在領導的地位上。所以昂格思在一八四二年的日記中說：『沒有〔一個大學〕像柏林大學一樣盡力站在現時思想運動的前面，成爲精神爭鬥的戰場，這是他的光榮。其他多少大學，如邦恩，葉那，(Jenna)繼盛，(Giessen)格萊夫斯瓦爾德，(Greifswald)甚至於萊比錫，(Leipzig)布列斯勞，(Breslau)和海登柏爾克，(Heidenberg)都已退出此等爭鬥，而沈淪於一種學術的痲木狀態中，這種狀態是許久以來德國科學界不幸的現象！反之柏林學府的教師中有一切派別的代表，因此可以引起一種活潑潑的爭論，使學生們對於現代的諸潮流獲得一種簡單明瞭的概觀。』（見邁耶爾的昂格思早年著作一八〇頁。）

柏林大學既是全國學術爭鬥的戰場，又爲英才集會之所，這種狀況特別是有益於；賢聰穎，有志上進的學子。馬克思轉學此間，在他的歷史上是一大轉捩點，這是值得我們注意的。他自一八三六年暑假離開邦恩大學，歸家避暑後，卽遵父命前往柏林，於是年十月二十二日升入柏林大學，仍繼續習法律等科。據柏林大學對於馬克思修業證書所存的底稿，他在學校數年所修的功課如下：（原文見新時代雜誌第十六年度一卷一五五至一五六頁。）

一八三六年至一八三七年冬季（按陽歷十二月二十一日至異年三月二十日爲冬季）一學期所聽的課爲：薩維格尼（Savigny）的羅馬法全典，甘斯（Gans）的刑法，（教員註明勤學字樣。）施特芬斯（Steffens）的人類學。

一八三七年夏季一學期所聽的課爲：黑夫特爾（Heffter）的教會法和德國普通民事訴訟。

一八三七年至一八三八年冬季一學期所聽的課爲：黑夫特爾的刑事訴訟。

一八三八年夏季一學期所聽的課爲：夾布列（Gabler）的邏輯；利特（Ritter）的普通地

理；監斯的普魯士普通法。（教員註明勤學字樣。）

一八三八年至一八三九年冬季一學期所聽的課爲：羅多夫（Rudorff）的相續權。

一八三九年夏季一學期所聽的課爲：布魯洛，包爾（Bruno Bauer）的耶薩鴉。（Jesajas 按耶薩鴉是聖經上一個預言家。）

一八三九年至一八四〇年冬季一學期沒有聽課。

一八四〇年夏季一學期沒有聽課。

一八四〇年至一八四一年冬季一學期所聽的課爲：格白特（Geppert）的幼里披底。（Euripides 按幼氏爲希臘古代三大悲劇家之一。）

照上表看來，馬克思在柏林大學肄業九學期，實行聽講，只有七學期，共課十二門，大部分是關於法律方面的。在這十二門課中只有監斯的兩門課註有勤學字樣，可見他對於這兩門課很注意，其餘十門課對他沒有何種批語，因爲他是格於學校成規，才選這些功課，未必時常去聽講的。此外，還有一點是要說明的，就是，他所聽的課中有些是薩維格尼與監斯所講的。薩氏是柏林大學歷史的法律派（Historische Rechtsschule）之主腦，這一派以為法律有了歷史的根據就是對的，所以對於一切歷史的法律都加以辯護。反之，監斯則為哲學的法學者，他極端排斥歷史的法律派，說這一派褊狹空疏，並且妨害立法和法律的進步。馬克思聽了這兩個對頭的功課，他贊成後者的學說，所以他在當時既用心聽監斯的功課，在後來復表現一種反對歷史的法律派之論調；由此可見他受監斯的影響是很大的。

照馬克思在柏林大學所聽的功課看來，實在寥寥無幾，他到了這種競業樂羣的學海中仍舊和在波恩大學一樣，不勇猛上進麼？這却不然。他在大學所聽的課大部分既是關於法律方面的，這便是依他父親的意旨選定的必修科，至於他自己覺得有興味的科目還在哲學與歷史。他所以忽視學校功課而注重自修，是因此等功課無論如何完備，總是逐漸前進的，這種教法只有益於中材生，決不能適宜於他這樣的天才。據墨爾林的計算，他『在兩學期中自修所得的學術材料，倘若排在課程中從容講下去，二十個學期還講不了。』（見墨氏馬克思傳一四頁。）這可以證明他自修的勤奮了。

馬克思到柏林大學一年之後，他寫了一封信給他的父親，詳述一年中經過的情形，此信是一八三七年（按原信上沒有年分，但他的女兒伊利安樂照信中所說的事件推算，當為這一年）十一月十日寫就的。　這不獨是馬克思少年時代遺下來的唯一家書，極可寶貴，而其內容也是十分重要的，伊利安樂說得對：『此信向我們指出發達中的馬克思，向我們指出少年時的未來成人的模樣。　我們於此已經看見馬克思終身所表現的那種幾乎超人的工作能力與工作慾望。』（見新時代雜誌第十六年度一卷第五頁，伊利安樂校的少年馬克思的一封信。Ein Brief des Jungen Marx）

馬克思回顧一年來的學校生活，先從離家時說起：『當我離開你們的時候，我覺得發生一個新世界，即愛情的世界，這種愛情起首眞正是如醉如癡的，是沒有希望的。　到柏林的行程本來可以使我極端歡悅，本來可以引起我對於自然的觀察而油然發生樂生之心，然這種行程却使我覺得凄涼，使我不能自在，因爲我所見的岩石，不比我的心靈的感覺更爲奇峭，更爲雄壯，廣大的城市不比我的熱血更爲新鮮活潑，餐館中的食品不比我所懷抱的幻想叢（Phantasiepakete）更加豐盛，更饒咀嚼滋味，終則一切美術不如燕妮的秀麗。』（見馬克思「工資勞動與資本及早年其他著作」六頁。——）——Karl Marx: Lohnarbeit und Kapital Zur Judenfrage und andere Schriften aus der Frühzeit. Leipzig

馬克思所謂愛情世界是指他和燕妮的愛情講，關於此事，我們另有專章敘述，暫不提及。

現在單就他所謂岩石不比他心靈的感覺更爲奇峭與雄壯，城市不比他的熱血更爲新鮮與活潑，食品不比他的幻想更爲豐盛與饒於咀嚼滋味等語看來，在一方面表示他氣吞河嶽，心雄萬夫，在另一方面，表示他思潮澎湃，萬流競發，這不是一個尋常未成年的學生所能望其項背的。可是他雖十分豪壯，却不粗浮，他知道埋頭窗下，鍛鍊身心，所以他在信中接着說道：『到柏林後，所有從前和他人的關係，我都斷絕了，會客訪友，偶而不常，且殊違本願，我所孜孜汲汲的是投身於科學與美術之中。』(見同書第一六頁。)

馬克思在家庭教育中因受了威斯特華倫男爵的影響，雅好詩文，當他初到柏林大學，興致仍在此一道，並且因思潮湧發，精神上正陷入一種紛亂的狀態中，沒有找着一條出路，所以他說：『照當時的精神狀況講，抒情詩必爲第一種功課，至少也是「和我」最合式的，最相近的「功課」，可是依我所處的地位和向來的全部發達講，則此項詩詞是純粹空幻的。我的天堂，我的美術，恰和我的愛情一樣，遠在彼岸。我送給燕妮收存的起首三卷詩所表現的是：一切眞實的都是幻境，一切虛幻的竟茫無涯際，對於現在是攻擊的，感情的顯著是廣泛而無定形的，沒有一點是出乎自然的，一切都是空中樓閣，實際存在的事物與應當存在的事物兩者間完全對抗，只有詞令的反映，沒有詩思，可是或尚有一點熱烈的感情，飛跳紙上。』（見同書第一七頁。）

然馬克思的精神陷於紛亂的狀態中爲時並不久，因爲他旋即減少他對於詩詞的熱度而另闢途徑：『現在詩詞一項只作爲陪襯品，我必須研究法律，我尤心癢不過，要探討哲學。這兩項功課當結合起來，我一方和一個學生一樣，把海涅西阿士（Heineccius）笛保特（Thibaut）等的著作通讀一遍，絲毫不加批評，——例如將起首兩本羅馬法全典譯成德文——一方力求使一種法律哲學從法律方面貫通起來。我預先提出些玄學的句子作爲小引，並且使這種不幸的工作一直達到公法方面，這種作品差不多有三百個波根。（Bogen）』（見同書第一七頁。）馬克思對於法律的著作，已經不復存在；且他最後一句話尚有一個疑問，按德文所謂一『波根』通常計算爲十六頁，他在一學期之中，著書近三百波根，便有四千多頁，這自然是辦不到的。墨爾林疑這是一種筆誤，他以爲在一個學期之中不講三百波根的著作做不成，卽三十波根的書也不容易辦到。（參看墨氏校的馬克思與昂格思文集第一卷一六頁。）

馬氏這種作品到底有多少，固無從斷定，然他曾經做過這樣的書，這是毫無疑義的。

我們在上面看見馬克思已經將他的注意力轉入法律和哲學方面，他於是詳述他研究法律與法律哲學的情形，並編成一表，以期明瞭。末了，他看出他研究法律學全部的錯誤處，從新覺悟到沒有哲學是打不通的。『所以我又怡然投入哲學的懷中，作出一種新的玄學的根本系統，在這種系統的結局中我竟不能不承認他的和我的早前全部努力是本末倒置的。』（見馬克思工資勞動與資本及早年其他著作二一至二二頁。）

可是馬克思於上述工作之外，尚旁及於他項工作，所以他說：『此外，我對於所讀的一切書籍，作成筆記，習以為常，如對於勒新(Lessing)的洛確恩，(Laokoon)梭兒格爾(Solger)的歐文，(Erwin)威克爾曼(Winckelmann)的美術史，盧登(Luden)的德國史，都作筆記，並在書旁隨時書下感想。同時我並且繙譯達細托斯(Tacitus)的德志意，(Germania)阿衛德(Ovid)的喪歌，(Libri tristium)我又開始習英意文文法，因我對於這兩種文字的程度至今是不夠用的，我並且讀克萊恩(Klein)的刑法，及其編年記，和一切最新的文學，然關於這種文學只是附帶的。當這個學期告終時，我再探討苗生女神的跳舞

第一篇　第二章　學校教育　　　　二二

（Musentune）和諷刺音樂，在我送給你們最後這個册子中，一種唯心論藉種種不自然的詼諧，藉一種沒有成功的幻想戲劇到處表現出來，一直到這種唯心論畢竟完全突然搖動，大半沒有熱烈的對象，沒有活潑精壯的思路，走入純粹形式的技術中。然最後這些詩獨使我一和受魔術一擊一樣，唉！這一擊開始搖動了——忽然覺得眞正的詩的領域和一個可望而不可卽的神仙宮殿一樣對照着我，使我的一切創作打得粉碎。』（見同書二二頁。）

馬克思在第一學期中這樣博覽羣籍，夜以繼日，猶自以爲所得無幾，於是身體精神，兩受痛苦，遂生起病來了：『在第一學期中爲着這些學業，有許多夜竟是通夜不能成眠，並且必須經過許多奮鬥，受過許多內外兩重的刺戟，到結局，我所獲的並不甚多，而自然，美術，和世界竟因此疏遠了，朋友也因此絕交了，每一念及，我的身體必須保全，一個醫生勸我到鄉下去養病，我於是第一次通過這很長的城市，出前門往施居拉洛。（Stralow）我也沒有預期在該處當由一個面黃的虛弱少年，而變成一個體格極強壯的人。』（見同書二二至二三頁。）

馬克思在施居拉洛那個漁村養病，不久卽恢復康健。他於是繼續研究法律學。可是旋因燕妮害病，他代爲憂慮，又自以爲他的精神工作是日趨日下，徒勞無功，而他對於學問上尚有煩悶的問題，於是他又病起來了。 迨病癒後，他的精神生活復起了變化，因爲他將一切詩詞都焚去，不復措意於此了。

可是馬克思在病後精神生活的變化還不及病中的重要。 當他第一次養病時，他就說過：『我對於黑格爾的哲學，讀過少許，我不中意這種哲學懸崖絕壁一般的奇異音調。 我願意再投身於這個大海中。……』（見同書二三頁。） 他在第二次病中，便實踐前言：『當我在病中的時候，我對於黑格爾〔的哲學〕從頭至尾，讀過一遍，即他的最大部分弟子〔的著作〕我也讀過了。 我在施居拉洛接交許多朋友，因此加入一個博士會，（Doktorklub）幾個〔大學〕講師和我的最親密的柏林朋友羅登堡（Rudenberg）都在其中。 在此會的爭論中表現些互相對抗的意見，我自己和現代的世界哲學愈加很堅固地結合在一起了。……』（見同書二五頁。）

馬克思寫給他父親的信甚長，我們在上面所引的，只是其中比較重要的幾段。 然即此已可窺見他勤學的狀況，及他的精神發達的程序：他起初是思潮湧發，清濁不分，及研究黑格爾的哲學，他才得着一個指南針，他的思想，才上軌道。關於這一點，布盧巴合（Fritz Brupbacher）發揮得盡致，他說：黑格爾的「傾向是使生活中諸單個的現象取得自主權，(Autonomie）使之集中成爲一種體系，這種傾向對於馬克思的精神是完全相宜的，此外，黑氏又以他那進化的歷史觀之樂觀主義予馬克思以一種心理上的救援，這是馬氏從康德（Kant和費系特（Fichte）〔的哲學中〕找不到的。馬克思一踏入黑格爾的思想軌道中，他〔精神上〕的紛亂卽消滅了，而他在理論上以及實際上所走的道路是和他固有的個性相符合的。黑格爾予他以一種到實際生活門口——卽到實際生活形態——的鑰匙，這種實際生活只有抽象的思想家才能達到的；黑氏予他以一種工具，使他因此得發見世界。黑氏使他在人類史上找着生活的意義，這種意義是他在自己個人的生存中不能發見的。黑氏因此又替他安下一種自覺信心的基礎，〔初時〕在資產階級中以及後來在無產階級中推進這種自覺的信心，就成爲他宣傳的任務。……馬克思遇着黑格爾的哲學使他得消滅自己孤立和散漫〔的狀態〕，予他以一種有思想，有感覺，和有意志的全體結合，他附着在這個全體上，作爲一個有用的分子。歷史的發達指示他一種程序，（Ordnung）這是他向自己去尋索，徒勞無功的，他在向前進的資產階級所發達的自覺中，發見一種勢力，而此勢力會消滅他所憎惡的庸人俗物的舊世界。　他現在對於這種勢力的發達是貢獻他的全人格的。　紛亂有了頭緒；因爲個人生活的目的是找着了。』（見布氏馬克思與巴枯甯一一至一二頁，一九二六年出版。Marx und Bakunin. Berlin-Wilmersdorf)

布盧巴合上面一段話將馬克思受黑格爾影響的深遠都描寫出來了。　馬氏於研究黑格爾的哲學後，即變成『少年黑格爾派』的信徒。　他後來所倡的唯物史觀雖與黑氏的唯心史觀立於正反對的地位，他的辯證法雖與黑氏的辯證法『直接對抗』，（見考茨基註釋的馬克思資本論第一卷序言四七頁。）然他自己是欣然表示他十分服膺黑氏的。　所以他在一八七三年猶說，德國人現在待黑格爾和死狗一般，『我却公然承認我是這個大思想家的弟子。』（見同書序言四八頁。）

我們剛才說及『少年黑格爾派』，馬克思上面的信中也有所謂『博士會』，現在對於這兩點須略加說明。　德國大哲學家黑格爾的唯心哲學是風靡一時的，可是他死（死於一八三一年）後不到十年，他的信徒即分裂成爲兩派；一爲反動的『正統派』，崇奉他的『絕對意象』，黑格爾哲學的體系和他的辯證法本來是自相矛盾的。因爲就他的辯證法講，世界是向前進步的，萬事萬物是變動不居的，如今天存在的東西是眞實的，合理的，到了明天一失去其存在的必要，便不眞實，不合理了，所以世間事物不能萬古長存，總有變動與消滅的一天。可是他的『絕對意象』（Die absolute Idee）說恰與此相反，他以爲在歷史發達的進程後面站着一種萬古不變的『絕對意象』，而進步的自身只是這種意象的發展，因此『絕對意象』成爲進步的泉源，成爲宇宙的根本。他的學說中既含有這兩種對抗的元素，所以他的信徒中一般保守的，與進步的分子自然要各宗一說，分道揚鑣了。柏林的『博士會』就是由『少年黑格爾派』的信徒組成的。他們大概是些青年的大學講師，別項學校的教員和著作家等等，英才濟濟，集於一堂，馬克思加入其中，自然收了不少切磋琢磨之益。至於他所謂最親密的朋友羅登堡是一個軍營中的教員，羅氏沒有特別優長的才學，馬氏與他的交誼後來也逐漸疏遠了。『博士會』中使馬克思獲益最多的人要算布魯洛包爾，包爾爲柏林大學有名的神學講師，也是馬克思最親密的朋友。又會員中的寬彭（K. F. Köppen）也是馬氏的好友，並且使他獲益不少。寬彭是一個中學教員，富於歷史的學識，他於一八四〇年著大扶利德利系及其對敵（Friedrich der Grosse und seine Widersacher）一書，在題名篇上書敬獻此書于卡爾，馬克思字樣，由此可見他是十分敬仰馬氏了。馬克思於一八六一年返德國，猶過訪寬氏，他當時寫信給昂格思說：『我在柏林又訪寬彭。……他將所著的釋迦牟尼兩卷贈給我，這是一種重要的著作。』（見昂格思與馬克思書信錄第三卷一八頁。）馬克思重視寬彭的學識於此也表見出來了。此外博士會中還不少當時知名的人物，然只有馬克思是其中出類拔萃的新進少年。

我們對於馬克思家書的說明已經告竣，現在接着講他父親的覆信。此信是一八三七年十二月一日發出的。此信的原文甚長，而其內容不外對於卡爾責備，警戒，勸勉，與期望。馬克思致他父親的信，自我們看來，是表現他在學業上勇猛上進，何等可敬可愛，然他的父親因爲希望他成材的念頭太切，對於他便不免有責備過分的地方。老馬克思首先詰問卡爾怎樣解決像他這樣一個少年人的任務。於是代他回答道：『要怨天了！一點頭緒也沒有，對於一切知識部分到處亂撞，在黑暗的油燈下默想，不在酒杯旁邊發狂，但蓬着頭髮，裹在學者的睡袍裏面發狂；露出拒人於千里之外的神氣，忽略一切禮節，甚至於對父親的一切敬禮都沒有了——與世界交接的技術只限於汚穢的書房內，燕妮的情書以及父親善意的，甚至於和淚寫就的勸告，在這個房內的紛亂狀況中，或者和破紙屑混在一塊，此等信件倘若因不負責任的亂放，落入第三者的手中，那就更好了——在這種無意識無目的的求知的工作場中，要獲得結果去安慰你自己和你的愛人，要收集成績去履行你的神聖的義務呀。』（見馬克思與昂格思文匯一卷二二二頁。

老馬克思於痛責卡爾對於讀書和處世不得方法後，又將卡爾和好些於照例上課外專門巴結師友的平庸的學生比較一下，他說：『此等可憐的青年除掉有時作半夜或全夜的遊樂外，他們眞是安然睡覺的，而我的有能力和才幹的卡爾陷入苦境，通夜不能成眠，他的精神與身體都困頓於苦學之中，他爲着獲得抽象的眞實學問，犧牲一切享樂，可是他今天造成的東西，明天又毀棄了，結果，他把自己固有的破壞了，對於外來的，却沒有得到手。並且身體畢竟會弄壞，精神畢竟會錯亂，而一般普通青年却平平安安，潛步前進，比那些拋棄少年快樂和破壞自己康健去捉摸學問影子的人，有時更容易達到目的，至少也是更便於達到目的，至於那些苦學的人和一般有能力的人接交一點鐘，或者更容易獲得這種學業，同時還得到社交的快樂」！（見同書二三頁。）

卡爾求學與處世的方法，既爲老馬克思所痛心，而卡爾治生理財的手腕，也爲他所反對；因爲卡爾在邦恩大學，用費浩繁，到了柏林大學仍不改前轍，所以老馬克思除掉舊事重提外，接着說道：『好像我們是金人一樣，兒子在一年中一切開支幾乎達七百達列，(Thaler)同時卽最富的「學生每年也」用不上五百達列。爲什麼呢？我替他說句公道話，他不是一個浪費者，他不是一個放蕩者。可是一個人於八天或十四天之中「在學問上」必須找出種種新的體系而毀棄從前種種疲精費神的工作，試問這種人如何能夠經理瑣務？這種人如何能夠處置小事？大家的手都插入他的錢袋中，大家都欺騙他。』（見馬克思與昂格思文匯一卷二三頁。）卡爾，馬克思不善於治生，不獨是在學生時代如此，卽他的終身也無不如此，柏爾說他『在日常生活上完全不適宜』，（見柏氏馬克思傳及其學說四〇頁。）這不算是很過當的話。

卡爾寫信給父親，本要求於年假時歸家，然老馬克思不肯允許，他說：此時回來，毫無意義！我固然知道你所聽的功課很少，」學費也許是付出了」但至少我也願意你保持一種體制。我確非輿論的奴隸，可是我也不願費去金錢，反招物議。〔你可於〕復活節假期(Osterherein)——早十日也可以，我並不這樣拘執——回來，我現時的書信雖如此嚴厲，然我可以保證，〔屆時〕我當張開兩臂歡迎你，並且以一個父親的心腸待你，現在我的心中本來只是煩燥一點』(見同書二三至二四頁。)

卡爾年假歸家的請求既不得父親的允許，反引起其憂念之心與憤怒之情，他於是更自奮勵，冀獲得父親的歡心。他不獨年假不歸家，卽到復活節(三四月間)也決定不回去，一則可以繼續作工，不致間斷，二則使他的父親知道他是努力向上，心中稍爲如意。老馬克思得到這種消息，果然高興，他於一八三八年二月十日寫信給卡爾說：『你最近的决定極可嘉許，這是有思索的，這是聰明的，你如果履行預約，當能產生最好的結果。你要知道，不僅你一個人有這種大犧牲。我們都有這種犧牲，然理性是必須戰勝的。(見同書二四頁。)

老馬克思上面的信是他給卡爾最後的一信。他自一八三七年下半年起，卽已患病，在寫此信之前已經患病五星期，他寫信時病勢略有轉機，但旋又轉沉重了。他的妻子於二月二十六日寫信告訴卡爾，說他的咳嗽雖止，但食慾銳減，不能復元，卡爾回信給他，當細心體貼父意，因爲他對於卡爾的信總是反覆誦讀的。老馬克思於是在此信上附入一句話：『親愛的卡爾，我寫這幾個字祝你好，再多我還不能寫。』（見同書二五頁。）至五月十日老馬克思卽與世長辭，享年五十六歲。卡爾是否於父親逝世前趕囘家中，無從查考，然觀老馬克思對於兒子的愛護與督促備至，卡爾的終身不忘父恩，他們要算是極人世間父子親愛的能事了。

我們現在再囘轉來講卡爾，馬克思學生時代的生活。他在柏林大學肄業四年半，除掉第一年的情形我們已經詳細寫出外，還可從布魯洛，包爾給他的信中窺出他將近畢業時的狀況。包爾於一八三九年秋季由柏林大學轉到邦恩大學去當講師。他想要馬克思卽刻預備畢業考試，了結學生生活，然後往邦恩大學當哲學講師，並和他共同辦一種批評的雜誌。他於是年年底寫信給馬克思說：『你對於這一方面〔指哲學〕的任務是容易的。你只要預備能於「明年」夏季講課。你只要預備（涉及這些事你固然是不高興，但不幹又怎樣成）能完成那可鄙的考試，於是絲毫無阻地做你的有統系的工作。』（見同書三一頁。）至一八四○年三月一日包爾再寫信催馬克思說：『考試是一種無意義的事，是一種滑稽劇，然你究竟應將這拖延的勾當作個結束。』（見同書同頁。）包爾雖催馬克思早日從學校抽身出來，以便共同活動，但馬氏在一八四〇年却沒有孜孜汲汲，預備考試，演那畢業的滑稽劇。

當一八四〇年秋假時，包爾住在柏林至數月之久，他和馬克思對於將來的活動，當然有所籌劃，但未幾因政局的變動，使他們受一大打擊。普魯士王威廉第三（Friedrich Wilhelm III.）於是年六月逝世，新王威廉第四即位後，實行反動政策，於十月任命反動派中最頑固的埃系霍恩為文化大臣。於是全國各大學保守派的氣焰大張，而維新派的人便不能自由行動了。包爾在邦恩大學因前任教育當局的關係，本有升為神學教授的希望，但此時埃氏出長教育，邦恩大學神學科便不肯任包氏為教授。同時柏林大學也日趨反動，一八四〇年既聘極頑固的法學者施達爾（F. J. Stahl）為教授，一八四一年復聘守舊派著名的神學者謝林（Schelling）為教授，這都是對付少年黑格爾派的手腕。在這種局面之下，馬克思如果要向柏林大學提出他的『德謨頡利圖與伊壁鳩魯自然哲學的異點』（Differenz der demokritisceen und epikureischen NaturphiloSophie）〔文，作為畢業論文，便和墨爾林所說的一樣，無異『以首撞壁』。（見同書五九頁。）

然我們首先要問馬克思此文的內容到底是什麼？ 在說明這一點之前，我們須講一講德謨頡利圖的學說。 德氏為希臘最古的唯物論者之一，他的學說的中心點就是原子論（Atomistik），此說雖不是他創造的，然却是由他集大成的。 他的玄學的根本原則如下：『一、無中不會生有；凡存在的事物是不能夠使之歸於烏有的。 一切變化只是諸部分的離合。二、沒有何種事物的出現是偶然的，一切事物的出現都有一種理由，並且是必然如此的。三、除掉原子和空間外，沒有別的東西存在，其他一切東西都是見解。 四、原子的數目是無限的，他的形態的種類是無窮的。 在永久的下降運動中，〔形態〕大的下降迅速，撞擊〔形態〕小的；因此引起的側邊運動和旋轉是世界形成的開始。 無數世界並肩接踵地形成並且消滅。 五、一切事物的不同是由於他們的原子數目，大小，形態，和次序的不同，原子沒有性質上的不同。 原子沒有「內部的狀況」，他們彼此的活動只是由於壓迫與撞擊。六、精神是由精緻和圓滑的原子而成，和火的原子相似。 此等原子是最活動的，生活現象是由此等貫徹全身的原子的運動產生的。』（見朗格的唯物主義史第一卷三七至四六頁。Friedrich Albert Lange: Geschichte des Materialismus. Leipzig）伊壁鳩魯繼承德氏的原子論而略加以改變，因此，他的結論完全和德氏的不同。馬克思這篇論文就在探討他們兩人不同之點。

馬克思的論文分兩部分，第一部分是泛論德伊兩氏自然哲學的異點，第二部分是詳論這種哲學的異點。他在第一部分中說：『兩個哲學家以同一的方法而倡完全同一的學說，可是——何等不一致到底啊！——他們對於這種學說的眞理，正確，和應用，以及思想與實際的關係，處處立於正反對的地位。』（見馬克思與昂格思文匯一卷七五頁。）

馬克思於舉例說明他們兩人相異之點後，接着說道：『我們由此看見這兩個人一步一步立於對抗的地位。一個〔德謨頡利圖〕是懷疑論者，一個〔伊壁鳩魯〕是獨斷論者；一個〔德氏〕以爲有感覺的世界是主觀的表現，一個〔伊氏〕以爲〔有感覺的世界〕是客觀的現象。那個認有感覺的世界爲主觀表現的人注重經驗的自然科學和積極的認識，並且表現由經驗而來的，隨處學習的，和遠遊所得的觀察是不止息的。那個承認現象世界爲眞實的人蔑視經驗；而思想以自身爲滿足，安然自得，以及由內部的原則創造其知識，獨立無阻，這兩點都集中於他一人的身上。可是〔他們兩人的〕對抗還要繼續增高。認有感覺的宇宙爲主觀表現的懷疑論者和經驗論者是在必然的觀點上考察宙宇，並且力求解釋和捉住事物眞實的存在，反之，認現象爲眞實的哲學家和獨斷論者到處所見的都是偶然，而他的解釋方法大概爲不信任宇宙中一切客觀的實體』（見同書八二至八三頁。）

馬克思在論文第二部中舉出德伊兩氏主要的異點，他說：『伊壁鳩魯假定原子在空間中的三重運動。一重運動是〔原子〕墜於垂直線的運動；第二重運動則起於原子略偏於垂直線；第三重運動是由許多原子的撞擊而定的。第一和第三重運動的假定，是德謨頡利圖與伊壁鳩魯所共同的，至於原子對垂直線上的傾斜便是伊氏與德氏相異之處。』（見同書八四頁。）

末了，馬克思將他們的異點總括起來，說道：『自伊壁鳩魯看來，原子及其一切對抗爲自覺的自然哲學，這種自覺在抽象的個體形態之下，是絕對的原則，一直達到最高的結果，至於這種絕對的原則就是原子對總體的解體及現意識的對抗。反之，自德謨頡利圖看來，原子只是經驗的自然哲學普遍客觀的表現。因此他視原子爲純粹的和抽象的範疇，爲一種假定，這是經驗的結果。不是經驗有力的原則，因此，這種假定不能實現，恰和眞實的自然科學不再由此假定決定一樣。』(見同書一一一至一一二頁。)

馬克思這篇論文頗不完全，第一部的四，五章以及全部附錄都已遺失，故我們不能窺得全豹。然就存在的部分講，他具有左伊壁鳩魯而右德謨頡利圖的傾向，這是什麼緣故呢？因為『他以為生活就是不斷地作工，作工就是不斷地奮鬥。他所以和德謨頡利圖疏遠，是因〔後者〕缺乏一種「有力的原則」，像他後來所說的一樣，這是「向來一切唯物論主要的缺點」，於是對象，實際生活，物質生存只在觀察上的物體形態中覺得的，這不是主觀的，不認為實行，不認為人類官能的活動。他所以和伊壁鳩魯接近，是〔因後者具有〕「有力的原則。……』(見梅林馬克思傳二四頁)

馬克思德謨頡利圖與伊壁鳩魯自然哲學的異點一文只是他擬著的一大部書中的一部分，所以他說：『大家只能視此文為一種更大著作中的先驅，我將在此大部頭著作中詳細描寫伊壁鳩魯，斯托伊克(Stoik)和懷疑派的哲學，以及他們對於希臘全部空論哲學(Spekulation)的關係。』(見馬克思與昂格思文匯一卷六七頁。)可是馬克思對於這種大著作，後來畢竟沒有動手；拉花爾格在回憶馬克思一文中說馬氏晚年猶有著哲學史的計畫，可惜終久未能實現。

馬克思這篇論文既不敢提出於反動潮流正盛的柏林大學，乃送交葉那大學，經此大學審査的結果，認爲合格，遂於一八四一年四月十五日予以哲學博士學位。（馬氏沒有親去受學位。）他的學校生活，至此可算是正式告終了。可是在此以前，馬克思對於出學校後職業問題的決定，猶有足述的一點。當他的父親在世之日，他雖決定終身從事於學業的生涯，講學於任何大學，然他也沒有完全拋棄從事實際事業的企圖。迨他將近畢業之時，他的父親既已逝世，他自己又行將有家室之累，所以他復想在社會上做一個事業家。包爾極不贊成他這種計畫，所以於是年三月三十一日寫信給他道：『你要是打算從事於實際事業的生涯，便是無意識。現在理論是最強有力的實行，我們絕不能預先說出理論在實際上的重大意義將達到何種程度。』（見同書六〇頁。）

可是馬克思繼續學業生涯的意志畢竟戰勝了他做實際事業家的企圖。他於畢業後移居邦恩，初時仍希望在邦恩大學謀得一講席，並與包爾共同進行創辦雜誌的計畫。然包氏在一八四一年夏季刊布他著的新洛提克福音史的批評（Kritik der evangelichen Geschichte der Synoptiker）一書，惹起邦恩大學當局的憤怒，他的講師位置也保持不住了。包爾的命運既是如此，馬克思更沒有講學於邦恩大學或任何大學的可能；而他們所擬辦的雜誌也因這種反動局面不能出現了。關於馬克思此後的行止，我們當在下面各章隨時敍出，現在再述一事作爲本章的結束。

馬克思在家庭教育中既已安下很好的學業的基礎，他在學校教育中復奮志上進，博覽羣籍，當他在大學畢業時，他已經成爲一個有眞實學問的學者。關於這一點，當時極負時譽的社會主義先進黑斯（Moses Hess）已經看出來了。他於一八四一年九月二日從寬恩寫信給奧爾巴哈（Berthold Auerbach）說：『你將在此認識一個人，引爲幸事，此人雖住在邦恩——他卽刻在該處講學——然現在是居於我們的朋友之列。……總之，你可以想像〔你將〕結識一個最大的哲學家，或者還是現今存在的唯一眞正的哲學家，他不久會公然出面，（在著作上和講壇上，）將引起德意志〔人士〕的注目。依他的傾向和他的哲學上的精神教育講，他不獨是超過施居闡斯，（Straues）並且還超過佛愛巴黑，然佛氏本來是很著名人物了！——我要是能夠寄居邦恩，那麼，當他講邏輯時，我當爲他的最勤奮的聽講者。我對於哲學方面，總想找得這樣的一個人做教師。我現在才覺得我對於眞正的哲學是一個何等的拙工。但是忍耐着罷！我現在還可以學一點子！我所崇拜的人叫做馬克思博士，他是一個很年輕的人，（至多不過二十四歲，）他對於中古時代的宗教和政治，將予以最後的打擊，他把最深沉的哲學的莊嚴和最銳利的詼諧，結合在一起；你只想盧梭，福祿特爾，何爾巴哈，（Holbach）勒新，漢訥，和黑格爾聯合在一個人的身上；我說聯合，不是說雜湊——哈，你曉得馬克思博士了。』（見社會主義與工人運動史叢刊第十卷四一二頁，節洛西斯節：黑斯給奧爾巴哈論馬克思的一封信——T. Zlocisti: Ein Brief von Moses Hess an Berthold Auerbach ueber Karl Mark）節洛西斯節說得對，黑斯此信是對於『馬克思第一次的大評價。〔馬氏當時人物中〕幾乎還未居於儕輩之列，還只是他們下面最年少的新進之一，然黑斯却已經認識馬克思早年成熟的意義，並且預先見到馬氏爲『經濟學中的達爾文』了。（見同書四一一頁。）

第三章　燕妮女士

我們在本書一，二章中時常提及燕妮女士的名字，現在我們就來述她和馬克思的關係。燕妮爲威斯特華倫男爵的女兒，這是我們曾經講過的。她出生於一八一四年二月十二日，當時正是她父親移居居利兩年之前。當她到居利兩年後，馬克思才出生；所以她比馬氏長四歲。她和馬克思從最小時起，就是共同嬉戲的小朋友，就有一種天然的結合。她完全和馬克思一樣，資質極聰穎，秉性極堅強，而精力迴過常人。她既生長於富貴兼全的名家，她幼時的教養得宜，自不待言，故她在幼年即嫻於文學，善於辭令，儼然是一個『不櫛進士』。這還不算十分稀奇，她並且生得非常美麗，她是一萬多居民的居利名城中第一個美女，是全城共推爲『花魁』的。我們現在根據當時的讚美，再拿她的像片對照一下，即覺得詩經上所謂『手如柔荑，膚如凝脂，領如蝤蠐，齒如瓠犀，螓首蛾眉，巧笑倩兮，美目盼兮。』這幾句話，完全是替她寫照！

燕妮既具有超羣出衆的才華，與如花似玉的容貌，又生在一個聲勢赫濯的貴族家庭中，她的芳名，哄傳遐邇，一般豪華公子，走馬王孫，百計千方，踵門求婚的，自然是不計其數。可是燕妮自視甚高，對於尋常的紈袴子弟，當然不屑措意；至於她的父母更愛她若『掌上明珠，』對於擇婿，似乎是格外愼重。因此，燕妮年過二十，還不曾選得一個如意的丈夫。

然和燕妮一起長大的馬克思，早就虎視眈眈，羨慕她的才學美貌，及馬氏初解人事，他即抱一種奢望，對燕妮要演一演『鸞鳳求凰』的故事。驟然看起來，這不是『鸞鳳求凰』，竟好像『癩蝦蟆想吃天鵝肉』！爲什麼呢？第一，當時的德意志猶在封建時代，門閥之見甚深，燕妮是一個男爵的女兒，馬克思不僅是一個平民之子，並且是到處受輕視和虐待的猶太族中人之子，就門第講，他們兩人是不容易成爲配偶的。第二，燕妮是一個大富翁之女，馬克思只是一個小康家庭之子，燕妮是在膏粱文繡之中嬌養慣了的，馬克思既無『金屋』，又焉能『藏嬌』，就家財講，他們兩人也是不容易成爲配偶的。第三，燕妮是一絕代佳人，而馬克思貌既不揚，面尤黧黑，後來他的家人朋友且羣呼他爲『黑人』，(Mohr)就相貌講，他們兩人更是不容易成爲配偶的。馬克思是一個極聰明的人，他對於上列三個要點，當然估量過千萬次。他既感覺求婚的種種困難，眼見着此小時同遊同學的作人行將爲別人娶去，他的心中自然是大爲失望，他於失望之餘，也自然要胡作亂爲起來了。他在邦恩大學讀書一年，沒有好成績，原因何在，我們雖不能確切知道，然此事和他思慕燕妮，求之不得的事，有幾分連帶關係，這是可以推測得到的。

可是我們中國有句俗話，叫做『不入虎穴焉得虎子』，當時的馬克思似乎是聽過這句話，並且懂得運用這種祕訣。當一八三六年的暑假，正是他離開邦恩大學之後，與投入柏林大學之前，他利用這個機會，住在家中，本着冒險進取的精神，力謀與燕妮接近，試演他安排妥當的愛情劇。馬克思說過，『一切事的起首是困難的』，（見考茨基註釋的資本論第一卷序言三六頁）他的愛情劇也恰恰如此，觀他一八三七年致父親的信中有『這種愛情起首眞正是如醉如癡的，是沒有希望的』一語，也就可以知道他起首一幕是絕少樂觀了。不過燕妮畢竟是一個非凡的女兒，她的見解自然與庸俗女子不同，當她看見這位年方十八的馬克思以慇懃的手段，與纏綿的態度，向她表示一種如火如荼的愛情時，她對於馬氏的爲人如何，自然有一番細密的考慮。我們現在揣測她的意思，她當時必感想到馬克思雖不能『貴擬金張』，然他却是少年英俊，才學超羣；他雖非『富斯陶石』，然他將來憑着本領，當能爲頂天立地的男兒；他雖無『潘安般貌』，然却有『宋玉般情』；由此看來，他本身所具的優點無一不足以勝過他的天然的『缺陷』。燕妮經過這樣的思索後，她遇着馬克思強烈愛情的刺戟，自然也要脈脈含情，心心相應了。於是馬克思冒險的企圖就大告成功；墨爾林謂『這是此位生而爲人類主宰的人物第一次最優美的勝利，』（見墨氏馬克思傳第七頁。）完全是對的。這個『幸運兒』的幸運眞是不小了！

馬克思與燕妮雖互相戀愛，然他們固深知威斯特華倫男爵未必肯承認此事，一旦風聲洩漏，恐怕好事多磨，情天莫補。因此他們兩人相約嚴守祕密，徐圖進行。可是在馬克思方面，他對於父母，本來是無事不說的，他此時幹了一樁『始願不及此』的快樂事，那能禁得住，不洋洋得意，手舞足蹈般吐個乾淨。他的父母聽了他的話，總不肯相信，他們雖明知卡爾不會說假話，但他們總不解此事如何可能。後來老馬克思幾經考察，發見燕妮原來是另具慧眼，並且富於犧牲心，迥非尋常富貴人家的女兒可比，他才承認卡爾的話不是夢嘍。

不過老馬克思夫婦對於卡爾的戀愛事，於驚喜之餘，馬上又覺得自己是陷入『左右做人難』的地位。　為什麼呢？　因為老馬克思本是忠厚長者，他既知道這件事情，若不向威斯特華倫男爵道破，探其意旨，惟坐視這一對多情男女結成不解緣，日後威氏如不贊成，不獨兒子的婚事不能成功，即馬家和威氏二十年來的交誼也難保持了。　還有一層，威氏以及當地人士或者要疑這是出於馬氏夫妻的慫恿，只圖為自己的兒子騙取富貴家庭的女兒，絲毫不顧及門戶是否相對。　在另一方面，老馬克思如果將此事告訴威氏，固然可以表明自己的心跡，於友誼與人情世故無虧，假使威氏因門第關係或其他理由，不肯承認，並且對於自己的女兒加以防閑，如此，卡爾自然不容易達到目的，兒子慘淡經營始告成功的戀愛事，因老子一言而發生絕大的危險，這又如何能使兒子不垂頭喪氣，如何能不妨害他的學業呢？　有了這兩種原因，老馬克思實在是進退維谷，無所適從。　兒子的風流案件竟變成老子的煩悶問題，這也要算是自由戀愛史上一個奇局！　可是老馬克思把父子之愛與朋友之情權衡一下，他便傾向幫助兒子一方面；況且卡爾本是一個人才，又本為威斯特華倫所讚賞，卡爾與燕妮本是才子佳人，天然配偶，威氏未必不贊成。 因此，他便尊重兒子的愛情，聽其便宜行事，至於他自己暫時只好作一個『緘口金人』坐觀究竟。

馬克思既得和他多年想望的佳人互相戀愛，他於是就歡天喜地跑到柏林大學去讀書了。他此時讀書格外勤奮，進步也格外迅速，迥非從前在邦恩大學可比，我們試看他在柏林大學第一年的成績，眞要驚訝不已。 這自然和他的戀愛有極密切的關係，因爲他爲得着意中人的歡心與威斯特華倫男爵的承認起見，自當努力上進，早日在學業上有所建樹。 關於這一點，他的父親的書信中也屢以爲言，因此他更要加倍努力。

馬克思雖深知他的命運完全是以他在學業上有無建樹爲轉移，然他却又明白單靠讀死書，求進步，未免緩不濟急，他必須快些弄出一點成績，給他的意中人看一看，才可使彼此的愛情愈加濃厚。 他是一八三六年十月二十二日升入柏林大學的，他固然是先期而至，然爲時必不甚久，這是可以推測得到的。 可是他至是年十一月便作成三卷詩送給他的愛人了。後來伊利安樂述及此事，說道：『這是頗厚的並且寫得很整潔的三卷「詩」。 頭兩卷題爲：「情詩，第一第二部」。…… 第三卷題爲：「歌詞」。…… 這三卷詩上的題名篇都寫着「敬獻此書於」我親密的和鍾愛無疆的威斯特華倫，燕妮。」』（見新時代雜誌第十六年度一卷第五頁。）　由此可見馬克思善於取悅他的愛人了。

馬克思於情火中燒，不可遏止的時候，作爲詩歌，一則可以宣洩他的意志、發揚他的情感，二則可以題上愛人的姓名，贈給愛人，作爲愛情的保障，這自然是一舉兩得。　不過詩詞一道，本不易言，況馬克思當時年紀尙輕，思想猶未成熟，而他的詩又是一時興到之作，自不會成爲『絕妙好詞』。　他的第二個女兒樂娜（Laura）後來將這三卷詩交給墨爾林，並在信中說道：『我必須告訴你一樁事，我的父親很輕視這些詩，我的父母每談及此事，他們對於這種少年的愚行，輒大笑不止。』（見馬克思與昂格思文匯一卷二五至二六頁。）　馬克思夫婦後來雖稱此爲『少年的愚行』，然在當時他們兩人愛情的密度却因此增進不少。　馬克思的姊姊索妃爲人極賢慧，她平日喜歡替馬克思和燕妮做『紅娘』，穿針鍍線，使他們兩人得以結合，並且日趨鞏固，她於一八三六年十二月寫信給馬克思，說燕妮接着這三卷詩喜極而啼，即此可以表見燕妮爲這三卷詩所感動是非常深切了。

馬克思耗費許多心血，作詩寫信，寄給愛人，他以爲燕妮必定有情書給他，藉慰相思。

不料他雖是『望眼欲穿』，結果仍是『魚沉雁杳』。他與燕妮的戀愛旣是祕密的，他們最初當然是約定不通信，免得露出痕跡，致招失敗。可是馬克思滿腹愛情，那能不藉筆墨來發洩呢？他旣以詩詞書信給燕妮，而燕妮不作答，他又那能安心樂意勉力上進呢？在燕妮一方面也有爲難的情形，她對於馬克思的愛情旣未得父母的允可，她殊不願暗中通信，致遭他們的譴責。然她知道馬克思因此心緒不甯，自己也不免悲愁恐懼，憂形於色了。老馬克思於一八三七年三月寫信給卡爾說：『她〔指燕妮〕以天眞爛縵和純潔無瑕的心靈，完全繫在你的身上，她有時表現一種不由自主的和違着己意的恐懼，一種料想不到的恐懼，這是不能逃開我的眼睛的，可是我不知道怎樣去解釋這種恐懼，當我一經使她注意到此事的時候，她卽力求掃去我心中對於此事的每一種痕跡。』（見同書一四頁。）我們看了老馬克思這些話，就可以知道燕妮雖不與她的愛人直接通信，却她是十分繫念卡爾的。

燕妮對於馬克思始終繫念，片刻不忘，馬氏對於燕妮更是如此。觀他於一八三七年十一月寫信給他的父親，說他前因燕妮害病，他自己也病起來了，就可以知道。他雖知道燕妮對他很好，但他得不到愛人的情書，心中總覺得煩燥，精神上總感受痛苦。他大概是於無可奈何的時候，寫信向父親去訴苦，所以老馬克思有一次寫信給他，一面安慰他，勉勵他，一面教他以寫情書的祕訣，要他在信中用簡單明瞭的語句，使纏綿細膩的感情活跳紙上，切不可像幻想的詩人一樣，信口開河。

馬克思從他的父親學得寫情書的祕訣後，他必定如法試驗過，這是不待言的。可是無論馬克思的情書，語句如何簡單明瞭，感情如何纏綿細膩，無論他在情書中如何避去幻想詩人信口開河的毛病，燕妮接到情書後，總是沒有下文。這樣一來，眞把馬克思急壞了。不過『人急智生』，他倒想出一條妙計。他馬上寫信給他的父親，說他自己要向威斯特華倫男爵陳情，求其允許將燕妮配給他。老馬克思知道他因此事受過許多痛苦，花費過不少的光陰，長此以往，殊非得計，遂於一八三七年三月的同一信中允許他『單刀直入』，去求個解決方法。

馬克思既得到父親的同意，當然仍本其冒險進取的精神，致書威斯特華倫男爵，求作女壻。威氏當時對於這種請求作何種感想，我們雖不得而知。然他接着馬克思的書信後，初則驚訝，繼則遲疑，終乃允許，這是我們參照種種情形可以斷定的。何以說他是初則驚訝呢？他對於馬克思與燕妮互相戀愛，全然不知道，固不待言，就是對於這一對青年男女可爲配偶的事，心中也似乎沒有這種觀念。否則老馬克思和他是二十年的老友，又近在咫尺，豈有不知之理？他若稍有這種意思的表示，老馬克思必乘機而入，爲子代謀，何必贊成卡爾『毛遂自薦』的主張，多此一番手續。既是這樣，威氏接着馬克思的請願書，安得不大吃一驚？何以說他繼則遲疑呢？他的女兒當時已二十三歲，還沒有和人訂婚，威氏擇壻之嚴，已可概見。馬克思突然出來求婚，威氏若隨便允許，則他的女兒行將由貴族的生活而降入平民的生活，他的心中必感覺不安。還有一層，他的長子斐迪南(Ferdinand)爲人極頑固，絕不贊成這種婚姻，斐迪南當時已三十八歲，說話當有幾分力量。有了這些原因，威氏對於馬克思的請求又安得不猶豫不決？至於威氏終乃允許，事實俱在，不必多所說明。然他何以於驚訝遲疑之餘，而必出於允許呢？第一，因威氏査悉燕妮鍾情馬克思，已經根深蒂固，不可搖動，他應當尊重女兒的愛情和意志。第二，威氏雖屬貴族，却非腐敗官僚，他是一個非常的人物，馬克思本爲他所教育和器重的青年，馬氏旣爲他的女兒的意中人，他當然可以犧牲門第的成見，成就他們的好事。於是馬克思與燕妮訂婚事便這樣帆風順，達到目的了。

馬克思自得到這種好消息後，歡欣鼓舞，喜不自勝，這是自然的。他以爲從此與燕妮魚雁往還，是名正言順，由是卿卿我我，互訴衷腸，將天涯化作比鄰，使愁城變成仙境，這是何等快樂的事！豈知世間的事大都是循着抛物線的途徑進行的，而男女間愛情事尤多曲折，往往出人意料之外。馬克思此時寫信給燕妮，燕妮還是守着老規矩不肯回信，雖經老馬克思的鼓勵，也不肯聽從。在燕妮的意思是，馬克思在求學時代，正當潛心學術，一意上進；若彼此互通音問，不免墮入情魔，荒廢正業，所以她不肯提筆寫情書。燕妮愛護馬克思眞算是無微不至。

可是馬克思對於此事已經忍受不了。他眼見一方是尺素頻通，一方是音書渺渺，大概不免對意中人懷着疑慮，並且以此申訴於他的父親之前。所以老馬克思回信給他說：『一個王子不能使她離開你，你只管放心，我並且可以保證。（你知道我是不輕相信別人的。）她完全繫念你，她在她這種年齡中因你而受犧牲，通常的女兒確辦不到，這是你永不可忘的。她現在如有什麼意思，不願意寫信，或不能寫信，阿彌陀佛，你就聽之任之罷了。』(見馬克思與昂格思文匯一卷一五頁。）

馬克思屢次寫信向他的父母訴苦，自然是希望他們設法勸燕妮寫信給他。老馬克思不向積極方面做功夫，單用幾句空洞的話去療治兒子的相思病，這便是藥不對症。卡爾於失望之餘，便和發了狂一樣，寫信給他的父親，大發牢騷。老馬克思於一八三七年十一月十七日回信給他，說道：『我很討厭這種神魂顛倒的樣子，我更不願意你有這種神魂顛倒的樣子。你有什麼理由竟一至於此呢？你自出生到現在，不是一切都如意麼？你的秉質不是很高麼？你的父母鍾愛你不是到了極點麼？你向來一切合理的志願還是沒有滿足麼？你還是沒有在一種最不可思議的狀態中將一個女兒的心擒住了，而令千萬人在旁邊妒忌麼？第一次不稱意，第一次不如願，就弄得這樣神魂顛倒。這是英雄的氣概麼？這是丈夫的品性麼？』（見同書一五頁。）然老馬克思這一次在消極方面雖嚴詞責備他的兒子，在積極方面却已經替兒子設法了。因爲『慈愛的母親』已經向威斯特華倫家『擁起火警鐘』了，『你的燕妮的好父母登時就要安慰你那可憐的受傷的心，那個藥方一定已經達到你的手中了。』（見同書一五頁。）

我們看了老馬克思最後這幾句話，可以想見卡爾的母親接着兒子害了神魂顛倒的相思病消息後，就怎樣大驚小怪向威斯特華倫夫婦及燕妮報警，要求立出仙方，拯救她的『幸運兒』，威氏夫婦就怎樣脚亂手忙，花言巧語，勸導他們的女兒寫一封藥到病除的情書，安慰卡爾，而燕妮又怎樣裝嬌作態，又驚又喜，私自寫信給卡爾。自有自由戀愛的事實發生以來，男女私通音信，互訴衷腸，這是當然的。即男女相悅，做父母的加以默認，或欣然贊成，這也是可能的。至於老子教兒子怎樣寫情書，父母催女兒快些寫情書的事，恐怕是自馬克思和燕妮戀愛後才開其端，他們兩人的自由戀愛史眞要算是千古情場中一種最特色的佳話了！

老馬克思上面信中所謂『藥方』，不用說就是指燕妮的信。當老馬克思一八三七年十一月十七日發信時，卡爾早已接到他的意中人的信了。他於十一月十日寫信給他的父親說：『祝我的甜蜜和卓絕的燕妮的福。她的信我已經讀過十二遍，我時常發現和魔術一般爽心悅目的新材料。無論從那一方面看，無論從那一種體裁的觀點看，這是我的想像中從女子所能得到的一封最美的信。』（見新時代雜誌第十六年度一卷一二頁。） 燕妮是佳人而兼才女，她長於書翰，馬克思後來稱『她爲一個善於寫信的專家。』（見新時代雜誌第二十六年度一卷七七頁。）她當時和馬克思的戀愛已經過一年，彼此的愛情正達到沸騰點，既是這樣，宜乎她的第一次信使馬克思『爽心悅目』，『讀過十二遍』，『時常發見……新材料』了。可是這封『最美的信』竟沒有遺傳下來，供給我們做傳記的材料，眞是可惜。

馬克思和燕妮互通音問後，經過五，六年才結婚，他們彼此往來的書札中當不少佳話，然他們既祕而不宣，因此我們也無從知道了。　他們是一八四三年六月十九日結婚的。馬克思於是年三月十三日由寬恩寫信給露格（A. Ruge）說：『我們將契約一經結束，〔當係指萊因報館的事講，〕我即前往哥洛慈拉哈（Krenznach）舉行結婚禮，但我當在該處寄居我的岳母家中一月或數月。〔作者按威斯特華倫男爵於一八四二年三月三日逝世，他的夫人旋移居哥洛慈拉哈。〕……　我不是講風流話，老實告訴你，我自頂至踵，滿身是愛情，並且都是很莊嚴的。　我的戀愛已經超過七年，我的未婚妻因我的緣故所經過的奮鬥，是最艱苦的，幾乎把她的健康都敗壞了，一半是和她那些信神的貴族親屬奮鬥，〔因爲〕那些人認「天上的王」與「柏林的王」同爲崇拜的目的物，還有一半是和我自己的家庭奮鬥，〔因爲〕一些牧師和我的對頭都住在家中。 所以我和我的未婚妻許多年來所經過之無用的和勞苦的爭鬥，比起好些年長三倍的男女，談及他們「生平的經歷」，還要多些。」（見社會主義的文書第一卷三九六頁，一九〇二年柏林出版。Documente des Sozialismus）

我們看了馬克思這一段話，可以知道他和燕妮在戀愛中所受外界的刺戟，確是不少。他在信中既沒有明白指出與他們爲敵的人名，我們對於此事也沒有發見一點材料，可資引證，因此不易推測。 不過我們也未嘗不可舉出幾個反證來，就燕妮的家庭講，她的父母贊成她和馬克思戀愛，固不待言，就是她的胞兄亞德高（Edgar）對他們也是很好的，所以他們的第一個兒子即依他的號，命名爲亞德高馬克思。 可是燕妮同父異母的兄長斐迪南原來不贊成燕妮和馬克思訂婚，他當爲反對者之一，此外，一般慕虛榮勢利的親屬採一種反對的態度，也是勢所必至的。 就馬克思的家中講，他的大姊索妃爲燕妮的好友，且當爲他們傳書遞簡，索妃是不會反對他們的，至於他的父母不反對他們，更不用說。 他的父親稱贊燕妮，我們已經講過，即他的母親也是如此。 當他的父親於一八三八年二月十日寫信給他的時候，他的母親在信中附筆聲明燕妮對待他們很好，確是一個可愛的孩子，並且全家都因燕妮天眞爛縵的性情而充滿了歡樂。　至是月二十六日，馬氏的母親在信中復說：『當可愛的燕妮來到我們這裏的時候，她通常在我們的面前過一天，她總是盡力和〔她的〕父親談話；她是一個可愛的孩子，她——和我希望的一樣——將來會使你快樂。』（見馬克思與昂格思文匯一卷二五頁。）　由此看來，馬克思的母親是很愛燕妮的。　不過他家中的兄弟姊妹本來很多，內中賢愚不等，他們或其他親屬暗中反對他和燕妮，也許是不能免的。

馬克思和燕妮經過種種內部的憂愁痛苦，與外部的阻礙刺戟，畢竟是有情人成了眷屬，這的確是人世間不常有的事。　所以馬克思一念及此，便引以自豪。　他於一八六三年在居利料理母親喪事，當時寫信給燕妮說：『〔我〕每日去遊威斯特華倫舊宅，〔在羅馬街〕此處却使我覺得比羅馬一切古蹟更有趣味，因爲此處使我回想到少年歡樂的時期，此處曾經藏着我的最好的寶貝。　此外，大家每天前後左右圍着我，紛紛詢問「居利最美的女郎」和「跳舞的女王」起居如何。　一個人的妻子這樣長久成爲全城〔人民〕幻想中「勾魂奪魄的女王」，那麼，這個人眞是快樂死了。』（見新時代雜誌第十六年度一卷五頁。）

當馬克思寫上面這封信的時候，他年已四十五歲。　他當時對於燕妮的愛情尚如此濃厚，則他少年時代的愛情熱烈，更可想而知了。　我們反轉來看燕妮對於馬克思的愛情，也無不如此。　馬氏於一八六一年往遊柏林，居寄拉塞爾家中，燕妮於是年四月寫信給拉氏說：『你只不要將我的黑人留住得太久，我對你一切事都歡迎，只有這件事就不然，這是我貪得，自私，和妒忌的地方，因爲在此處所有人情都消滅了，而亦條條的自私自利心便開始出現了。』（見拉塞爾書信與著作第三卷三五五頁，一九二二年柏林出版。Ferdinand Lassalle nachgelassenl Briefe and Schriften）當時燕妮已四十七歲，她鍾情馬克思，老而彌篤，在這幾句笑話中，已經一起流露出來了。

馬克思與燕妮在四十歲以後愛情濃厚的情形已經由他們親口供出來了。　我們現在再讓第三者描寫他們五六十歲時的狀況。　布洛斯（Wilhelm Blos）於一八七四年結識馬克思，他在一九一八年說：『當我後來認識他的夫人時，我覺得這兩個互相選擇的人的婚姻關係，雖經過暫時一切最大的困苦和災禍，仍是一種理想中的〔關係〕。』（見鐘聲週刊第四年度一卷一六〇頁。）　布氏這幾句話表現馬克思夫婦的美滿關係，是始終如一。　然以上還是馬克思的朋友說的話，我們不妨再看他的敵人對他們夫婦作何感想。　墨爾林說，自結婚以後，『燕妮馬克思不僅是共同參加她的丈夫的工作，爭鬥，和命運，她並且是以充分的了解，和最熱烈的熱情，共同參加的；「最壞的無神論者和共產主義者」的一個死敵尚且證明這種良緣是由天定的。』（見墨氏德國社會民主黨史第一卷二〇八頁。）可見馬氏的敵人也讚美他和燕妮婚姻的美滿了。可是世人著書立說表彰馬克思爲大學問家大思想家的，所在多有，宣布他爲科學的社會主義始祖的，幾乎徧於全世界，至於稱述馬氏夫婦爲愛情史中模範人物而引起世人注意的，好像是至今還沒有。故我們作馬克思傳記至『燕妮女士』一章，不能不爲之大書特書，使他們在男女愛情史上得占着一個最顯著的位置。

第四章　萊因報上的怒潮

馬克思在少年時代所經過的事件，我們已經敍出一最大部分了，本章所講的是他在萊因報上的活動。　可是我們於入題之先，還要述一事，一則因此事與他在萊因報上第一册論文有密切關係，二則因此事爲他注意政治事件的開端，故當寫在前面，作爲小引。

普魯士自威廉第四登王位後，實行反動政策，這是我們在第二章中提過的。　至一八四一年的夏初，普王飭內閣發下一道命令，令露格將他在萊比錫所刊印的哈雷年書(Hallische Jahrbücher)置諸普魯士的檢查之下，否則禁止其在普魯士境內出版。　哈雷年書創辦於一八三八年，他的論調並不激烈，因此爲馬克思所不滿意。　可是露格因受了這種專制命令的刺戟，竟取一種倔強的態度，他將年書更名爲德意志年書，(Deutsche Jahrbücher)於是年七月一日在諸勒斯登(Dresden)出版，而書中的論調也較前激烈一點了。　馬克思因寬彭的介紹，得識露格，頗表同情於德意志年書，他和包爾辦報之事，既成畫餅，他們遂加入這種年書編輯人之列，與露氏合作，至是年年底。普王又頒布檢查書報的命令，馬克思乃於一八四二年草一文，題爲『評普魯士新近的檢查令』，（Bemerkungen ueber die Preussische Zensurinstruktion）送交露格。

普魯士的檢查令用意雖在取締普政府所不喜的學說，然他却說得冠冕堂皇，宣言不防害著作家對於眞理的探討等等。馬克思將檢查令的矛盾點一一暴露出來，並且要求完全取消這種檢查令的制度。他首先挑出檢查令中所應用的一八一九年十月發布的舊檢查令的一節，就是：『依這種法令——卽第二條——檢查對於以正經和謙遜〔的態度〕去探討眞理，不得加以阻止，對於著作者不得加以不適當的強迫，對於書業的自由交易不得加以妨害。』（見馬克思與昂格思文匯一卷一四四頁。）當時的人士看了這些話，多讚美普魯士政府的寬大，甚至於『少年黑格爾派』的人也有隨聲附和的。可是這些話一映入馬克思的眼簾，就妖形畢露了，所以他說：

『探討眞理而不得爲檢查所阻止的，是以正經和謙遜等語詳加限制的。這兩個條件表示探討〔眞理〕不注重探討的內容，但注重探討內容以外的東西。這兩個條件起首就使探討

〔的工夫〕離開眞理，使探討的注意集中於一個不知道的第三者。探討的眼睛旣時常注視於這個爲法令所規定而易觸犯的第三者，那麽，探討不是將看不見眞理麽？探討眞理者第一義務，不是向着眞理一直前進，而不左顧右盼麽？我如果不可忘記在規定的形態中說出一樁事，那我不是會忘記說這樁事麽？

眞理的不謙遜恰和光線一樣，眞理當謙遜，爲的是誰呀？爲的是他的本身麽？眞理是他自身及錯誤的表現。因此，爲的是非眞理麽？

謙遜如果構成探討的特質，則這種謙遜與其說是一種有所畏於非眞理的指標，毋甯說是一種有所畏於眞理的指標。謙遜對於我前進的每一步驟，是一種打擊的手段。謙遜是恐怕探討找出結果，謙遜是欄住眞理的一種保守方法。

還有一層：眞理是普遍的，他不是屬於我的，他是屬於大家的，他宰制着我，我沒有宰制着他。我的所有物是體裁，體裁是我精神上的個性。體裁像人。(Le style c'est l'homme.) 怎樣呢！法律准我從事著作，但我當拋棄我的體裁，另用一種體裁去從事著作！我可以表現我精神的面目，但我預先必須將這種面目套在規定的縐皮裏！那一個有體面的人對於這種不合理的要求，不覺得惱恍，而不情願將他的頭藏在寬袍裏面呢？　至少讓寬袍像一個約彼特的頭。(Jupiterkopf) 那些規定的綴皮不是別的東西，只是使好好的姿容成爲惡劣的滑稽像。

……我是詼諧的，但法令命我從事著作要正經些。　我是勇敢的，但法令命我的體裁要謙遜些。　灰色加灰色，就是自由唯一的顏色，就是自由的正當顏色。　凡太陽所照耀的露水發出無限的光彩，可是無論多少個人中精神的太陽，無論是照在何種物體上，只可發出一種官樣的顏色！』（見馬克思與昂格思文匯一卷一四四至一四五頁。）

可是新檢查令較舊檢查令更苛刻，正是變本加厲。　馬克思於是又徵引新檢查令道：『凡關於政府策略的紀載所具的傾向，不當爲惡意的，但當爲善意的，這是一個萬不可少的前提，而檢查員必須具有善意與明見，知道分別何者爲善，何者爲惡。　顧及到這一點，則檢查員尤當注意於印刷物的形態與論調，凡〔著作品〕如以激烈的感情和驕傲的態度，而呈出破壞的傾向，卽不准其出版。』（見同書一五三頁。）

馬克思對於這一段官話，大致其譏誚之詞，他說：『著作者由此陷入最可怕的恐怖主義和受猜疑的領域中了。〔取締〕傾向的法令沒有客觀的標準，這是一種恐怖主義的法令，如在羅伯斯庇爾（Robespierre）之下國家危急時，和在羅馬各皇帝之下國家敗壞時，曾創造這種法令。凡不以行爲爲主要標準而以行爲者的意思爲主要標準的法令，不過是積極承認無法可言罷了。……〔取締〕傾向的法令不獨是對我所做的事加以懲罰，並且還對我於事實外所具的意見加以懲罰。因此這種法令對於國民的體面是一種侮辱，對於我的生存是一種亂法。我一願意，卽可伸轉自如，這是與事實無關的。我的生存竟受猜疑，我最內部的本質，我的個性，被視爲一種壞的東西，我却因這種見解而受處罰。這種法令不是因我做了錯事懲罰我，而是因我沒有做的錯事懲罰我。我的行爲不違法，我便眞正因此受懲罰，因爲因我的行爲不違法，我才迫得溫和的及善意的法官來捉住我還沒有見天日的惡意思。〔取締〕意思的法令不是國家對於國民的法令，而是一黨對於他黨的法令。〔取締〕傾向的法令將國民在法律面前的平等取消了。這是一種〔造成〕分裂的法令，不是一種〔形成〕聯合的法令，凡〔造成〕分裂的法令是反動的。這不是一種法令，而是一種特權。在一個人可以做的事，在別個人却不能做，這並不是因別人缺乏一種客觀的能力，如小孩子不能結締契約一樣，而是因他的善意，他的見解，橫被猜疑。』（見同書一五三至一五四頁。）

馬克思這種論文是他談政治的第一篇文章，內中精卓處眞是辟易千人。 他於一八四二年二月十日寫信給露格說：『我的檢查〔即指批評〕如不爲檢查所檢查，則爲此事的利益計，自當從速付印。』（見社會主義的文書第一卷三八六頁。） 露氏於同月二五日回信說：『你的檢查批評與普魯士檢查取締〔德意志〕年書的傾向是同時出現的。 自八天以來，檢查員取締我們的「不好的傾向」。…… 你的論文已不能付印；凡被嗅着有包爾，佛愛巴黑和我的味道的一切東西，都被拒絕〔出版〕了。』（見馬克思與格昂思文匯一卷一四〇頁。） 露格等的論文既不能在德國付印，他遂於一八四三年三月將此等論文分爲兩卷，在瑞士出版，書名爲最新德國哲學及政論集珍。(Anekdota zur neuesten deutschen Philosophie und Publizistik)馬克思的論文刊入第一卷，因爲他不願意用眞姓名，特署名爲『萊因人』，馬氏且因此文獲得三十六個多達列的酬勞金。

我們將本章的引子講完了，現在開始敘述關於萊因報的事。 萊因報於一八四二年一月一日出現於寬恩，此報是由萊因省資產階級的新進分子集股創辦的。 萊因省歸入普魯士統治之下，在當時已有二十多年，一般羣衆雖仍視普魯士的統治爲一種外力的統治，然資本主義的生產方法在當時的萊因地方已經十分發達。普魯士於一八三四年一月造成德意志關稅同盟，對於資本主義的商品交易，減少許多困難，故萊因省的資產階級捨棄他們對於法蘭西的同情，而希望普魯士得統治全德意志。萊因報既是由這個有產階級的人創辦的，所以他們原來的目的是擁護普魯士政府，不是反對普魯士政府。不過有些新進分子頗接近『少年黑格爾派』，他們內中兩個主持編輯的人喬治楊恩(George Jung)和阿白海(D.Oppenheim)並且屬於這一派。因此，他們兩人邀請許多少年黑格爾派的人加入編輯部，如馬克思，黑斯，布魯洛包爾，寬彭，和盧登堡等等都是，而盧氏且任主筆之職。

馬克思自擔任萊因報編輯之後，仍繼續作政論，並且擬就一個大規模的政論計畫。他作政論的對象爲一八四一年第六屆萊因省議會議事錄中所討論的問題。當時萊因省議會的議員，代表貴族地主的，約占全額的半數，代表市民的約占三分之一，代表農民的約占全額六分之一。貴族的地主派在議會中既占優勢，他們便非常專橫，馬克思對於他們乃開始攻擊。

馬克思第一冊論文是由六篇論文而成，他的總題目爲：『省議會議事錄中對於出版自由的辯論。』（Debatten ueber Pressfreiheit und Publikation der landständischen Verhandlungen）馬氏當時還是一個黑格爾派的國家論者，他沒有主張階級爭鬥，然他已看出議會中關於出版自由的爭鬥，不是私人的爭鬥，而是貴族閥閱（Furstenstand）和市民閥閱（Stand der Städte）的爭鬥，所以他說：『我們發現特別的閥閱精神沒有比關於出版事件的辯論中表現得更爲明瞭，更爲決絕，更爲充分的。……此等辯論表現於我們面前的是貴族閥閱反對自由出版的一種爭論，是騎士閥閱（Ritterstand）的一種爭論，是市民閥閱的一種爭論，所以此處不是個人的爭論，乃是閥閱的爭論。那一種明鏡能夠像出版事件辯論一樣將議會內部的特質反映得更爲眞切啊？』（見同書二〇九至二一〇頁）

馬克思更進而徵引一個貴族議員反對出版自由的議論如下，『出版物是現今一種政治勢力，這是總難否認的，因此本席以爲下列一種傳播很廣的見解是錯誤的，就是：在好的出版物與壞的出版物兩者爭鬪之中，會產出眞理與光明，並且可望這種眞理與光明有一種更大的和有效的傳播。人類孤立與合羣總是一樣的。按人類的性質講，他是不完全的，是幼稚的，在他的發達之中，他是需要教育的，至於他的發達至死時才停止的。　可是教育的方法不在懲罰不法的行爲，而在促進善的印象，排除惡的印象。　人類的性質既不完全，所以壞人的蠱惑曲子(Sirenengesang)對於羣衆免不了要發生偉大的效力，〔這種壞人的蠱惑曲子〕對於眞理樸實的及溫和的聲調，卽或不是一種絕對的障礙物，也必定是一種難於制服的障礙物。　壞的出版物只對於人類的感情說法，這種出版物借助於激動感情，去達到他的目的，雖用極壞的手段，也在所不顧，至於他的目的是極力傳播壞的原則，和極力推廣壞的見解，凡攻勢中最危險的事件一切優點都在他的一方面，對於此等事件在客觀上既沒有法律的限制，在主觀上又沒有道德上的防閑，連一種外貌上的體面也都沒有，反之，好的出版物却常只限於防守的一方面。　這種好出版物的效力，大部分只是防止的，保持的，和固守的，不能對於敵人方面誇示何種重要的進步。　如果外部的障礙不使防守發生困難，已經算是十分僥倖的了。」(見同書二二五至二二六頁。)

上面一段話自淺薄的人看起來，好像言之成理，可是他經過馬克思一種打擊，就弄得焦頭爛額，體無完膚了。　馬氏說：

「人類的幼稚既是反對出版自由的神祕理由，則檢查對於人類的成熟必爲一種最賢明的方法。

凡有發達的東西是不完全的。發達至死時才告終。因此所發生的眞正結論是，要將人類從這種不完全的狀態中拯救出來，只有將他打死。建議者至少是要歸結到將出版自由打死上去。建議者以爲眞正的教育就在乎將人類一生縛在搖牀裏面，因爲人類一經開始學走路，他也會跌倒，並且只有經過跌倒，他才學得走路。可是我們如果都是被束縛的小孩子，誰又來束縛我們呢？我們如果都躺在搖牀裏，誰又來搖我們呢？

就人的性質講，他是不完全的，孤立與合羣都是一樣。在原則上是不用爭論的。且承認這一點！由此所生的結果是什麽呢？我們的建議者的議論是不完全的，政府是不完全的，議會是不完全的，出版自由是不完全的，人類生存的每一方面是不完全的。倘若這些方面中有一方面因這種不完全的緣故而不當存在，那麽，「世間」便沒有一方面有存在之權，而人類也簡直沒有存在之權。

人類在大體上不完全，這是已經假定的；好呀，我們從人類一切制度看來，首先卽知道他們都是不完全的；然這不是推論下去，這不是贊成他們，也不是反對他們，這不是他們的特點，也不是他們的標記。

在一切不完全〔的狀況〕中，爲什麼恰恰自由的出版物就應當完全？ 一個不完全的議會爲什麼要求一種完全的出版物？

不完全的有待於教育。 教育不也是人爲的麼，因此不是不完全麼？ 教育〔本身〕不是有待於教育麼？』（見同書二二六至二二七頁。）

馬克思對於建議者以人類不完全爲根據去消滅出版自由一層，既已痛快淋漓駁斥了一番，他於是更進一步說：『沒有人反對自由；至多也不過是反對別人的自由罷了。 所以每種自由總是存在的，不過在一個時候爲特權，在另一個時候爲普通權利罷了。』這個問題現在才具有一種徹底的意義。 〔現在〕要問的不是出版自由應否存在，因爲這種自由長久存在的。 〔現在〕要問的是出版自由是私人的特權，還是人類精神的特權？ 〔現在〕要問的是在一方爲正當，在他方卽爲不正當麼？ 〔現在〕要問的是「精神的自由」比「反精神的自由」是否更爲正當？』（見同書二二八至二二九頁。）

馬克思既指出精神自由當爲人類的普通權利，他於是應用一種奧妙的詞鋒，反駁所謂好的出版物與壞的出版物，他說：『從壞的出版物方面，我們聽見一椿不可信的事件，就是，惡意與盡量傳播惡意爲壞的出版物的目的。 建議者要求我們當相信他那種對於專門蓄有惡意的話，他實在是太過信我們輕於信仰，我們對於這一層可以不計較。 我們只要使他記着一切人爲的都是不完全的原理。 因此，壞的出版物不能完全壞，這不也是好麼，而好的出版物不能完全好，這不也是壞麼？ 可是建議者以反面指示我們。 他以爲壞的出版物比好的出版物好些，因爲壞的常處於進攻的地位，好的常處於防禦的地位。 他又向我們說，人類的發達至死時才止。 他這不過是說生命至死時爲止能了。 可是人的生命如果是向前發達的，而好的出版物如果時常是處於防禦的地位，「只是防止的，保持的，和固守的，」那麼，這種好的出版物不是因此繼續反抗發達麼，不就是反抗生命麼？ 所以非這種防禦的好出版物是壞的，卽發達是壞的，因此建議者在前面又以爲「壞的出版物的目的是極力傳播壞的原則，極力推廣壞的見解，」這種主張的神祕不可信之點在下列合理的解釋中消滅了，就是：極力傳播原則與極力推廣見解在壞的出版物中是壞的。 建議者確切告訴我們，好的出版物沒有力量，壞的出版物極有力量；因爲前者對於民衆不生效力，而後者却有不可抵當的效力，是好的出版物與壞的出版物的關係尤爲特別。建議者視好的出版物與沒有力量的出版物爲同一事件。他是主張好的即是沒有力量的，還是主張沒有力量的是好的？他將好出版物溫和的聲調與壞出版物蠱惑的曲子對照着。然有了溫和的聲調却可唱得好，並最有效力。建議者似乎只認識感情有慾念衝動的熱烈，不認識眞理有熱烈的感情，不認識理性有制勝的熱忱，幷不認識道德勢力有不可抵抗的熱情』（見同書二二九至二三〇頁。）

馬克思於申斥貴族閥閱反對出版自由之後，他對於市民閥閱擁護出版自由的論調也大不滿意。因爲這一個閥閱的代表所要求的，只在使出版自由的營業不被排出於一般的自由營業之外，就心滿意足了。馬氏說：『……將出版物降於營業之列，出版物果自由麼？著作者要能夠生存，能夠從事著作，固當取得報酬，但他決不要爲着取得報酬而生存，爲着取得報酬而從事著作。……著作者決不把他的作品看做一種手段。此等作品自身就是目的，作品對於著作者自己以及別人都不是一種手段，當必要時，他且可因此等作品的生存而犧牲他的生存。……出版物的第一種自由就在不作爲營業。著作者如將出版物降爲物質的手段，則外部的不自由——檢查——對於他就是這種內部不自由的懲罰，或者還可以說，他的生存已經是他的懲罰了。　出版物固然也是一種營業，但這不是著作者的事；却是印刷者與書賈的事。　此處所講的不是印刷者與書賈的營業自由，乃是出版自由。』(見同書二五〇至二五一頁。)　馬克思這樣簡單明瞭地說明著作者的身分與出版物的自由，洵屬不刊之論。他一生從事著作在四十年以上，他雖終身困苦顛連，室如懸罄，然他從未喪失著作家莊嚴的身分，他的作品從未喪失『出版物的第一種自由』。

馬克思的省議會議事錄中對於出版自由的辯論一文雖作於評普魯士新近的檢查令一文之後，然發表却在一八四二年五月，且評出版自由辯論一文較評檢查令一文更爲精密。　凡馬氏在萊因報上所發表的論文，都沒有署自己的姓名，就是他對於第六屆萊因省議會的兩批論文，也只署名爲『萊因人』。　萊因報因他上面一批論文而大增身價，而他的朋友更是異口同聲讚美不置。　喬治楊恩寫信給馬克思說：『你對於出版自由的論文是非常之好的。　邁恩(Meyen)近來寫信說萊因報在柏林已經壓倒了德意志年書，萊因報引起〔大家的〕一種熱忱。　他旋問馬克思還不即刻出面，表示他的本領麼？　你現在對於他已經投下一塊適口的美物了。」（見同書一八二頁。）墨爾林說：『露格在致德意志年書中的聲譽是十分卓著的。他是被視為當時德意志第一個政論家的，然他毫不妒忌地明白承認〔馬克思〕崢嶸的頭角，這是要使他自己相形見絀的：……露格在致馬克思的信中仍熱心讚美〔馬氏〕「光輝燦爛的」論文；此等論文是關於出版自由著作中最好的。〔馬氏〕這種聲譽至今猶有力量；馬克思的論文在擁護出版自由中總是站在第一列的，德國的著作至今罕有其匹。』（見同書一八二頁。）馬克思在萊因報中的第一批論文即成為千古傑作，由此可見他的聰明才力實迥過常人了。

馬克思於一八四二年六月復對於萊因省議會作第二批論文，他所討論的，是大僧正的歷史，他『在文中指出擁護國家的人怎樣站在教會的觀點上，擁護教會的人怎樣站在國家的觀點上。』（見社會主義的文書第一卷三九一頁。）馬氏此文的論調大概是較前文更為激烈，所以被檢查員勾銷了。後來露格請將此文一併刊入最新德國哲學及政論集珍一書中，但畢竟沒有實現。

馬克思在是年七月九日從居利發信給露格說：『寬恩報（Kölnische Zeitung）的主筆黑

默斯(Hermes)…對於寬尼斯堡（Königsberg）和寬恩兩處具哲學傾向的報，加以攻擊。檢查員如不再演勾銷的把戲，〔萊因報〕下次附張中將有我的答覆出現。宗教黨在萊因是一個最危險的黨。近來反對派是屢見不一見，在教會中也有反對的。』(見同書同頁。)

馬氏這一批論文却於是月中旬安然在報上出現，計文三篇，題爲『寬恩報七十九號的社論』。(Der leitende Artikel in Nr, 79 der Kölnischen Zeitung) 寬恩報這一號的社論共提出兩個問題：一個是『哲學是否當把宗教的事務作爲報紙上的社論，加以討論』？第二個是『在一個所謂基督教的國家中，報紙可用哲學〔的眼光〕去議論政治麼』？ 馬克思對於這兩個問題都加以駁斥，他以爲哲學有在報紙上討論宗教事務的權限，而報紙在一個所謂基督教的國家中也有用哲學的眼光去議論政治的權限。

至是年八月馬克思在萊因報上發表一篇論文，題爲『歷史法律派的哲學宣言』。(Das philesophische Manifest der historischen Rechtsschule) 這是對於當時歷史法律派的首領囂俄（Huge）而作的。囂氏爲德國哥庭堅（Gottingen）大學教授，他於是年五月十日舉行他的五十週年的博士慶祝，這一派的名人薩維格尼特因此發表一篇祝詞，描寫囂俄爲歷史法律派的始祖。　馬氏這篇短文意在指出此派錯誤之點，並且披露這一派宣言中不對的節段。　馬氏前在柏林大學受監斯的影響，也在此文中表見出來了。

馬克思雖當萊因報的編輯員，雖作了上述各種論文，然他當時仍寄居邦恩，並不在報館的所在地。　此報的主筆羅登堡自就職以來，不能勝任愉快，馬克思於一八四二年七月九日寫信給露格說：『羅登堡使我良心覺得難過。　我將他引入萊因報的編輯部，他竟完全沒有能力。』（見社會主義的文書一卷三九二頁）。　馬氏在十一月三十日致露氏的信中復說：柏林自由團人(Die Freien)以大批思想空疏和潦草塞責的文字，亂雜些無神論與共產主義送到報館中，因羅登堡完全缺乏批評，獨立，和幹練的才能，萊因報遂成爲這些人一種無意志的機關。（參看同書三九二頁至三九三頁。）　羅氏對於編輯的事件，旣不能措置裕如，而萊因政府又視他爲危險人物，欲得而甘心，他遂於十月辭職，至十一月中旬政府強迫他離開報館，他卽於是月返柏林。　羅氏辭職，報館卽請馬克思主持筆政，馬氏於十月移居寬恩，並於是月中旬就主筆的職務。

馬克思就職後，於十月十五日對共產主義發表一篇短文，這是因爲駁奧格斯堡報(Augsburge Zeitung）指摘萊因報爲共產主義的報紙而作的。　馬氏當時還是資產階級中一個急進的自由主義者，他對於當時法蘭西的共產主義並不贊成，至於其他編輯員的論調也沒有傾向這種主義的，所以他說：『萊因報對於那種在現有形態中的共產主義觀念不能認其有理論上的眞實，更不願其有實際上的實現，並且不承認這是可能的，本報對於這種觀念將加以根本上的批評。……我們確信構成眞正危險的，不在共產主義觀念實際上的企圖，但在這種觀念理論上的傳播，因爲對於實際上的企圖，對於向羣衆的企圖，一覺其會發生危險，即可用大炮去對付，可是一種觀念一經制勝我們的智能，一經克服我們的見解，一經浸潤於我們良心的理解力中，這就是鎖鍊子，不破壞我們的心，便不能解除這種鎖鍊子，這也就是魔鬼，我們要屈服於他們之下，才能夠制勝他們。　然奧格斯堡報對於一種良心的恐怖！這種恐怖引起人的主觀對於他本來理解力客觀的觀察，發生一種反抗—從沒有認識清楚，因爲此報既沒有固有的理解力，又沒有自出心裁的觀察，並且還沒有一個固有的良心。』（見馬克思與昂格思文滙一卷二七八至二七九頁。）

馬克思於十月中旬及十一月初間在萊因報上對萊因省議會復發表第三批論文，這是由五篇很長的論文合成的，題爲『盜取木材法令的辯論』。(Debatten ueber des Holzdiebstahl-s-gesetz)墨爾林將當時普魯士的情形告訴我們說：『方興的大資產階級的時代努力拔去土地公產最後的根基，並且努力對於羣衆開始一種慘酷的奪取戰爭。　一八三六年普魯士國內所發生的刑事審判案爲二十萬七千四百七十八起，內中關於盜取木材，森林罪犯，打獵罪犯和牧場罪犯的，占十五萬起，差不多居全額四分之三了。』(見墨氏德國社會民主黨史第一卷一四七頁。)　這還不足爲奇，萊因省議會中資產階級的議員竟公然提議對於向來可以拾取的枯落的木材，也要當作盜取木材處罰。　馬克思於是反駁道：『拾取掉下來的木材與盜取木材是兩樁本質不同的事。　對象不同，對於這種對象的行爲也是一樣不同，因此〔對此等事的〕見解也必定不同，因爲我們如不注重行爲的內容與行爲的形態，那麼，我們對於這種見解當加上何種客觀的標準呢？　你們不管這種主要不同之點，卻稱兩者都是贓物，兩者都按贓物治罪。　可是你們處罰拾取掉下來的木材，比處罰盜取木材，更爲嚴厲，因爲你們宣布拾取掉下來的木材爲贓物，你們便已經處罰他了，這種處罰是你們顯然沒有加於盜取木材本身的。　因爲你們已經稱拾取掉下來的木材爲砍伐木材，並且必須照砍伐罪處罰。……　可是法律如果對於一種非盜取木材罪的行爲而稱爲盜取木材，那法律便是說謊，而貧民却被一種法定的說謊犧牲了。　孟德斯鳩（Montesquieu）說：〔世間〕有兩種腐敗的事，一是人民不守法，一是人民爲法所敗壞；最後這一種惡點是不可救藥的，因爲這種惡點是藏在救治工具中的。』（見馬克思與昂格思交滙一卷二八三頁。）

貧民依向來的習慣拾取掉下來的木材，要以盜取木材論罪，這已經是一種極爲苛刻的提議，然萊因省議會的提議中，尚有較甚於此的，馬克思說：『有一種提議對於拾取野楊梅等等也要作爲賊物處罰，一個城市議員反對此事。　他特別替貧民的兒童說話，〔他以爲〕此等兒童拾取那些菓類，對於他們的父母不無小補，此事自很遠的時代以來卽爲財主所許可，因此成爲小孩子一種習慣上的權利。　這種事實却爲另一代表的報告所反對：「在他的附近的地方，此等菓類已經成爲交易品，裝在桶中送往荷蘭了。」在一處地方竟有人已經眞正使貧民習慣上的權利變爲富人的一種壟斷了。』（見書二九一頁。）

萊因省議會中有產階級的代表不獨是爲着一階級的財產利益而認貧民拾取掉下來的木材和野菓等事爲有罪，並且提議嚴加懲罰。　關於盜取木材的懲罰，他們提議罰金或罰作苦工，而對於所謂『犯人』作工時的滋養料，又擬減爲麵包與水兩項，他們內中也有以此舉爲過於苛刻而持異議的，可是有一個代表却說在居利政府治下將作工的犯人口糧減爲麵包與水，已經實行，並且已經證明有良好效果。　馬克思於是回答道：『爲什麼這位有體面的建議者發現麵包與水恰爲居利收得良好效果的原因呢，爲什麼不以爲這或是出於議會知道時常稱道的宗教意義的激勵呢？　當時誰曾料到麵包與水就是眞正的恩惠物啊！　在〔萊因省議會〕某幾次辯論中，大家相信這是英國神聖議會的復活，現在〔怎麼樣呀〕！　不是祈禱，信任，和謳歌，而是麵包與水，監獄與森林工作！』（見同書三一六至三一七頁。）

馬克思將萊因省議會對於盜取木材的辯論，加以嚴厲的批評後，他於是總結起來說道：『省議會已充分履行了他的使命。　他已經依他原來召集的目的，而代表一定的特殊利益，並且視此利益爲最終的目的。　至於他蹂躪正義，這是他的任務一種簡單的結果，因爲就利益的性質講，利益是盲目的，無節制的，一偏的──總說一句，無法的──自然本能，（Natur-instinkt）無法的東西能夠立法麼？　私利是不適宜於立法的，將私利置諸立法者的座位上，就好像以一個極長的說話筒給一個啞子，要他說話一樣。　我們對於這種討厭的和無意味的辯論，一直跟着講下來，殊非本願，不過我們以爲我們的義務是在以此爲例子，指示大家希望〔代表〕特殊利益的閣閭議會鄭重立法，可以得到什麼結果。』（見同書三二〇頁）。

馬克思的『盜取木材法令的辯論』一文是他任主筆後一批最精彩和有力的文字。萊因報的社會論（多載在附張中）本來不是每日必備的，因此，馬氏的作品也不常見於報上。不過除掉我們在上面所講的以及被檢查員勾銷的論文外，他於一八四三年一月還發表些爭辯的文字，因其不甚重要，姑且從略。

萊因報自馬克思主筆政後，身價突起，銷路大增。萊因省的上級長官俠白爾（Schaper）於一八四二年二月初八日報告柏林政府，說萊因報每日銷八百八十五份，至是年十一月十日，俠氏向柏林政府再作報告，說此報的銷數每日驟增至一千八百二十份，而報上的論調也愈加取一種仇視政府的態度了。萊因政府當局既認萊因報的論調是愈加仇視政府，所以他於十一月中旬向承印此報的印刷店表示極不滿意此報的意旨，同時並更換檢查員，以嚴厲的態度對付此報。馬克思於是月卅日寫信給露格說：『你已經知道，檢查破壞我們，日見嚴酷，報紙幾乎常是不能出版』（見社會主義的文書第一卷三九二頁。）由此寥寥數語可以想見萊因報當時所受壓迫是非常之大了。

然這種壓迫不過是一個起點。萊因報柏卡斯特爾（Bernkastel）通信員於是年十二月中旬對於穆塞爾（Mosel）農民困苦的狀況，曾作兩次通信。俠白爾認此等通信有懷挾惡意，捏造事實，毀謗政府之處，要求報館對於信中所說的事，提出證據。萊因報於是一方面令通信員徵集穆塞爾農民狀況的材料，一方面由自己搜集此項材料，草成五篇論文，從一八四三年一月十五日起在報上發表，藉以答覆俠白爾。此等論文雖不是出於馬克思一人之手，然馬氏却是親自參加的；文中指明政府當局對於穆塞爾農民顛連困苦的呼號，不加援手，反逆用暴力，橫加壓制。此等論文大觸萊因政府之怒，他遂直向柏林政府請示，封閉萊因報館，以洩其向來的積憤了。

關於柏林政府封禁萊因報一事，墨爾林描寫得很詳細，他說：『一月二十八日萊因報的頭上有一種通告出現，說那制定檢查法的王室內閣已令萊因報於本年四月一日停止出版。同時〔萊因〕政府長官格拉哈（Gerlach）受着命令，於〔萊因報〕經過檢查之後，每日將全報重閱一遍，在未經他過目前，報紙不准付印出版，他如果發見其中有爲檢查所忽略而礙難承認的節段，當阻止其出版。

一月二十五日的封禁命令中說，萊因報從初時起卽向一個反對的方向走；報中顯然具有一種意見，要破壞國家憲法的基礎，搖動君主的原則，引起輿論猜疑政府，使各個階層反對其他階層，並且挑撥「人民」對於現行法制的惡感。萊因報的行動是建築在空洞的學說上，並且趨向反對的目標，這是沒有一個國家能夠容許的。「此報」出詞吐氣，肆無忌憚。這種命令承認檢查是無能爲力；他以爲永久阻止一種建築在頑強抵抗的惡傾向上的惡劣行爲，這不是檢查的職務。……政府如果不是顧慮到股東的金錢利益，則此報早就被封禁了，這種顧慮，政府至今還是有的，所以他不馬上勒令停版，要等一季過完，才予以封禁。」（見墨氏德國社會民主黨史第一卷一五四頁。）

普魯士政府視萊因報爲眼中釘，却不直切了當封閉他，偏要假仁假義地延長他的死期，使一報而受兩重檢查的侮辱，眞是太惡作劇了。普政府對付萊因報，如臨大敵，他旋卽更換檢查員，特由柏林派內閣祕書聖保羅(Saint Paul)到寬恩執行檢查的職務。聖保羅的手段極爲惡辣，萊因報經他檢查一遍，已不留絲毫反對政府論調的痕跡，因此上級檢查之舉復於二月十八日取消了。

可是萊因報於被宣告死刑之後，他的力量愈加增大了。他每日的銷數竟達到三千二百份。同時萊因全省的人士認普魯士政府這樣壓迫人民的言論機關，無異對全省人民加以侮辱，都憤憤不平。寬恩，居利和其他城市千千萬萬人署名的請願書紛紛向柏林政府呈遞，要求取消封禁命令。萊因報的股東也曾於二月十二日召集大會，討論延長報館生命的辦法。他們以爲政府封禁命令中既有顧慮股東金錢利益的話，如果從此將報紙論調放和平些，未必不邀政府的原諒。他們於是派遣代表至柏林，以改變向來報紙上的態度爲條件，要求政府取消前令。可是柏林政府對於萊因省人民的請願書和萊因報館股東代表的要求，絕對不理。萊因報的命運已經確定，實無可挽囘了。

萊因人民和萊因報的股東對於此報的行將封閉，旣這樣奔走呼號，不遺餘力，現在要問主持筆政的馬克思究竟持一種什麼態度呢？他於報館接到封禁命令之日，寫信給露格說：「我固無所驚呀。我對於檢査命所持的意見，你是知道的。我以爲此次只是「檢査令的」一種結果，我視萊因報的被封禁爲政治意識的一種進步，因此我當辭職。此外，我覺得「此間」空氣很窒塞。履行僕役的勞務自以爲求自由，不用棍棒做戰具而以小針做戰具，這是不好的。我對於那種虛僞，愚蠢，粗暴的權力，以及我們的屈服，卑諂，改變方針，和徒爲無益的細微的分辨，實已討厭了。然政府却又使我得着自由了。……我在德意志不復能有所作爲。此處將人都弄卑汚了。』（見社會主義的文書第一卷三九五頁。）

上面一段話表見馬克思已經看出德國反動局面已成，萊因報的命運已定，用不着低首下心去做挽救功夫。可是雖然這樣，他仍不肯灰心，勉力撐持着這個危局。他當時雖因檢查嚴厲，不能作政論，然他並不因此緘口不言，他的注意力另換一個方向，轉入社會的事件上去了。他於三月九日作過一篇爭辯的論文，反對萊因穆塞爾報，（Die Rhein-und Mosel-zeitung）至十二日，他復以恢諧的態度，對於萊因穆塞爾報和居利報(Die Triere Zeitung)雙方的爭論，加以批評。不過檢查員聖保羅認清馬克思是萊因報唯一的台柱，他看見馬氏仍然在報上活動，他對於行將就死的萊因報，便百般爲難；因此十三日的報竟不能出版，至十四日才出雙份。馬克思至此已是忍無可忍，他於十三日寫信給露格說：『講到萊因報，無論在何種條件之下，我不能留了，要我在普魯士檢查之下作文，或普魯士空氣之中生活，是不可能的。』（見同書三九七頁。）馬氏遂於十七日退出報館，十八日的萊因報上有他署名的一個短通告，內中所說是：『署名者爲着現今檢查狀況的緣故，宣言退出萊因報。』

馬克思自任萊因報主筆起至退出報館止，歷時五月，他在這五個月中的生涯，就是一種不斷地奮鬬的生涯。聖保羅在他退出報館的異日與高彩烈地寫信給友人說：『全部營業中精神上的主腦馬克思博士於昨日的確退出了，現在阿白海担任編輯，阿氏是一個眞正完全和平而又不足輕重的人。……我很舒服，我今天對於檢查所費的時間還不到平常四分之一啦。』（見政治雜誌第六卷三九至四〇頁，一九一三年出版。——Zeitschrift für Politik）同時聖保羅並獻議於柏林政府，說馬克思既與萊因報脫離關係，可讓此報繼續存在，然柏林政府仍是不從。因此，議論生風，勢若怒潮的萊因報遂不得不於四月一日緘口結舌了。

我們統觀萊因報自出版以來，聲譽日高，對羣衆的影響日大，這完全是出於馬克思一人之力。關於這一點，不獨是爲馬氏的一般朋友所共知，即當檢查員的聖保羅也發覺了，所以他向柏林政府作報告，雖斥馬氏爲誤入迷途，然他對馬氏總是表示很大的敬意。就是柏林政府旋也覺得馬克思是一個人才，急欲加以羅致。馬氏自己後來告訴我們說：『自「萊因報」被封禁後，普魯士政府派祕密會計顧問歐塞（Esser）——他是我父親的朋友——向我作種種提議。

歐氏與我同住在哥洛慈枱哈的浴場地方。…… 自此次交接後，我便離開普魯士，前往巴黎。』(見社會主義與工人運動史叢刊第九卷六四頁，邁耶馬克思傳的新材料。) 歐塞奉普政府命向馬克思作些什麼提議，我們無從知道，然有一點可以斷定，就是，這不外以功名利祿，籠絡馬氏。馬克思在萊因報上旣高揭反對普魯士的旗幟，他豈肯受普政府的豢養，所以他對於這些提議，當然是掉頭不顧，西走巴黎，繼續他在萊因報上對普政府口誅筆伐的工作。

第五章　思想的變遷

我們現在要講的，本章的標題已經明白指出，就是馬克思『思想的變遷』。　本章所敍述的事件，上及于馬氏的學校時期，下則連接他的第二時代，因爲我們將他的前半生劃分爲兩個時代，純是從他的思想上發生變化着眼的，要明白這種線索，自當將他在這兩個時代中思想上岐異之點說出來，藉此顯出時代上的鴻溝。

馬克思于中學畢業試文中偶然洩露一點唯物史觀的影子，（參看本篇第一章，）這可以表見他是一個有思想的靑年。　他旋入邦恩和柏林兩大學肄業，研究學術，思路漸開。　不過他初到柏林大學時思想仍是十分混沌的。　迨他兩次患病，潛心研究黑格爾的哲學，變成少年黑格爾派的信徒，他才具有一定的觀點，他的思想才上軌道。　他作德謨頡利圖與伊壁鳩魯自然哲學的異點一文，完全是站在黑格爾的唯心論上面的，他要將實在的事實歸附到精神方面，所以他說；『內部的理論精神變成實際活動力，』『凡爲內部光輝之物，轉而向外，變成毀滅一切的火燄。』（見馬克思與昂格思文匯第一卷一一四頁。）

馬克思自脫離學校生活後，投身于新聞界，他要討論時事問題，便涉及政治，他在學校所研究的是法律，哲學和歷史等等，他此時的注意力又兼射到他前此未曾研究過的政治問題上去了。然他的政論大概是從哲學和法律兩方面着眼的，並且是以黑格爾的國家哲學和法律哲學爲根據的。此等政論總是攻擊壓迫者而同情於被壓迫者，所以他于萊因省議會不貴族與市民對出版自由的辯論，則排斥貴族而表同情于市民，于財主代表對盜取木材的提議，則攻擊資產階級的議員而表同情于貧民。可是他這種論調係從黑格爾國家道德的見解出發的，不是從社會主義或共產主義的學說出發的。他在『盜取木材法令的辯論』一文中固然說過：『如果每種財產的侵犯，不加區別，沒有詳細規定，是爲贓物，那麼，一切私有財產不都是贓物麼？』（見同書二八四頁。）然他此處所謂贓物是就法律上的意義講的，不是就經濟上的意義講的。又他在同一論文中談及剩餘價值雖共有四次（參看同書三〇八，三〇九，和三一三各頁，）然他用這個名詞只限于通常的意義即指物主毫無耗費而獲得的價值——與他後來所謂剩餘價值是完全不同的。總之，他在第一個時代中，是一個資產階級急進的自由主義者，絕不是社會主義者或共產主義者，觀于他代表萊因報聲明不傾向當時所謂共產主義，（參看本篇第四章，）尤爲明顯。

馬克思因投身報界而注意政治，並作政論，因注意政治和作政論，又感覺必須注意經濟問題，研究經濟學。　他自己告訴我們說：『當一八四二年至一八四三年之間，我當「萊因報」的主筆，必須對於所謂物質的利益加以討論，我才遇着難關。　萊因省議會對于盜取木材和分配地產的議案，萊因省高級長官俠白爾和「萊因報」對于穆塞爾農民狀況所引起的正式爭辯，以及最後對于自由貿易與保護稅則的辯論等等，才第一次給我以研究經濟問題的動機。在另一方面，當時……法蘭西的社會主義和共產主義一種略帶有哲學彩色的囘響達到「萊因報」上。　我宣言反對這種劣貨，可是在和「奧格斯堡報」的爭論中，我直認我向來的研究不足以使我對于法國這種潮流的內容，大膽加以何種評判。　「萊因報」的經理人以爲將報紙的論調放軟弱些，即可挽回那種對報紙已經宣布的死刑裁判，我乘着他們這種幻想的機會，就跑下公共的舞臺，囘到研究室中來了。』（見馬氏政治經濟學批評序言五三至五四頁，一九二一年第八版。）

馬克思自退出萊因報館後，住在德國仍有七個多月。不過他在這個時期中、結婚呀，旅行呀，忙個不了，未必有很多的時間專門研究學問。且當時德國對於經濟學和社會主義的著作，寥寥無幾，馬氏要對于這項科學加以深切的探討，也殊覺參攷書籍不足。斯太恩（Lorenz von Stein）于一八四二年秋季刊布他的『法蘭西現今的社會主義與共產主義』(Sozialismus und Kommunismus des heutigen Frankreichs) 一書，馬克思於出國之前，必看過此書，這是沒有疑義的。布浪額（Johann Plenge）說：『〔馬克思〕對於斯太恩的關係是他的發達中最堪注目的問題之一。馬克思自已對於此事沒有道及過，然斯太恩有名的著作引起馬氏的世界觀決切的大變更，這是很可能的。』（見布氏馬克思與黑格爾六五頁，一九一一年出版。Marx und Hegel, Tubingen）邁耶以爲『布浪額和其他許多人一樣，過於重視斯太恩對於馬克思的影響。』（見邁耶昂格思傳第一卷四一一頁，一九二〇年出版。Friedrich Engels. Eine Biographie. Berlin）邁氏的話是很對的，因爲我們將馬克思在出國以前的言論細按一下，就知道他的思想仍和從前一樣，並沒有顯出何種根本上的變化。至於他到法國後，思想上發生劇烈的變化，這當然是受了法國環境和思潮的影響，不能硬指爲斯氏一書之效。所以許多人因馬氏變成社會主義者，歸功於斯氏一書，這種主張是沒有根據的。

我們現在詳細考究馬克思退出萊因報館以後和出國以前的言論，即可以證明上述一點。馬氏於一八四三年五月從寬恩寫信給露格說：『營業和經商的制度以及財產和掠奪人民的制度在現社會中趨於破裂，比較人口的蕃殖還要快得多，這種破裂是舊制度不能醫治的，因爲舊制度並不去醫治，不去創造，他只是存在世上，只是消耗。受着痛苦的人發生思想，而有思想的人橫遭壓迫，這種人的存在對於那消極的和無思想而徒然耗費的庸愚動物世界（Tierwelt der Philisterei）必定是格格不相入的。在我們的方面，必須使舊世界充分向着光天化日之中推移，使新世界積極地形成出來。事變之來使有思想的人潛思默想的時間愈長，使受着痛苦的人自行集合的機會愈多，則那種在現狀中胚胎的產物出現於世也愈完全。』（見馬克思與昂格思文匯第一卷三七〇頁。）馬克思這一段話辦隱約含有他後來所謂資本主義經濟制度崩潰的種子，然這還是一種偏重感情的話，這是一種辯證法（Dialectics）的批評，這一點並沒有表見他的思想根本上的變化。

至是年九月，馬克思因露格要求他對於他們行將創辦的新雜誌發表意見，他在岳母家中寫信給露氏說：『在一般改革家中不獨是發生一種普遍的紛亂狀況，每個人自己必須承認他對於應當怎樣的事件，沒有確切的見解。我們不依固執的教義，以成見去觀察世界，我們只願從批評舊世界中找出新世界，這恰爲新潮流的長處。⋯⋯將來的組織以及一切時代現成的發展，都不是我們應有的事；我們現在應做的事的確是對於一切現狀，加以無顧慮的批評，所謂無顧慮是指只管批評，不要怕批評所生的結果，更不要怕和現在的勢力相衝突。』（見同書三八〇頁。）

馬克思旣說明新雜誌當從批評入手，他於是進而宣布卡伯，德插密，（Dezamy）和威特靈所宣傳的共產主義是一種固執教義的抽象物，並且確定將來的批評對象爲宗教，政治和科學等等。最後他從新聲明不以固執的成見爲批評的標準，並且要藉批評的力量去改正世人的意識，所以他說：『我們不是以固執的態度，拿起一種新原則，出現於世界之前，說：眞理在這裏，跪在這裏罷！我們是從世界上諸原則中向世界發揮新原則。我們不是向世界說：拋棄你的爭鬥，這些爭鬥是無意識的事情；我們願意向你喊出眞正的爭鬥口號。我們只向世界指示他爲什麼眞正爭鬥着，並且指示意識之爲物，就是他不願意要，他也是必須具有的。 意識的改正只在使世界理解他的意識，使他從自己的迷夢中驚醒起來，並且向他說明他的適當的行動。 我們的全部目的除掉將宗教和政治的問題納入自覺的人的形態中外，不能有別種樣子，卽佛愛巴黑宗教的批評也是如此。 因此我們的標語必須是：不以固執的教義去改正意識，但以剖解那神祕的和自身不淸晰的意識去改正意識，無論這種意識的出現是宗教的或政治的，〔都是一樣〕。…… 我們可以將我們雜誌的傾向用一句話總括起來，就是：對於時代的爭鬥和志願之時代自覺。（批評哲學）。 這是對世界和我們的一種工作。 這種工作只能是聯合力量的事業。 這是一個懺悔的問題，並非別的問題。 人類要赦宥他們的罪過，只須將此等罪過的眞相宣布出來。』（見同書三八二至三八三頁。）

我們細心研究馬克思致露格這一封信，可以看出四個要點。 一，馬氏主張對一切現狀加以無顧慮的批評，而不以固執的教義做批評的標準，這是他終身遵守的。 他的資本論就是他對資產階級政治經濟學所下的一種無顧慮的和無成見的批評。 二，他對於當時德法烏託邦的共產主義和社會主義已有相當的研究，然他對此等主義始終不表同情，所以他沒有絲毫信仰的表示。　三，他對於政治問題的興味愈加濃厚了。　他知道新世界是由舊世界中胚胎出來的，不是像一般烏託邦社會主義者所幻想的一樣，新世界是突然出現的，然他對於新世界當爲怎樣的形態，還不淸楚，還沒有確切的見解。　四，他的論調已經有離開他向來所抱的唯心論的傾向，他的思想的變化已在醞釀中。　例如他說，意識的改正只在使世界理解他的意識，使他從自己的迷夢中驚醒起來，以及將宗教和政治問題納入自覺的人的形態中—這隱約含着認人類的意識爲人類生存結果的意思。　最後這一點是佛愛巴黑的學說，佛氏是引起他的思想發生根本變化的第一人。　因爲馬克思自任萊因報的主筆後，遇着物質的利害，要加以討論，這不是黑格爾的唯心論所能夠圓滿解決的，他因此對於後者學說的信仰，根本發生搖動，而逐暫傾向佛愛巴黑的唯物論。　然這也是當時的一種潮流，不獨他一個人是如此的。　昂格思說：『一羣意志最决切的黑格爾信徒，對於實在的宗教作戰，他們因實際上的必要，被驅入於英，法的唯物論中。　他們於此便遇着和自己學派的體系相衝突之處。唯物論視自然爲唯一眞實的東西，在黑格爾〔哲學〕體系中則自然僅表現爲絕對意象的「分離物，」（Entäusserung）好像意象的一種崩潰物，總之，此處的思想以及思想產物的意象是原始的，自然是後起的，自然只因意象的垂顧，才是存在的。大家的情形無論爲好爲壞，總陷在這種矛盾之中。於是佛愛巴黑的「基督教的本質」(Das Wesen des Christentums) 一書出現了。此書一擊就把那矛盾點打得粉碎，他使唯物論復辟起來了。自然是離開一切哲學而存在的；自然是基礎，我們人類自身是自然的產物，是由這種基礎上生長出來的；除自然和人以外，沒有存在的東西，我們的宗教幻想所創造的神只是我們自身存在的幻想之反映。符咒被破壞了，「哲學」體系被拋棄在一邊了，矛盾——這只是存在幻想中的——被解決了。——大家要是對於此書有一種概念，他們自己必定已經感覺到此書解脫的效力。那種鼓動力是普遍的；我們一時都成爲佛愛巴黑的信徒。馬克思對於這種新見解是何等熱心讚揚，他是受了何等大的影響——不管他的批評的保留之點如何——大家可以從神聖家庭裏面看出來。(見昂氏佛愛巴黑與德國唯心哲學的尾聲十至十一頁。)

佛愛巴黑的書是一八四一年出版的；他認人爲最高的生物，他以爲世間最高的法則是人與人相愛。這就是他的人本主義。(Humanismus) 布勞達爾 (A. Brau nthal) 說得對：『佛愛巴黑使哲學復歸到人的教義上去，使世界以人爲出發點，這是一大功績。』(見布氏社會哲學家的馬克思四四頁，一九二〇年柏林出版。Karl Marx als gesellschaftsphilosoph）馬克思讀了此書，頗有好評，他只嫌佛氏『對於自然講得太多，對於政治講得太少。』（見社會主義的文書第一卷三九七頁。）可是他在出國以前的言論，除掉上面所舉隱約靠近佛愛巴黑學說的一段話外，他並沒有明白主張唯物論。　這可以表見他的思想的變遷是很審慎的。　他自到巴黎後，在德法年書所發表的論文，才表現他由一個唯心論者變爲一個唯物論者；不僅是這樣，並且表現他由一個資產階級急進的自由主義者，變成一個社會主義者。　他自出國以後，他的思想上重大的變化才顯明出來，這是他生平一個最偉大的關鍵。我們將他出國以前的事業列爲第一時代，他到巴黎以後的事業列爲第二時代，取義卽在於此。

第二篇 壯年時代（奔走時期：一八四三年至一八四九年）

第一章 巴黎旅況

我們在本書第一篇第五章中時常提及德法年書，現在當略述他的起源。 馬克思於萊因報館接到封禁命令之日，（一八四三年一月二十五日，）寫信給露格，表示他不願意再留在德國，擬往瑞士，繼續文字工作，他說：『我如能在齊利池（Zürich）與黑維（Herwegh）一同編輯德意志先驅報，（Deutsche Bote）我也很願意。： 你對於此事如能爲我籌劃一下，那我是很感激的。』（見社會主義的文書第一卷三九五頁。） 黑維所擬辦的德意志先驅報不能成功，露格回信，對於此事無能爲力。 可是露氏原來創辦的德意志年書，於一八四二年被封，他正擬和馬克思同往外國去恢復這種出版物，因爲他承認『馬克思編輯年書比編輯一種日報更爲適宜。』（見露格書信與日記第一卷二九七頁，一八八六年柏林出版。Arnold Ruges Briefwechsel und Tagebuchblätter） 他邀馬克思共負主筆的責任。 至關於年書的計劃，他在是年五月致佛愛巴黑的信中說得很明白：『我們願意完全自由在外國刊印一種雜誌，並且將舊年書中那種平庸的，迂闊的，和含忍的東西完全去掉，我們志在和法國一般最重要的人物如列羅，(Leroux)蒲魯東，路易勃郎，(Louis Blanc) 甚至於拉馬丁 (Lamartine) ——(拉墨列 Lamenais 和科墨甯 Cormenin是請不到或用不着的)——聯合編輯這種雜誌，使他們直接加入著作，(法文是人人能讀的，)並且共同設立一個編輯部。至於名稱及計畫，我們當和他們共同擬定，於是兩民族精神上的結合在這種企圖中忽然一舉表現出來了。』(見馬克思與昂格思文匯第一卷三三二至三三三頁。)

這種雜誌就是一八四四年二月在巴黎出版的德法年書。露格所擬結合德法兩民族精神的計劃雖因法國著作家沒有一人加入，不能實現，然年書的編輯部仍是人材濟濟的。因爲除掉露格和馬克思擔任主筆外，當時知名之士，如佛愛巴黑，漢訥，黑維，昂格思，黑斯，柏萊斯，(Bernays) 和雅各俾，(G. Jacoby) 等都在著作人之列。

德法年書的起源既如上所言，現在當進而敍述馬克思對於年書的活動。馬克思曾稱巴黎『爲哲學的舊學府，……和新世界的新都城。』(見馬克思與昂格思文匯第一卷三七九頁。)

至一八四三年十一月他和他新娶的夫人便親到這個『舊學府』與『新都城』來寄居了。他的思想的變化本已在醞釀之中，他此時驟然來到這新舊文化的中心點，結交許多著名的改革家與社會主義者，讀過許多名著，耳目既是一新，觀感自然異趣，所以他的思想忽然放出異彩來了。我們試檢查他在德法年書中的兩篇論文，就可以看出這一點。

馬克思第一篇論文題爲『黑格爾法律哲學的批評』，(Zur kritik der hegelschen Rechts-philosophie)第二篇論文題爲『猶太人問題』。(Zur Judenfrage)單就題目看，他們是風馬牛不相及，然就內容講，他們却有互相連貫的密切關係。因爲馬克思在第一論文中指出無產階級階級爭鬥之哲學的基本計劃，在第二論文中指出社會主義社會之哲學的基本計劃。一爲方法，一爲目的。一則對於歷史發達的情形，舉其大綱，一則對於這一點詳加闡揚，由淺入深，由略而詳。我們一讀馬氏這兩篇論文，他的精神發達的程序，便歷歷活現於我們的眼前了。

馬克思在『黑格爾法律哲學的批評中，』以佛愛巴黑的話做批評的出發點，然他同時却有超過佛氏的議論，他說：『反宗教批評的基礎是：人類創造宗教，宗教沒有創造人類。

宗教的確是沒有自制力或喪失自制力的人之自覺(Selbstbewusstsein)和自感。(Selbstgefühl) 人非居於世界以外的抽象的生存物。世界的人是在國家，及社會中的。這種國家，這種社會產生宗教，宗教是一種顛倒的世界意識，(Weltbewusstsein)因爲這種國家，這種社會是一個顛倒的世界。宗教是這個世界的一般的學說，是他的百科全書式的綱領，是他的通俗形態的邏輯，是他的精神上的光榮點，是他的熱忱，是他的道德上的裁可，是他的莊嚴的補助，是他一般的慰藉物和認宥的根據。宗教是人類本質中幻想的實現，因爲人類的本質沒有眞正的實現。因此，對於宗教的爭鬥間接也是對於以宗教爲精神上馨香物的世界之爭鬥。』(見馬克思與昂格思文匯一卷三八四頁。)

馬克思既說出宗教的起源，他接着詳細發揮道：『宗教上的苦難是實際苦難的表現，是對於實際苦難的抗議。宗教是被壓迫者的太息聲，是一個無情世界的心情，是種種慘淡無光的狀況之精神。宗教是人民的鴉片煙。宗教是人民虛幻的幸福，要剷除這一點，就在要求人民實際的幸福。要求〔人民〕拋棄對於他們狀況的幻想，就是要求拋棄一種需要幻想的狀況。所以宗教的批評在胚胎上就是痛苦窟—宗教爲這種痛苦窟的發光體—的批評。　批評已經將鎖鍊子上想像之花毀滅了，人們不是因此負着這條沒有幻想和沒有慰藉的鎖鍊子，却是因此拋棄這條鎖鍊子，而拾取生花。　宗教的批評使人失望，因此他和一個失望者一樣，思索，行動，並且形成他的實際生活，去理解將來的人，因此他圍繞着自己運動，圍繞着他的眞正的太陽運動。　宗教只是虛幻的太陽，當人不能圍繞着自己運動的時候，這個太陽是圍繞着人運動的。』（見同書三八四至三八五頁。）

馬克思現在由宗教的批評歸到本題來了，他說：『歷史的任務是於眞理的他方（Das Jenseits der Wahrheit）消滅之後，即確定此方的眞理。（Die Wahrheit des Diesseits）哲學——他是供歷史驅策的——的任務第一是，於人自己精神錯亂（Menschlidhe Selbstentfremdung）的神聖形態暴露之後，將他們非神聖形態中自己的精神錯亂暴露出來。　因此，天的批評變而爲地的批評，宗教的批評變而爲法律的批評，神學的批評變而爲政治的批評。下文所說的是對於這種工作的一種貢獻，……這是加於德意志國家哲學和法律哲學上的，其理由非他，不過因下文所說，是關於德意志的。』（見同書三八五頁。）

馬克思接着就暢論德國政治經濟的現狀，與英法較，是非常落後，而法律哲學的批評所涉及的任務，只有一種方法——卽實行——才能夠解決。他於是問德意志能否站在原則的頂點上從事於一種實行，卽從事於一種革命，至於這種革命不獨是使德意志達到近代人民經常的水平線上，並且使德國達到此等人民在最近的將來所站的人的高點上。他的答案是：『批評的武器决不能代替武器的批評，物質的武力必須由物質的武力去破壞，學說一經侵入羣衆中，也會變成物質的武力。』（見同書三九二頁。）『革命需要一種被動的原素，一種物質的基礎。學說在一種人民中實現的程度，只以這種學說爲他們需要的實現爲止。……但德意志沒有和近代人民同時爬到政治解放的中間階段。就是他在學理上走過的階段，他在實際上還沒有達到。他要怎樣藉一個觔斗，不獨是超過他自己的界限，並且超過近代人民的界限，卽超過他在實際上必須視爲從自己眞正的界限中解放出來的和努力爭持的界限呢？一種激烈的革命只能是激烈需要的革命，〔德意志〕似乎是缺少這種革命的前提與出生地。』（見同書三九三頁。）

然『對於德意志爲一種烏託邦夢想的，不是激烈的革命，不是普遍的人類解放，而是部分的，僅僅政治的革命。』因爲這種部分的，僅僅政治的革命，在一方面要有一個階級根據他的特別地位，擔負社會一般的解放，此階級於全社會能處在他的地位上（如具有金錢和教育，或隨便可以獲得此等東西）這個前提之下解放全社會；在另一方面，要有一個階級，一切社會的缺陷都集中在他的身上，從這一方的解放成爲一般的自身解放。但在德國是缺乏這種先決條件的。

馬克思認德國僅僅政治的革命爲不可能，而一種激烈的革命却是可能。其可能何在呢？他回答道：『在造成一個受鎖鏈子束縛的階級，造成資產階級社會中一個非資產階級社會的階級，造成一個熔化一切閥閱的閥閱，造成一個具有普遍性—因其普遍禍患的緣故—而不要求特別權利的部分，（Spbare）因爲加於這一部分的，只是不正當的事，並不是什麼特別不正當的事，這一部分不復能用歷史的名義去鼓動，而只能用人類的名義去鼓動，這一部分不是和德意志國家組織的結果立於局部的對抗上，而是和德意志國家組織的前提立於全部的對抗上，這一部分如不將自己從社會其他一切部分中解放出來，如不因此解放社會中其他一切部分，他便不能使自己獲得解放，總之，這一部分是人類中的完全失敗者，只有藉人類的完全復行勝利，他自身才能夠勝利。社會這樣熔化爲一個特別閥閱，這就是無產階級。』（見同書三九七頁。）

馬克思既認德意志徹底的解放在乎無產階級的解放，他於是進而分析無產階級的起源，要求，與需要：『無產階級是因德意志開始的工業運動才起首出現的，因爲造成無產階級的，不是自然發生的貧窮，而是用人爲方法產生的貧窮，不是受社會困苦機械式壓迫的人羣，而是由社會急迫解體—特別是中等閥閱解體—而出現的人羣，可是自然的貧窮以及基督教和德意志式的奴役雖自然是漸進的，然他們也插入無產階級的行列中了。當無產階級宣布向來的世界制度的解體，他不過是表明他自己生存的祕密罷了，因爲他就是這種世界制度的解體。當無產階級要求否認私有財產時，那他只是將社會曾經提起來做他的原則的東西，只是將那未經他參預，却因社會消極的結果，已經結晶在他身上的東西，現在由他提起來做社會的原則。……哲學在無產階級中遇着物質上的武器，而無產階級在哲學中遇着精神上的武器，思想的光芒一經徹底射入這個質直的人民地盤上，德意志人做人的解放就會充分實現出來。……德意志人的解放就是人類的解放。這種解放的頭是哲學，這種解放的心是無產階級。無產階級不抬頭，則哲學不能實現，哲學不實現，則無產階級不能抬頭。當內部一切條件都完成的時候，德意志的復活日會因加里鷄（Gallischer Hahn）的啼聲而報曉了。」

（見同書三九七至三九八頁。）

馬克思這一篇論文至少表見兩個要點：（一）他以爲德意志可以超過部分的和僅僅政治的革命，一直達到激烈的革命，他這種說法一方面固然是因當時的德國還沒有形成一個強有力的政治革命的領導階級，另一方面是因他年少氣盛，持一種急進的態度，對於人類的解放運動，在主觀上未免過於樂觀。（二）他已經注意到只有無產階級能夠將自己從壓迫中解放出來，並且解放其他一切被壓迫者，細按他的語氣，他此時已經是一個社會主義者了。

馬克思在『黑格爾法律哲學的批評』一文中分別政治的解放與人類的解放，他在『猶太人問題』一文中對於這一點更加以詳細的發揮。後而這篇論文是對於布魯洛，包爾兩篇論猶太人問題的文字而發的。包爾本是馬克思最親密的師友，可是他的思想日趨於玄幻一方面；而馬氏的思想却日趨於實在一方面；當馬氏在萊因報主筆政時，他們已經因意見不合，開始分離，至此時他們分離的程度便愈加增進了。包爾對於猶太人問題的議論，純是從神學上出發的。他以爲猶太人如果要獲得自由，當先捨棄他們的猶太教，因爲就基督教國家宗教的本質講，這種國家不能解放猶太人，就猶太人宗教的本質講，他們不能獲得解放。基督教徒與猶太教徒要想自由，固當都捨棄宗教，然基督教究竟比猶太教進化些，所以猶太人要想獲得解放，還須做些預備功夫，就是：首先改奉基督教，並輔以黑格爾的哲學，以爲達到自由的階梯。包氏這種見解直將猶太人的解放問題牽入唯心的玄想中去了。

馬克思對於這個問題的見解便與包爾完全相反。他說：『誰當解放呢？誰當被解放呢？單就這兩個問題去加以探討是決不夠的。要下批評，還要從事於第三個問題。必須問所講的是那一種解放？……包爾向猶太人說道：從你們的觀點出發，你們有要求政治解放的權利麼？反之，我們便問道：從政治解放的觀點出發，這種觀點究有要求猶太人拋棄猶太教，以及世人拋棄宗教的權利麼？』（見同書四〇三頁。）在許多政治充分發達的國家中，已經沒有宗教特權的存在，猶太人在政治上已經獲得解放，然他們却沒有獲得人類的解放，這就表現政治解放的限度了。『政治的解放在一方面使人變成資產階級社會的分子，變成自利的獨立的個人，在他方面變成國民，變成負道德責任的人。（Moralische Person）當實在的個人自己收回抽象的國民〔資格〕時，當他個人在他的實際生活中，個人的工作中，以及個人的關係中變成與人爲一體的人（Gattungswesen）時，當人類已經認識並且組織自己的力量爲社會的力量時，當社會力量不復在政治力量的形態中與人分離時——人類的解放才會完全實現。』（見同書四二三至四二四頁。）

至於包爾認基督教徒較猶太人更適宜於解放一點，是將猶太人的解放問題轉爲一個純粹宗教的問題。馬克思說道：『我們不從猶太人的宗教中去探討猶太人的祕密，但從實在的猶太人中去探討宗教的祕密。猶太教現世的基礎是什麼呢？是實際的慾望，是自私自利。猶太人現世的崇拜是什麼呢？是經商射利。猶太人現世的神是什麼呢？是金錢。現在好呀！從經商射利和金錢中解放出來，從實在的，眞正的猶太教中解放出來，這就是我們現代自身的解放。一種社會組織如果消滅了經商射利的前提，即消滅經商射利的可能性，則猶太人便無能爲力了。猶太人宗教的意識當如無力的氣體一樣，消散於社會實際生活的空氣中。在另一方面：當猶太人認識他這種實在的特質是虛幻的，而求其消滅，則他的動作便是超出他向來的發達而向着人類的解放進行。……』（見同書四二五至四二六頁。）

馬克思的『猶太人問題』是他早年作品中一篇重要論文。『向來因猶太人而作的文字，不知凡幾，然沒有超越馬克思的思想的，却都在馬氏此文之下。』（見畢爾林德國社會民主黨史第一卷一七六頁。）馬氏自己是一個猶太人，因此我們對於此文愈覺有注意的興味。李卜克內西以為猶太人常受侮辱，馬氏此文就是一種報復的文字，（參看李氏馬克思紀念冊英譯本一四頁。）斯巴哥以為馬氏此文差不多是站在反對猶太人的觀點上面的，（參看斯氏馬克思的生平及其言行德文本第三至四頁。）其實我們在他此文中找不出他為猶太人圖報復的議論，也找不出他故意反對猶太人的議論。『當他對於猶太人問題發表意見時，他不以猶太人自居，也不以猶太人的仇敵自居，但以一個新世界的說法者和公民自居。…』（見格羅斯曼—St. Grossmam—校的馬克思猶太人問題序言第五頁，一九二〇年德文單行本。『一個新世界的說法者』自然具有新的見解；馬克思此文不獨是站在佛愛巴黑的人本主義上面，他已經極力注意經濟的事實，他的議論已經含有他後來所倡的唯物史觀的種子。即他的第一篇論文雖大致是和伏蘭德爾（K. Vorländer）所指的一樣，他論無產階級的解放還是倫理的哲學的，而非歷史的，經濟的，（參看伏氏哲學家的馬克思，昂格思與拉塞爾一五頁，一九二〇年司徒嘉德出版。—— Marx, Engels und Lassalle als Philosophen）然他也已經注意到經濟的事實，不過沒有第二篇論文這樣深切著明罷了。

馬克思在德法年書所發表的文字，除書信外，只有上列兩篇論文，因爲這種雜誌刊印一個雙號之後，卽沒有繼續出版了。然駐巴黎的普魯士公使亞甯（Heinrich Friedrich von Arnim）却因這一個雙號，大驚小怪，於一八四四年三月八日向柏林政府報警。其大意如下：『漢訥對於樂德威格（Ludwig）王的讚美歌是「卑陋和譭謗」，黑維的詩詞彈劾德意志一切君主背叛民權，是「大逆不道」！一八四三年往來的信札有攻擊普王之處，馬克思在黑格爾法律哲學的批評中指示德意志一種激烈的革命；柏萊斯的批評報告擺陽（Bayern）王侵呑公款，並且毀謗巴登（Baden）大公。』（見社會主義與工人運動史叢刊第三卷四二〇至四二一頁，邁耶德法年書與巴黎進步報的消滅。—— Der Untergang der ‘‘Deutsch-Französischen Jahrbücher und des Pariser Vorwärts’’）

當德法年書運送入德國時，萊因省當局已在邊界上沒收二百三十部，又於一隻萊因汽船上沒收一百部。迨柏林政府接到亞甯的報告，便視此爲一樁極嚴重的事件，他認這些作者是要藉思想革命爲實行革命的武器。他遂於四月十六日下令全國高級長官，指德法年書志在謀叛，凡著作人及編輯人應負其責；如遇馬克思，露格，漢訥，和柏萊斯入普魯士境，應即令警察加以逮捕。同時柏林政府並令亞當向法國基佐（Guizot）內閣提議封禁這種年書，並驅逐編輯人出境。可是雙方的交涉還沒有辦妥，而德法年書已自行死去，用不着法國政府做劊子手了。

德法年書死去的原因，露格在是年三月二十八日致他的母親的信中說得很清楚，一因承印年書的人不能夠繼續辦理，一因他和馬克思意見不合，發生衝突。（參看露格書信與日記第一卷三四一頁）關於第一點不在我們的討論之列現在專講第二點。

馬克思與露格意見不合，一是由於他們對於黑維的觀察不同，互相爭執，一是由於他們對於政治上的見解參差，不能合作。今特略去前一事而說明比較重要的後一事。當馬露兩氏未到巴黎之前，他們的政見已經是不一致。馬克思於一八四三年三月從荷蘭寫信給露格說：『我從此處和法國的報紙看來，德意志是深陷於泥沙之中，並且還將愈陷愈深。……自由主義的寬袍已經卸下了，而最可恨的專制主義亦條條地站在全世界人的眼前』。（見馬克思與昂格思文匯第一卷三六〇頁。）可是德國雖這樣慘淡無光，馬克思不獨是不失望，反覺樂觀，因爲他知道這種運動的黑暗局面必引起革命，所以他說：『國家是一件很莊嚴的東西，不能將其弄成一種滑稽劇。一隻載滿了蠢子的船或者可聽其隨風飄蕩，歷一陣時候；然這是驅策去遭遇他的命運，此事恰是那些蠢子不相信的。這種運命就是迫在眉睫的革命。』（見同書三六一頁。）

反之，露格於同月覆馬克思的信，却盡是一片悲觀聲，他首先引用合爾德靈(Holderlin)的話做他的態度的標語：『這是一句難說的話，然我要說出來，因爲他是眞理：我想不到一種民族比德意志人更支離破碎。手藝工匠你是看見的，但是沒有人，思想家〔你是看見的，〕但是沒有人，主人與奴僕青年人與成年人〔你是看見的，〕但是沒有人。——手臂肢體，狼籍不堪，與鮮血淋漓的場所不是一個戰場麼。』（見同書三六一頁。）露氏接着說道『你的信是一種幻想。你的高興只是愈加使我敗興。我們會看見一種政治革命麼？我們這些德意志的同輩人〔會看見一種政治革命麼？〕我的朋友啊，你是相信你所願意的事件。（見同書同頁。）『在體質上這種有用的人民是不會滅亡的，然在精神上或自由人民的生存上，則他們早已完結了。……我們的人民沒有前程，我們的呼號有什麼用處啊。』（見同書三六四和三六五頁。）

馬克思接到露格這封信，他於五月間回信說：『我的親愛的朋友啊，你的信是一種好的悲詞，是一種驚心奪魄的喪歌；但完全不是政治的「議論。」沒有人民是絕望的，即使這種人民於長久的時期中只在愚蠢的方面有希望，然經過許多年之後，他們一旦因猝然的聰明，會實現他們一切虔誠的志願。……舊世界誠然是屬諸庸人俗物的。可是我們不要把他做一個鬼怪看待，因恐懼而逃避他。我們的眼睛必須正確地看着他。世界上這樣的先生是值得加以研究的。』（見同書三六五頁。）

我們將露格和馬克思這些信比較一下，便知道一個是悲觀的，一個是樂觀的；一個是流於消極的，一個是趨向積極的；一個是偏於空想的，一個是注重實際的；一個是委心命運的，一個是主張革命的。他們在出國前意見既不相同，他們自出國後，復如墨爾林所說的一樣：『馬克思和露格投身於法蘭西的生活之中，馬克思和一艘堅固的船一樣，浮在狂瀾中，終久達於大海，而露格的獨木舟則於恐懼驚駭之中，盡力向沙岸退回了。』（見墨氏德國社會民主黨史第一卷一五九頁。） 自此以後馬克思變成一個社會主義者，而露格則反對社會主義，彼此相差的距離愈遠則彼此合作的可能性愈少。 又加以德法年書受金錢和他種壓迫，一蹶不振，此書的停刊，自然是無可倖免了。

馬克思到巴黎的目的，不十分在辦報，但在研究西歐的學術，德法年書既經停刊，他自然也樂得有此，使他得投身於學海中。 他在法國所研究的爲法蘭西歷史，英美歷史，社會主義，經濟學等等。 據耶贊諾夫告訴我們，他在此時期中所遺下的許多抄本，表現他研究法國史，非常勤奮。（參看耶氏馬克思主義史大綱四六頁。） 即當時和他發生意見的露格，於一八四四年五月十五日寫信給佛愛巴黑，也極言他的好學不倦：『馬克思讀書很多；他用功非常厲害，他具有一種批評的才能，這種才能有時成爲過於傲慢的辯證論，可是他沒有完成什麽東西，他到處破毀，並且總是從新投身於無邊的書海中。 就他好學的癖性講，他完全是屬於德意志人的世界中，就他的革命的思想方法講，他却見屏於這種世界之外。……他用功而至於生病，並且一連三四夜不上牀睡覺。…… 馬克思將著議會史，他已經把材料搜集好了，並且找着很有結果的觀察點。』（見露格信書與日記一卷三四三至三四五頁。）

馬克思擬著的議會史，畢竟沒有動手。至於他投身於『無邊的書海中』所研究的對象，社會主義的學說當然居很重要的位置，他當然也受了那些社會主義者好些影響。不過他受何人的影響最深，關於這一點，世人的議論頗爲紛歧，而畢爾林的話比較可靠：『傅立葉(Gharles Fourier)對於資產階級的文明，下一種光明燦爛的批評，傅氏對於馬克思有最深的影響；歐文(Robert Owen)與馬氏相隔尙遠，至於聖西門(Saint Simon)的社會主義，則馬氏至一八六〇年代猶對之表示一種很懷疑的論調。』(見馬克思與昂格思文匯二卷第八頁。)

馬克思於研究社會主義外，又結交好些著名的社會主義者或社會改革者，如漢訥，蒲魯東，卡伯，巴枯甯等都是。在這些人中，他最相善的，第一是漢訥，第二是蒲魯東今特分述他倆人的事略和他們至馬克思交誼的經過如下。

漢訥於一七九七年十二月十七日出生於萊因省一個猶太人的家庭中。至一八二七年，往遊英國，才初次聽得勞動運動中粗率的呼聲。自一八三一年起，他寄居巴黎，親識傅立葉，並且與聖西門的信徒往來甚密。迨馬克思到巴黎，他們一見傾心交稱莫逆。漢訥是一個社會主義的詩人，他的名震全歐，法國人士尤敬仰他。他在巴黎進步報（Vorwärts）上發表過十一首詩譏諷普魯士王及其經濟制度。至一八四五年此報的記者多被基佐內閣驅逐，而漢訥獨無恙，因爲法政府恐招物議，不敢驚動他。他有一首詩題爲『中國皇帝』（Der Kaiser von China）描寫這位皇帝縱飲和專制，極譏諷的能事。（參看漢訥全集第二卷一〇三至一〇四頁，柏林出版。Heinrich Heines sämtliche Werke）這就是指普王威廉第四。他作詩，常得馬克思夫婦的贊助，關於這一點以及他們友誼上的其他關係，下面幾段話描寫得頗清晰：

『漢訥有一個時候，每天去訪馬克思夫婦，將他的詩念給他們聽，求這一對少年夫婦的評判。漢訥和馬克思對於一首八行的詩共同推敲無數次，有時是討論這一個字，有時是討論那一個字，要等到字句平整，毫無再加潤色的餘地才止。

然漢訥對於每種批評，常是神經過敏的。……他常是眞正哭着臉，來到馬克思家中，因爲時有何種不著名的文人在一個報上攻擊他。馬克思也不知道要怎樣辦，他只是將漢訥送到他的夫人處，馬夫人的詼諧及和藹的態度，馬上就使這位失望的詩人心神泰然。

忘的。可是漢訥之來並非時常求助，他有時且能助人。有一樁事是馬克思家庭會特別記憶不忘的。

當小燕妮出生幾個月之後，一日忽患抽筋重症，幾有將死之勢。馬克思，馬夫人及其忠誠的女助手赫倫德穆特（Helene Demuth）站在這小女孩的旁邊，非常失望，竟不知所措。於是漢訥來了，他看了一下，即說：「這小孩子必須洗一個澡。」他親手替女孩洗澡，然後令其睡着，因此救了——像馬克思說的一樣——小燕妮的命。漢訥是能實行看護小孩的人——這種情形或使人驚訝。

馬克思是很敬重漢訥的。他愛這位詩人和愛其著作是一樣的。他評判漢氏政治上的弱點，極爲審愼。他宣言詩人是特別的人物，大家必須讓他們走他們的路。大家不可以常人的標準甚至非常人的標準去測量詩人。」（見新時代雜誌第十四年度一卷一七頁，漢訥致馬克思的書信〔導言〕。（Heine an Marx）

馬克思和漢訥的關係既是如此密切，所以當他後來被逐出巴黎時，「他和漢訥作別，極爲痛苦，——他寫信給漢氏說：「我很願意挾着你同走，」就是到了後來，他猶欣然宣布他和這一位詩人有一種很密切的結合。』（見衛德爾的漢訥與社會主義二八頁，一九一九年出版。H. Wendel: Heinrich Heine und der Sozialismus. Berlin)

馬克思與漢訥的結合是由於詩詞及彼此性情相投，馬克思與蒲魯東的結合則又和此不同，大概是由於一時學業上相互的要求。 我們在說明這一點之前，還須敍述蒲氏的身世等等，因爲馬克思和他的關係比較和漢納的複雜得多，因此我們對於蒲氏不能不多說幾句話。

蒲魯東於一八〇九年一月十五日出生於法國柏桑爽（Besancon）一個由農業出身的手工業者的家庭中。 他的祖宗十四代務農，他常自稱爲『柏桑爽農民』，並引以自豪，因爲他自認出身於自食其力的農家，是很高貴的。 他後來寫信給亞角夫人（Madame d' Agoult）說：『夫人，你知道我的父親是誰麼？［他是］一個忠厚的釀造業者，他的腦筋中從不想起爲賺錢的緣故，出賣物品的價錢必須高於實際生產所費的價格。 他總是認此爲不義之財。——他常說我的酒其費若干，連我的工貲也一起在內；我不能夠高價出售。 我的父親既是一生忠厚，所以他生時貧苦，死時也貧苦，並且遺下許多貧苦的孩子。』（見季德和利斯特的國民經濟學說史德文本三一六頁，一九二三年第二版。Charles Gide und Charles Risf: Geschichte der volkswirtschaftlichen Lehrmeinungen, Jena）蒲魯東既出身於貧苦的家庭，所以他早年即作工，他自七歲至十二歲常爲牧童。他所受的教育是不十分完備的：他在學校中讀書，常沒有書籍，回到家中，常是不得一飽。然他的資質非常聰穎，在學校輒能獲第一等獎品，他並且善利用閒暇時間到圖書館拚命讀課外的書籍。他自言他恰和一個野蠻人一樣，投身學海，勇猛前進，藉此替無產階級的兄弟們奪取資產階級所壟斷的教育。可是他畢竟爲貧窮所阨，不得不早離學校生活而習印刷業。他習此業兩年之後，開始他的飄泊生涯，他常是歷盡艱苦，找不到工作。後來他復理舊業，升爲神學著作的校對人，因此得學習希伯來文，希臘文，拉丁文等等，並且作一篇普通文法論，（Essai de grammaire générale）附在別人的著作之後。

「他爲着取得經費，以便繼續學問上的工作起見，努力要求一種學校津貼。他在致〔柏桑爽〕學校的書中說：「我生長於工人階級的懷中，我的心神和傾向是注於這個階級的，我尤因同患難，通意志，而隸屬於這個階級，我的最大的歡樂是以我的志願和精神的全力，藉助於哲學與科學，對於我所呼爲兄弟與同志的人，助其體育，德育和智育的改進。」他獲得一種津貼，以三年爲期，於是移居巴黎。　他〔前此〕因營印刷業失敗而負債，所以他必須生活於一種刻苦的狀況中。　他自己潛心研究學業，不甚到學校去聽課，並稱此項講課爲一種「奢侈品，而這種奢侈品對於教師的利益比對於學生的利益爲大。」（見沙羅門的蒲魯東與社會主義一二頁，一九二○年柏林出版。　Gottfried Salomon: Proudhon und der Sozialismus）

蒲魯東在求學時期中兼從事著述，他初次所著的是一部對於教會的書，至一八四○年他才將他有名的著作『財產是什麼』？（Qu'est-ce que la propriete?）〕書刊布出來。　他對於這個問題的答案是『財產是贓物』。（La propriete c'est le vol.）　蒲氏此書一出，聲名大著，然一方面爲資產階級的人所憎恨，而予他以津貼費的柏桑爽學校對之尤不滿意，一方面爲普通人所誤解，以爲一切財產都是贓物。　其實他所指爲贓物的只是不勞而獲的收入，他後來替自己辯護，說他並不主張私有財產的取消，只主張私有財產的普遍化，即人人都有財產。　他是反對共產主義的，他以爲公共財產是不平等的，不過與私有財產較，恰處於一種相反的地位；私有財產是強者剝削弱者，共產是弱者剝削強者，這也一樣是贓物。

當馬克思在萊因報主筆政時，他就讀過蒲魯東的『財產是什麼？』並且頗重視此書，所以他在論共產主義一文中說：『尤其是蒲魯東的詞鋒銳利之作非一眼瞭望，可下批評，必須經過長久和深邃的研究，才可加以判斷。』（見馬克思與昂格思文匯一卷二七八頁）。他後來提及此書復說：『那種對經濟「最神聖的」東西取攻勢之挑戰，那種嘲笑普通國民理解力之漂亮詞鋒，那種尖刻的評斷，那種寙苦的譏諷，那種對現行制度汚點時常表露之深而且眞的反抗感情，那種革命的熱忱，充滿了「財產是什麼？」一書，當其初出版時，並且引起一種大激動。然在一部嚴格科學的政治經濟學史上，這種著作迨沒有稱述的價値。』（見馬氏哲學的貧窮前面附刊二六頁，一九二一年第九版。Das Elend der Philosophie Stuttgart 1921.）穆克列（F. Muckle）以爲『馬克思這些話評判蒲魯東的名著，〔其精當處〕是無以復加的。』（見穆氏社會主義大家一卷一一三頁，一九二〇年第四版。Die Grossen Sozialisten, Leipzig und Berlin）這是什麼緣故呢？因爲蒲氏此書的優點只在對於財產權開始作一種嚴刻的批評，發出經濟戰爭的呼聲；至於他對於當時社會上客觀的事實是沒有審察淸楚的。所以斯太恩說：『蒲魯東此時尙完全站在舊平等原則的基礎上。他對於社會中一種對抗的存在，階級的爭鬪，無產階級的生存，以及由社會狀況出發—不由一種觀念的邏輯上出發—攻擊財產〔各點〕尚不明白。』(見斯氏從一七八九年至現代的法蘭西社會運動史第三卷三五一頁，〔一九二一年出版。Geschichte der sozialen Bewegung in Frankreich von 1789 bis auf unsere tage. München.) 蒲氏既忽視這些重要之點，故他的書不能有很大的價值。

可是蒲魯東的書雖不能列入第一等名著中，然究竟超出法國一般烏託邦社會主義者的著作之上。墨爾林說得對：『蒲魯東第一次的作品是捨棄一切烏託邦的理想，認私有財產爲一切社會罪惡的原因，而下一種根本的和無顧忌的批評，馬克思在這種著作中便看見近世無產階級第一次科學的宣言。』(見墨氏馬克思傳八一頁。) 馬氏對於蒲魯東及其著作很有相當的敬意，迄他抵巴黎，尤覺得有與蒲氏交換意見的必要，他們互相往還，交誼頗篤。「他們對於經濟問題常作通夜的辯論。蒲魯東因馬克思的引導而入於黑格爾的思想界中，他因不懂德文，所以從沒有領略這種思想。」(見墨爾林德國社會民主黨史第一卷三〇九頁。) 然他們兩人這種結合只是暫時的，後來他們因意見不同，不獨是分道揚鑣，並且變成仇敵了。

我們已經將馬克思在巴黎研究學問和結交明友的情形約略說明了，現在又要講他在報界中的活動。不過我們在提及他的作品之先，當一述發表他這種作品的報紙的歷史。當一八四四年的新年，有一種每星期出版兩次的德文報在巴黎出現，此報雖名爲進步報，然創辦此報的伯恩斯台（H. Bönstein）和主持此報的波恩斯特（Adalbert von Bornstedt）却不是進步的人。伯恩斯台是一個戲園經理，兼做戲子和文人，他爲發達營業起見，遂刊行進步報。至於波恩斯特曾爲普魯士軍官，當時則充奧大利梅特涅（Metternich）的密探，兼做普魯士政府的走狗。進步報旣握在這種唯利是視和作專制政府鷹犬的人的手中，則其論調的卑劣庸陋，自不待言。邁耶說：『此報初時的方針十分平庸，致引起在巴黎一切主張激烈的德國人的嘲笑。維爾（A. Weill）於一八四四年三月報告閣慈科的電聞報（Gutzkows “Telegraph”）說，進步報證明，沒有查檢，新聞業者也可以變成愚蠢的東西；露格於五月寫信給佛萊協，『M. Fleischer）也有同樣的說法。』（見社會主義與工人運動史叢刊第二卷四二四頁，邁耶：德法年書與巴黎進步報的消滅。）可是進步報不獨不怕別人嘲笑，他還要嘲笑別人，『當德法年書唯一的雙號出版時，進步報以充分憤激的感情，反對一般記者，〔他以爲〕這些人「將雅各俾的紅冠(die rote jakobinermütze)置諸臨於無底深淵的懸崖之上，要用暴力將人民拖到上面，而不肯下來到人民中間，加以教訓。……　我們只看見〔他們〕否認現有的一切制度，而以不知相距多遠的輝煌燦爛的空中樓閣作爲替物。』（見同書四二六頁。）

然進步報這種論調實爲一般青年所不喜。在一方面伯恩斯台爲自己的營業起見，不得不使報上的言論帶些國利民福的呼聲，藉此迎合青年人的心理，在他方面，波恩斯特爲偵探在巴黎亡命客的祕息消密起見，尤不得不戴上一個自由的假面具將報上的議論放圓滑一點，以便和這些亡命客往還，達到一己的目的。因此進步報便漸漸持一種不左不右的中立態度了。可是奧大利，和普魯士政府以及德國其他政府不能原諒他們的工具的苦衷，竟禁止此報在國內發行。伯恩斯台雖費盡氣力，運動開禁，終屬無效。

進步報受了這種意外的打擊，波恩斯特心灰意懶，以爲無復希望，遂於是年五月初旬辭去主筆之職。可是伯恩斯台則激而趨於激烈的一途，他以爲進步報既受德意志各邦政府的查禁，便當眞正具一種反抗政府的精神，持一種激烈的論調，相與週旋，一則可藉此作報復之計，一則可在旅居法，英，美，和瑞士等國的德人中擴充報紙的銷路，以便彌補在德意志本國所喪失的銷場。恰好德法年書的記者柏萊斯向進步報投稿，大受伯恩斯台的歡迎，未幾柏萊斯遂代波恩斯特而爲主筆了。『柏萊斯是一個受過完備教育的聰明人，但他却帶有一種城市輕佻少年的脾氣。他作文〔的目的〕不是要作一種優美的論文，登在報上。他有一次說，一「我以爲文字只是刺刀與槍炮的柔和代表；我非〔咬文嚼字的〕文人，也不願做〔咬文嚼字的〕文人」。一』（見馬克思與昂格思文匯第二卷二三頁。）柏氏既聰明，輕佻，而性情又復激烈，所以他在進步報上用盡詞鋒銳利的和譏諷嘲笑的話，暴露德意志專制主義與僞立憲主義的醜態，使人忍俊不住。昂格思說：『伯萊斯的詼諧話使我覺得非常有趣，他能使人大笑不止。』（見昂格思與馬克思書信錄第一卷一二頁。）

自柏萊斯主持進步報的筆政後，德法年書的記者如露格，漢訥，黑維，巴枯甯，昂格思和馬克思等前後加入此報著作者之列。馬克思於一八四四年八月在報上發表一篇論文，題爲『對於普魯士王與社會改良「一文的批評。』(Kritische Randglossen zu dem Artikel: Der

Konig von Prenssen und die Sozialreform)普魯士王與社會改良一文是露格替進步報作的，他發表此文，不用眞姓名，但署名爲『普魯士人。』他本是撒克遜人(Sachsen)，馬克思才是普魯士人，大家看見此文，很容易推想這是馬克思作的。所以馬克思在『對於普魯士王與社會改良一文的批評』中，註明他因特別理由，特宣布他這篇批評文字是他在進步報所發表的第一篇文字。我們在介紹馬氏這種批評文字之前，還當把露格一篇論文的起緣及其要旨講一下。

當一八四四年的上半年，普魯士境內施列西(Schlesien)的彼得瓦爾道(Peterswaldau)村的職工因原有的工資不敷衣食，而村中最壞的廠主寺汪溱格(Zwanziger)尤苛刻異常，還要減少工資；工人中最貧苦的於是向他訴苦，說他們不復能夠生存，連馬鈴薯也買不起了。他回答道，他們就是爲着獲得一點麵包屑，也必須工作，否則本季野草暢茂，他們只好吃草。一般職工受了很大的壓迫，幽憤所鍾，無可發洩，乃羣集而作一歌。墨爾林謂『此歌質樸無華的節段傷心慘目地反映着在他們無限的悲哀中增長了猛烈的反抗。』(見墨氏德國社會民主黨史第一卷二四五頁。)這是不錯的。此歌既表現工人的痛苦，復爲工人羣衆自己的作品，非任何文人墨客所代庖，而馬克思文中的立論又以此爲根據，所以十分重要，今特介紹如下。（原文見墨爾林德國社會民主黨史第一卷二四五頁。）

此處是審判廳，
比着費門更爲專橫，〔按費門爲威斯特里古代祕密審判。廳〕
此處不復宣告判決，
生命卽斷送無存。
此處慢慢地磨折人們，
無異嚴刑酷罰的官廳，
此處所發露的許多哀感，
就是顛連困苦的表徵。

寺汪漆格是儈子手，
一般職員是他們的衛兵，
其中個個都不去謀補救，
只是盡量地剝皮與抽筋。

你們都是流氓和陰鬼！
你們都是地府的兇魂！
你們吞沒貧民的財產，
你們將獲得橫逆的報應！

在此處是援助不肯，請求不行，
一切申訴，直等於零；
工人如不合你們的意旨，

就只得去做挨餓的貧民。

試想一想這種痛苦，
試想一想貧民的困窮，
家無升合的糧食，
這如何是不可憐？

可憐麼？唉，這是一種優美的感情，
你們這些吃人肉的人！安能如此存心：
人人都知道你們的目的：
是在剝取貧民的皮與筋！

此歌是沒有結束的，因此職工於增長兇猛的反抗力之後，到底有何種積極的目的，歌中沒有表見出來。此等職工於百無聊賴之時，就在寺汪漆格的門前唱此歌，藉以洩憤。可是他們內中有一個同伴被寺氏捉到家中，加以拷打，並且送交警察看管。因此激動衆職工的公憤，於六月四日羣集於寺氏住宅前，要求增加工資；不獨不能達到目的，反遭嘲笑和侮辱。他們於是怒不可遏，遂擁至寺氏家中，搗毀一切器具，並焚毀一切簿據。翌日他們集衆三千人之多，向浪恩貝蘭(Langenbielau)出發，與該處的工廠主作戰。治政府的軍隊出來彈壓，他們就包圍着軍隊，軍隊向之開槍射擊，死工人十一名，重傷二十四名。他們看見同伴被軍隊打得血肉橫飛，都奮不顧身，與軍隊格鬥，結果這種軍隊卒被他們用刀棍石子等物擊退了，工廠也被他們搗毀了。但至初六日，政府復派來無數步兵，炮兵，和騎兵，職工的抵抗，此時已毫無力量，他們內中被逮捕而處重刑的達八十三人。德國輿論多表同情於職工的困苦情形；而普魯士內閣也居然遵照普王的意旨，下一道假慈假悲和假仁假義的命令，令國內有心人合羣策羣力，糾正社會上的罪惡，並令各省長官當關心民瘼，力圖救濟。

法國路易勃郎的機關改革報(La Reforme)謂普王的恐怖與宗教感情爲內閣命令的泉源

，而這種命令就是行將降臨的資產階級社會大改良的預兆。　露格的普魯士王與社會改良一文對於改革報所說的一概加以駁斥。　他不獨不承認普內閣的命令是出於普王的恐怖與宗教感情，並且不承認這種命令是大改良的預兆，因為普魯士王與德意志社會都沒有達到這種地步。　他以為像德意志這樣非政治的國家中工廠區域局部的困窮不能成為一種普遍的事件，更說不到成為全文明世界的一種損傷。　至於德國的貧民目光所注，從不超出他們的家庭，工廠，和城鎮之外；他們完全缺乏一種政治的精神——即缺乏從全體觀點出發之有結構的見識——一種社會革命，如缺乏這種政治精神，便是不可能的。

馬克思對於露格的議論逐一加以駁斥，有許多地方，因情過境遷，我們已不感興味，不必述及；現在單將馬氏對於此事的評價及其他重要之點講一下。　馬克思對於施列西職工爭鬥的價值看得很高，所以他說：『……在英，法兩國工人變亂中沒有一次具有施列西職工變亂這樣理論的和覺悟的特質。　第一，大家試想一想這職工歌，想一想這種爭鬥中勇敢的口號，內中從沒有提及過家庭工廠和城鎮，但只是無產階級以決切的，銳利的，無顧忌的，和猛烈的態度，將無產階級對於私有財產社會的對抗，大聲疾呼，直接宣布出來。　施列西工人變亂的開端，恰和法，英工人變亂的結尾一樣，同具有對於無產階級本質上的覺悟。〔施列西職工的〕行動自身具有這種優越的特點。不獨那些爲工人勁敵的機器是被搗毀了，就是那些爲財產證據的簿記也被撕破了，其他一切運動起首總只是反抗那顯而易見的仇敵工業主人的，〔施列西〕這次運動却卽刻轉而反抗那暗中的仇敵銀行家。末了，英國的工人變亂沒有一次具有同等的勇氣，思慮，和堅忍性的。』（見馬克思與昂格思文匯第二卷五四頁。）

馬克思上面一段話與露格的議論正相反。墨爾林以爲『馬克思對於施列西職工變亂在歷史上的重要點所發表的議論，現在覺得奇怪。他把這種變亂的確完全不知道的傾向，加入其中，而露格以爲這種職工變亂只是饑荒的暴動，沒有深遠的意義，此說是更中肯綮的。』（見墨氏馬克思傳八七頁。）我們如就膚淺的表面去觀察施列西工人變亂事件，則墨爾林的批評，未嘗不對；他以爲『在施列西職工的饑荒變亂中，就是普魯士警察敏銳的眼光，也沒有發見何種共產主義的傾向。』（見墨氏德國社會民主黨史第一卷二四八頁。）這話好像是對的。可是我們對於此事細心考究一下，便覺得馬克思的話並不過當。他以爲『施列西的變亂並沒有離開社會原則的思想。』（見馬克思與昂格思文匯第二卷五八頁。）這是的確的。　施列西職工的變亂固然只是出於饑餓的逼迫，他們除掉破壞廠主的財產藉以洩憤外，固然沒有預定的計畫和明白的目標，公然顯出共產主義的彩色；可是此次變亂是德國工人藉羣衆的力量，反抗有產者的開端，他們於不知不覺之中，已具有一種階級覺悟，已經知道資本家的目的只在掠奪工人，而私有財產制度是他們痛苦的泉源。　不過他們不是思想精細和見識遠大的理論家，所以他們想不出一種完善的制度，看不見他們應有的目標罷了。　然說他們的舉動的確完全沒有共產主義的傾向，這是不合實情的。　馬克思爲擅長理論的學者，他將施列西職工舉動的傾向用理論闡揚出來，眞不愧爲無產階級理論上的代表，而墨爾林認他將施列西變亂的確完全不知道的傾向，加入其中，所見未免太淺了。

馬克思在此文中闡發政治革命與社會革命的異點，兼闢露格社會革命沒有政治精神爲不可能的主張，他說：『一種社會革命是站在全體的觀點上的——這種革命雖只出現於一個工廠區域〔也是如此的，〕——因爲這是人類對非人生活的一種抗議，這是從各單個實在的個體出發的，因爲社團（Gemeinwesen）——個體因和這種社團隔離而起反抗——是人類眞正的生存，是人的生存。反之，一種革命的政治精神在乎沒有政治勢力的各階級具有消滅他們和國家生存及統治權隔離的傾向。……就政治精神狹隘的和分離的性質講，一種政治精神的革命是以社會為犧牲，在社會中造成一個統治階級。……「普魯士人」對於一種「社會的」革命如果認為和一種政治的「革命」相對抗的，而這種社會革命不要社會的精神，却假借一種政治的精神，這便是混沌的無意識的話。否則一種「社會革命須具一種政治精神」這句話不是別的意思，不過是普通所稱為一種「政治革命」或一種「單純革命」的註釋罷了。每種使舊社會解體的革命是社會的「革命」。每種使舊政權崩潰的革命是政治的「革命」。「普魯士人」是自擇於註釋與無意識之間！一種社會革命須具一種政治的精神，這是註釋的或無意識的，然一種政治革命須具一種社會的精神，這却是合理的。革命─打破現有的政權和消滅舊來的關係─總是一種政治的行動。如果沒有革命，社會主義是不能夠實現的。當社會主義要打破「現有的政權」和消滅「舊來的關係」時，他需要這種政治的行動。然在社會主義有組織的活動開始之處，在他自己的目的和精神出現之處，他便把這種政治的殼子拋開了。」(見同書五八至五九頁。)

馬克思自到巴黎研究法國歷史和社會主義後，他有一種最重要的認識，就是階級爭鬥。社會中既因階級對抗而發生爭鬥，則一種新局面的產生，必非由於和平發達，乃出於雙方決鬥的結果，所以馬氏在此文中明白說出『如果沒有革命，社會主義是不能夠實現的。』終馬克思之世，他未嘗絲毫改變這種主張，故穆克列稱『馬克思一直到老年猶是一個眞正的革命者。』（見穆氏社會主義的文化理想一四一頁，一九一九年出版。Das Kulturideal des Sozialismus. München und Leipzig.）馬氏這一句話在一方面打破了當時英法烏託邦社會主義者以和平方法改造社會的迷夢，在另一方面塞住了後來打起馬克思主義招牌而實行改良主義的人的喉嚨，這是很重要的地方，我們不要輕輕看過了。

馬克思自己宣言，此文是他在進步報上所發表的第一篇文字，其實這也是他在此報上所發表的唯一的文字，然他却因此橫遭放逐之禍。進步報自柏萊斯入主筆政後，招致許多革命的記者，對於普魯士政府冷嘲熱罵，無所不至。普政府視此報爲眼中釘，目一般記者爲蛇蝎，他於一八四四年十二月十二日對於馬克思，露格，漢訥，和柏恩斯台又下入境即行逮捕的命令。（前列三八本年已下過一次逮捕命令。）然這些革命家遠在巴黎，上述的命令，直等於一紙空文，因此，普政府令其駐巴黎公使向基佐內閣交涉，請求封禁進步報，並驅逐各記者出境。基佐因進步報在文明的法國攻擊普魯士的專制主義，獲得社會上的同情，若橫加摧殘，必受輿論的攻擊，他不敢公然承認此請求。他旋藉口進步報談政治問題，沒有繳納政治報章所必需的保證金，遂處柏萊斯以兩個月徒刑和三百佛郎(Franc)的罰金。然進步報並沒有因此被宣告死刑，此報且宣言將於一八四五年一月改爲政治月刊，便無須繳保證金。普政府恐怕進步報攻擊他再接再厲，乃請國內一位負盛名而又和法政府有密切友誼的學者洪保德(Alexander von Humboldt)出來交涉，才得如願相償。至一八四五年一月中旬，法政府公然下令封禁進步報，並驅逐馬克思，盧格，巴枯寧，柏萊斯，柏恩斯等十餘人，限他們於二十四點鐘內離開巴黎，於最短時期內出法國境。被放逐的人中也有因特別關係仍得留滯巴黎的，可是馬克思却享不到這種權利，他不得不出走比國。從此以後，他幾乎是到處見逐，一直到老年，永爲一個亡命客了。

馬克思居巴黎雖不滿十五個月，然論其重要，絕非他以前任何時期所能比擬。所以墨爾林說：『一八四四年馬克思寄居巴黎，此爲他壯年時代中一個最有結果的時期，這是沒有疑問的。〔如法國〕大革命及其震動世界的結果，如各種重要的歷史著作可以深入而窺察此革命最內部的纖維，可以徵驗第三等級的階級爭鬥，一直囘溯到中世紀，如各種豐富的著作發展社會主義的思潮，直達到最清淡處，這種思潮當時並且開始湧入卡伯的烏託邦，路易勃郞的社會政策煽動和蒲魯東的工人階級宣言中——通通這些東西都供給種種變化無窮的豐富印象，就是有才能的人也會爲此等印象所炫惑，而不知所措，然此等印象必定引起一種天才的力量對於他們所含的新光微的散漫光線收集於一個焦點上。 露格在巴黎失去每種立足點，而馬克思在此處却找着歷史的唯物論起首的線素』。（見墨氏德國社會民主黨史第一卷二一一至二一二頁，） 可是馬克思在巴黎還有一樁比上述各點更爲重要的事，就是他在此獲得一個後來同生死共患難的朋友。 他此後倘若沒有這個朋友的幫助，則他的精力恐怕都要消耗於生計問題，而他那空前的傑作也無由出現了。 這個朋友是誰呢？ 就是世人一提起馬克思定會連帶想及的昂格思。

第二章　昂格思

佛利德利系，昂格思於一八二〇年十一月二十八日出生於德國萊因省巴門(Barmen)地方。他的資質聰穎，而性情復剛毅果敢，且和馬克思一樣，生長於最進步與最富於革命精神的省分，受着環境的影響，故在少年時代即變成一個革命家。然他的家庭和本鄉却充滿了篤信宗教的空氣，他爲着逃出這種迷信，經過精神上的大戰鬥。他的父母有子女八人，而佛利德利系居長。他們都是虔誠派的信徒，(Pietist)故家庭教育帶着濃厚的宗教彩色。昂格思至十四歲止，肄業於巴門市立學校。『此校完全操在一個知識淺薄和鄙吝不堪的保管部之手，這保管部大概只選擇虔誠派人爲教師。』(見昂格思早年著作三〇頁。)由此可以想見昂氏幼年時代所處的環境對於他自身是很不利益的了。

格昂思自出巴門市立學校後，於一八三四年十月升入歐爾柏菲爾德(Elberfeld)中學校。他的父母因此校離家較遠，特令其寄居於教員漢志克(Hantschke)家中。據他的父親一八三五年八月二七日給他的母親的信看來，他對於向來所受宗教式和奴隸式的教育，已經露出一點反抗的傾向，信中說：『他在外表上更有禮儀，這是和你所知道的一樣，可是他從前雖經過嚴格的譴責，現在卽有所畏於懲罰，然他却表現不肯無條件服從的樣子。 我今天又心焦起來了，因爲在他的書桌裏發見一本鄙野的書，卽一部十三世紀的騎士傳，這是從圖書館借來的。他把這一類的書放在櫃子裏，他這樣粗心，是很可注意的。 願上帝保護他的心靈。…… 再願仁愛的上帝保護他，使他的心靈不致腐敗。 他一直到現在，竟伴着他那許多可愛的特質，而發生了一種無思想和心粗氣浮的毛病 。』（見邁耶昂格思傳第一卷十至十一頁。）

據昂格思的父親看來，他有『無思想和心粗氣浮的毛病，』然他在中學的成績却十分優良。 他於一八三七年九月畢業，文憑上證明他在校時以謹愼，(Bescheidenheit)磊落，(Offenheit)和慈善(Gemütlichkeit)見稱，他對於宗教，歷史，地理，數學，實驗心理學，以及拉丁文，希臘文，法文等功課都有美滿的成績，而他的德文作品尤具有獨立的思想，與正確的詞句。 他是一個長於學外國文的人，文憑上所載猶不足以盡量表現他所懂的外國文，因爲他在少年時代寫信給他的妹妹和朋友，常雜以希臘文，拉丁文，法文，英文，西班牙文，葡萄牙文，和荷蘭文等等，他到後來且通俄文和波蘭文，兼懂歐洲各國的方言．所以巴黎公社的一個亡命客稱『昂格思說得出二十種語言。』（見新時代雜誌第二十三年度二卷五六〇頁，拉花爾格的回憶昂格思。Personliche Erinnerungen an F. Engels)

昂格思自中學畢業後，曾擬習法律，轉入仕途，但他自己具有一種自由的見解，在厲行專制主義的普魯士政府之下作官，實不相宜，他的父親又是一個很富的工廠主，願意他習商業，因此他離開了學校，即在本鄉自家所開的商店中實習商業。從一八三八年九月至一八四一年三月，他更離去故鄉，前往布列門(Bremen)習商業。然他眞心傾向的職業並不在此，乃在做一個詩人。他在少年時代很好詩詞，當十三歲時，他即作詩送他的外祖父，（參看昂格思早年著作三〇四頁，）他於一八三九年四月寫信給友人威廉格列伯，（Wilhelm Graeber）有『我將爲巴門市城詩人』（見同書五六頁）的話。但他後來恰和馬克思一樣，覺得自己不能爲詩人，因此他作詩的興趣也漸漸地淡起來了。

昂格思自到布列門後，對於宗教開始懷疑起來了。他於一八三九年四月八日寫信給友人佛利德利系，格列伯（Friedrich Graeber）說：『我從沒有做過虔誠派的信徒，在好些時候中，我曾爲一個神祕論者，（Mystker）但這已經是過去的事；我現在則爲一個眞實的和很自由的超自然論者。（Supernaturalist）』（見同書四二頁。）昂氏對於教會式的基督教旣發生懷疑的心理，他於是力求解決這個問題，旋讀施居老司（D. F. Strauss）所著的耶蘇的生世（Das Leben Jesu）一書，愈加置疑於聖經，他於同月二七日在致同一友人的信中說：『我現在專攻哲學和批評的神學。一個人到了十八歲，得開施居老司，一般唯理論者，（Rationisten）以及教會報章〔之說〕，他如果不是不加思索，一直讀下去，就會對於烏白流域（Wuppertal）按巴門在此流域中）的信仰開始懷疑。聖經上旣表現許多顯然的矛盾點，我不懂一般正宗派的宣傳者，怎能〔擺出〕這樣正宗〔的樣子〕。……正宗教派所誇示的基督眞言在各種福音中所說的各不相同。至於舊約全書更不必說起。……舊正宗教是建築在什麼東西上面的呢？不過是建築在舊的風俗習慣上面罷了。』（見同書四二至四三頁。）

昂格思旣排斥基督教正宗派的學說，幾經波折，轉而服膺施居老司的宗教說，因此又接近黑格爾的學說，他於十一月十五日寫信給威廉格列伯說：『我將達到變成黑格爾信徒的地步了。 我將來是否如此，連自己也不知道，然施居老司已經替我對黑格爾安上了引火線，表現得十分美滿。 黑氏的歷史哲學使我至爲心服。』(見同書九〇至九一頁。) 歷時不久，昂氏便變成黑格爾的信徒，他在一八四〇年一月二〇日致佛利德利系格列伯的信中說：『黑格爾對於神的觀念已經成爲我對於神的觀念，因此我居於「近世汎神論者」(Moderne Pantheisten) 之列。』(見同書九三頁。) 『此外，我研究黑格爾的歷史哲學，這是一種絕大的著作，我每晚必讀此著作，內中偉大的思想以一種不可思議的方法擒住我了。』(見同書九五頁。)

昂格思在少年時代，不獨是對家鄉盛極一時的宗教宣戰，並且對家鄉正在萌芽的工業資本主義宣戰，因此，他注意於勞工的疾苦還在馬克思之前。 他於一八三九年三四月間由布列門向闍慈科主撰的電聞報通信，描寫巴門和歐爾柏菲爾德社會情形，述及造車工人及其他工人的狀況，說此等造車工人『完全是一種墮落的人民，他們既沒有屋住，又沒有確定的收入，他們如果不是在人家屋中汚穢之處或板梯上過夜，那麼，到了天亮，他們就從草柵和牛欄等處爬出來。…… 在下層房間的工作——工人在此處所吸的煤氣和塵埃，多於養氣，他們並且大概從六歲起就在此作工——恰使他們的一切力量和樂生之心都被剝奪了。那些家中有零星織機的織工從早至晚，曲着背坐在機上作工，並且讓熱火爐把他們的背骨髓都炕乾了。此等工人如沒有落入神祕教的手中，就沈湎於不蘭地酒中。…，在本地製革工人中固然也看得見強壯的人，可是經過他們的生活至三五年之久，他們的身體和精神就敗壞了：他們五個人中間總有三個人是死於肺病，而這種病都起於飲不蘭地酒。然工廠主如果不是以一種很荒謬的方法去管理工廠營業，而神祕教如果不是以現有的形態和行將蔓延的勢子存在，則上述情形或不至達到這樣可怕的地步。在各下等階級中，實有一種可怕的慘苦情形，而在烏白流域的工廠勞動者中爲尤甚；花柳病和肺病的盛行，幾乎令人不能相信；單是在歐爾柏菲爾德一處二千五百負有入學義務的兒童中有一千二百人拋棄教育而生長於工廠裏面，其原因僅在工廠主使他們代替成年人的地位，免得對成年人付出兩倍於兒童工價的工貲。……在工廠主中的虔誠派人對待工人是壞到極處，他們用盡方法去減少工人的工錢，而以去掉工人吃酒機會爲口實。……」（見同書二二至二三頁。）

昂格思這種通信對於家鄉各種事宜尙多描寫與批評之處，然其最重要之點只在對於宗教和勞工狀況兩項的敍述。自此信稿發出後，把巴門和歐爾柏菲爾德兩個城市的人士驚動了，他的友人威廉布蘭克（Wilhelm Blank）於是年五月二四日寫信給威廉格列伯說：『這裏的人對於此等通信和發了狂一樣，此處所有的「電聞」報立即售罄。還有一點可注意的，就是，此地的人苦苦地猜想投稿者爲誰，有人說這是佛萊利格拉，（Freiligrath）有人說這是格闌孫，（Clausen）又有人說這是霍爾慈亞菲爾，（Holzapfel）如此等等，可是他們都沒有說對，這也是很好的，因爲他們倘若知道這是昂思格，那麼，他一回家，他們必定和他爲難』。（見同書三〇七頁。）昂氏這種通信上是以三個星點爲記，沒有署出眞姓名，所以他的家鄉人無從知道；即在以後兩三年中他作許多論文和詩詞登在電聞報上，也只署着佛利德利系，阿斯瓦爾德（Friedrich Oswald）的假姓名，他在其他報章雜誌——如萊因報和德意志年書等等——上投稿也常用此假姓名，因爲『他對於他那虔誠派的保守家庭雖一切意見不能相容，然他却很依戀家庭，顧慮到這一着，所以他當時視保持假姓名——他是在此假姓名之下著作和活動的——的祕密一事爲極關重要。』（見社會主義與工人運動史叢刊第四卷八八頁，邁耶昂格思的假姓名。Ein Pseudonym vom Friedrich Engels）

昂格思既具有一種卓絕的理解力和革命的精神，所以他處在不良的環境中，便時時要起反抗。初時和他發生直接關係的爲宗教，故他和宗教宣戰，其次和他發生間接關係的爲政治，他於是又向政治宣戰。他對於政治一項，除相信黑格爾的學說外，又以要求一切國民都享有平等和自由權利的政論家潑列（Börne）的論旨爲依歸，他對於黑潑兩氏是同樣重視的，所以他說：『在此最近的世界震動中，已經有兩個人對於德意志精神的發達——這尤可稱爲近世的發達——靜悄悄地作工，此兩人在生時幾乎無人注意，及他們死後，他們彼此相成之點才被認識出來，這就是潑列和黑格爾。……潑列是政治的實行家，他完全履行這種任務，這是他的歷史上的地位。描寫實際的巧妙，無有能及潑列的。凡他所表現的，都是活潑的，都是有力的。只有他的著作可以說是爲爭自由的偉業。……與潑列對峙的黑格爾，是一個思想家，他那已經完成的〔學說〕體系橫在國人之前。』（見昂格思早年著作一四四至一四五頁。）『然沒有潑列直接和間接的活動，則那由黑格爾出發的自由方針必更難搆成。現在只要將黑格爾和潑列兩人間阻塞的思想途徑開通出來，這不是很難的。此兩人所處的地位〔在實際上〕較在表面上更爲接近。潑列的直切了當及其健全的見解構成黑格爾——至少——在理論上所具見解的實際方面。』（見同書一九二頁。）『我們現代的任務是在完全貫徹黑格爾和激烈的主張。』（見同書一四六頁。）

以上所述昂格思反抗宗教和政治的爭鬥，都是他在布列門習商業時的事。當着這個時期，他的職業生活爲經商，而他的精神生活爲著作，這兩樁事不獨是不能聯成一氣，並且互相衝突，因此，他無意於這種商行爲，而別求他適，這是自然的。他於一八四一年春初離開布列門，當時究有何種計畫，我們雖無從知道，然他向他的父母要求繼續學業，未能如願相償，這是意料中的事。他旋於是年十月到柏林一個礮兵營中服兵役。他既是一個富家子弟，就當時的情形講，很容易運動免除兵役，他所以不避去服役，是想藉此機會，利用閒暇時間到柏林大學去聽講。他於柏林大學是年下學期開學之始，即入校當旁聽生，兼聽神學和哲學等課。當時的神學教員是普王威廉第四即位後新請來講學的謝林，普王的用意是在藉謝氏默示錄的信仰去摧折黑格爾汎神論的鋒鋩。昂格思聽了謝氏的講課，又對於黑格爾的哲學深加研究，於是以少年黑格爾派的資格，用激烈的主張，於一八四二年四月刊布一種沒有署名的小册子，題爲『謝林與默示錄，批評最近對自由哲學的反動企圖』。（Schelling und die Offenbarung, Kritik des neuesten Reaktionsversuches gegen die freie Philosophie）露格當時讀了此書，以為是巴枯寧著的，他說：這個可愛的少年勝過柏林一切老驢子，這句話可以表現昂氏創作的能力當時已經高出常人一等了。

昂格思於一八四二年九月底離開柏林，他在此寄居僅一年，然他的成績却很好。除上面所述的小冊子外，他對於電閃報，萊因報，德意志年書，和黑維在瑞士所辦的出版物，都有作品寄去。他並且加入少年黑格爾派所組織的自由團，結識許多朋友。就是軍事一項，他也獲益不淺，不獨軍事學從此為他終身所嗜好的科學，他並且嫻於武事，故一八四九年巴登起兵抵抗反革命軍，他能親自效命疆場，而一八七〇年普法戰爭，更能於數日前從軍略上預料色當（Sedan）之戰，路易拿破崙的軍隊必敗，絲毫不爽。因此馬克思的長女小燕妮呼他為『將軍』，從此馬家和他的朋友遂以此為他的渾名了。由以上各種事實看來，昂格思寄居柏林，於學識經驗大有長進，其重要殆與馬克思居柏林相等了。

昂格思的父親和英人歐門（Ermen）在蘇格蘭（Scotland）曼切司特（Manchester）開了一個很大的紡紗工廠，叫做『歐門昂格思廠』。昂氏自柏林抵家，住了兩個月，他的父親卽命他到這個工廠去當書記。當他前往曼切司特時，取道寬恩，與馬克思第一次相見。當時馬克思正任萊因報的主筆，且正和柏林自由團人決裂，因爲這些人將他們大批幻想的和放言高論的論文寄給萊因報，馬克思拒絕登載，彼此遂起衝突，昂格思也是自由團中的一人，故馬氏對之不免發生一點誤會。昂格思後來寫信給墨爾林說：『當我於（一八四二年）十一月底前往英格蘭，再訪（萊因報編輯部）時，我在該處遇着馬克思，我們初次相見，甚爲冷淡。馬克思當時出面反對包爾等等，這就是說，他已經宣言，反對萊因報專爲神學宣傳和無神論等等的機關，而不爲政治討論與行動的機關，他並且也反對亞德高包爾（Edgar Bauer）純因想「走極端」而唱出來的「空論共產主義」，（Phrasenkommunismus）然亞德高也旋用別種動聽的極端話來代替這種主義了；我當時既和包爾等通音問，我便被當作他們的同盟者，馬克思對於我懷疑，卽在於此。』（見墨氏德國社會民主黨史第一卷三八二頁。）

馬克思初次遇着昂格思既是十分冷淡，而昂格思對於馬克思原來也沒有什麼特別好印象，他於布魯洛包爾被邦恩大學辭退講席後，因此作了一種很長的譏諷詩，內中有幾句是嘲笑未曾見面的馬克思的，（原文見昂格思早年著作二二六頁），其辭如下：

『那個氣勢逼人而後起馳騁的是誰啊？
是居利的一個黑人，具有倔強的烈性。
他從不肯緩行，但要捷足先登；
他滿腔憤怒，咆哮不甯，
像煞要拖彼天涯，使與地平，
他高張兩臂，飛舞天空。
他緊握空拳，奮鬥不停，
有若一萬妖魔，繞其腦頂。』

昂格思這種詩詞係在瑞士發表，並且沒有署名，馬克思當時也未必知道這是出自他的手筆，詩中的詞句形容馬克思固免不了少年人喜歡嘲弄別人的習氣，然在另一方面却表現馬氏當時的奮鬥情形已經是為許多人所深悉了。昂格思與馬克思初次相遇，雖不能一見如故，然他們並無惡感可言，因此，昂氏一抵倫敦，馬上即以觀察所得，寄給萊因報發表。昂氏以充足的學識，與銳利的眼光，考察英國大工業狀況，眞是洞若觀火，後來的馬克思主義是首先由昂氏安下經濟基礎的，因此我們對於他到英後的言論不得不加以極大的注意。

昂格思描寫並且批評英國社會狀況的文字散見於萊因報，瑞士共和報，（Schweizerischer Republikaner）德法年書，和巴黎進步報等等，我們現在只就其中最重要的，介紹一點。他初次在英國所得的最大印象是：無產階級的社會革命終久是要出現的。他於一八四二年十一月三十日由倫敦發信給萊因報，首言英國資產階級的人否認革命爲可能，「一種革命在英國是可能的麼，或是像會出現的麼？這個問題是關係英國前途的。將此問題質諸英國人之前，他將以千萬種好聽的理由向你們證明，絲毫談不到一種革命。他將向你們說，英國目前誠然是在一種危急的情形中，可是英國在其財富，工業，以及種種制度中却有方法自救，得免於暴亂，英國的憲法富有彈力性，足以包容主義爭鬥上最激烈的衝突，而由此等狀況所引起的變化不致有危及他們的基本原則之虞。他將向你們說，就是最下等的人民階級也很知道他們在一種革命中是只有損失的，因爲一經妨害公安，便足以使營業停滯，因此即能引起一種普遍的失業和饑荒。」（見同書二四三頁。）

昂格思根據英國的實在情形，對於上面一段話作一種答案，他首先說明英國非物產豐富之國，除鐵礦，煤礦，和好些牧場外，專靠商業，航業和工業維持他的興盛。可是英國行保護稅制，使一切生活必需品以及工資的價格上升，因此英國的工業競爭不過德法的工業，到處受後者的排擠。英國於是不得不限制生產，然這也是行不通的。『因爲工業固然使一國富裕，但工業又創造一個一無所有的赤貧階級，這個階級是家無餘糧的，並且是繁殖很迅速的，這個階級此後是不能夠再被剷除的，因爲他永不能獲得確定的收入。英國人有三分之一——差不多一半——是屬於這個階級。一種最小的商業停滯便使這個階級中一大部分人無從得食，一種大商業危機便使全階級無從得食。當此等狀況一經出現，這些人民除掉從事革命以外，尙有什麼事可做啊？這個階級因人數衆多，已經變成英國最有力量的「階級」當他一經覺悟他是最有力量的階級，英國的富人便要遭殃了。』（見同書二四六頁。）

可是當時的英國無產階級還沒有這種覺悟，他們卽偶有抵抗資本家的羣衆行動，然他們的組織非常散漫，他們的目標非常虛幻，如一八四一年夏季他們因工廠主要減少工資的事件而發動，然他們守法的觀念太重，總想達到一種和平合法的革命，畢竟被壓服了。昂格思於敍述此事之後，接着說道：『然無產者因此所獲的教訓是存在的；就是覺悟一種依和平方法的革命是不可能的，只有對於現存的不自然的狀況施以一種武力的革命，只有對於世家的貴族和產業的貴族作一種根本的破壞，無產者在物質方面的地位才能夠改善。英國人本來守法的念頭會使他對於這種武力革命望而却步，可是照上述的英國狀況講，在短促的時期中，無產者無從得食的事，不致於不會出現，畏饑餓而死的念頭也不致於不強於畏法的念頭。這種革命是英國所不能倖免的；然在英國所出現的事，和在其他一切國家一樣，總是因利害關係——不是因則——而開始這種革命並且貫徹這種革命；從利害關係中才能夠發展原則，這是說，這種革命不是政治的「革命」，但是社會的「革命」。」（見同書二四七頁。）

昂格思作上述通信時只是他到英國數日之後，然他的思想却起了很大的變化，此次通信表現他當時（一）極注重經濟的事實，（二）認識資產階級與無產階級間劇烈的階級爭鬥，（三）開始集中全部思想於無產階級而變成一個社會主義者，（四）一眼看破資本主義的工業制度必然引起社會革命；（五）指出和平合法革命的荒謬，確定武力革命為打破現社會狀況的唯一方法。

昂格思到英國後既轉其注意力於經濟一方面，故他對於這一方面的學識，與時俱進，他在曼切司特替德法年書作兩篇論文，其一爲『國民經濟學批評大綱，』（Umrisse zu einer Kritik der Nationalökonomie）他在此文中對於商業，價值，價格，地租，資本，勞動，競爭和壟斷等都加以探討。現介紹其重要的幾點如左。

昂格思對於競爭和壟斷的議論，至爲深刻，他說：『競爭的對抗爲壟斷。壟斷是重商主義者的口號，而競爭是自由派經濟學者的戰聲。這種對抗，又是一句空話，這是容易看見的。每個競爭者，無論其爲勞動者，爲資本家，或爲地主，必定是願意壟斷的。每一小羣競爭者必定願意排斥他人而獨行壟斷。競爭是以利益爲基礎的，而利益復產生壟斷，總之，競爭流於壟斷。在另一方面，壟斷却抵擋不住競爭的潮流，壟斷自身並且產生競爭，例如輸入外貨的禁令或重稅恰恰產生偷運的競爭。……競爭的矛盾是：每個人定要想壟斷，而全體則必因壟斷受損失，所以必須打破壟斷。競爭已經是以壟斷——即財產的壟斷——爲前提的，……財產的壟斷一日存在，則壟斷的財產是一樣被認爲正當的；因爲一經出現的壟斷也是財產。對於小的壟斷加以攻擊，而對於土地的壟斷讓其存在，這是何等糟糕不徹底啊！』（見馬克思與昂格思文匯一卷四四八頁。）

恩格思更進而討論競爭律，他說：『競爭律是在使需要與供給時常相抵補，然恰因此永不能相抵補。兩方面又互相分離而陷於嚴厲的對抗中。供給常是跟着需要走的，從來沒有恰恰相抵的；供給或是太多，或是太少，從來沒有和需要相符合的，因爲在人類這樣昏迷的狀態中，沒有人知道這種或那種〔需要〕是多少。需要如果大於供給，則價格上騰，因此供給便受刺戟了；如市場所表現的一樣，價格如果下降，供給如果大於需要，則價格的下降甚大，而需要因此又被激動起來了。這樣繼續下去，從沒有一種健全的狀況，常是一弛一張，互相更換，一切進步都不可期，却長在飄搖起伏之中，而不能達到目的。這種定律及其此失彼得的互相補償，自那經濟學者看來，是非常美滿的。他的最出色的地方，就是他樂此不疲，並且在一切可能和不可能的狀況之下去考察此事。然這種定律顯然是一種純粹的自然律，並非精神律。(Gesetz des Geistes) 這種定律是產生革命的。那經濟學者挾着巧妙的需要和供給的學說，出來指示你們，說「從來沒有生產過多的，」然實際却以商業危機作答案，這種危機和彗星一樣，依照一定的規則復行出現，現在平均是五年以至七年出現一次〔危機〕。自八十年以來，此等商業危機的依期出現，恰和從前的大傳染病是一樣的，而他們比大傳染病所帶來的禍患與不道德的事件還要多些。（參看瓦德中等階級與工人階級史二一一頁，一八三五年倫敦出版。 Wade: History of the Middle and Working Glasses），此等商業革命自然充分證實了這種定律，不過其證實的形態比那經濟學者要使我們相信的形態不同罷了。 一種定律只有藉定期出現的革命才能夠實現，大家對之應有何種感想啊？這是一種自然律，這是建築在當事者的懵然無知上面的。 倘若生產者知道消費者的需要是多少，並且使生產有組織，將生產事宜在他們自己中間分派妥貼，則競爭的風潮及其流於危機的傾向都不可能了。 你們如果像八一樣具有意識，去從事生產，不像分離的原子一樣，缺乏同類的意識，(Gattungsbewusstsein)則你們便超過這一切人爲的和不可捉摸的對抗了。 你們如果繼續在現今這種無意識，無思慮和受偶然支配的狀況之下從事生產，則商業危機便仍然存在；而後一次出現的危機比前一次必更普遍，更有害，更大部分的小資本家必流於貧困，而僅藉工作餬口的階級之人數必按累進的比例而增加，因此從事勞動的羣衆——這是我們的經濟學者之主要問題——顯然是愈增愈多，到了結局便造成一種社會革命，這是那經濟學者學院式的智慧所夢想不到的。」（見馬克思與昂格思文匯一卷四四八至四四九

頁〕）

昂格思在上文旣指出造成社會革命的商業危機是由於生產中盲目的競爭，他於是又詳細描寫生產中競爭的狀況及其流弊：『資本對抗資本，勞動對抗勞動，以及土地對抗土地的爭鬥，驅使生產達到一種瘧疾症的熱度，一切自然的和合理的關係都被顚倒錯亂了。一種資本的活動如果不達到最高度數，則他便擋不住別種資本的競爭。一塊土地如果不時常增進其生產力，則他不能爲有利的耕種。一個勞動者如果不以全力從事於勞動，則他不能對抗他的競爭者。總之，凡陷入競爭漩渦的人如不努力達於極點，如不拋棄一切眞正人的目的，則他便立脚不住。一方面這種緊張的結果，必爲他方面的緩弛。當競爭的風潮很小的時候，當需要和供給，消費和生產幾乎相等的時候，在生產的發達中必定現出一種步驟，而呈生產力過剩的現象，以致國民中一大部分人無以爲生；人民在物產豐富之前挨饑受餓。許久以來，英國即處於這種瘋狂的狀況中，即處於這種活現的矛盾情形中。生產的變化如果很大——因上述狀況的結果，必然如此——則興盛與危機，生產過剩與停滯的互相更換便出現了。那經濟學者對於這種瘋狂的狀況永不能加以說明；他爲着解釋這種狀況起見，發明一種人口論，那種議論是一樣無意識的，並且比這種財富與貧窮同時並呈的矛盾現象更無意識。 那經濟學者不要看這種眞實情形，他不要知道這種矛盾爲競爭的單純結果，否則他的全部［學說］體系都倒下來了。 至於我們對於此事是容易說明的。 那備人類驅策的生產力是不可限量的。 土地的生產能力因資本，勞動，與科學的應用，是無限增加的。 據一般最能幹的經濟學者和統計家的計算，（參看亞里孫的人口原理第一卷一，二章。Alison: Principle of Population）可以使「人口過剩的」英國於十年之內生產谷類，足供他現今人口六倍之用。 資本每日有增無已，勞動力與人口俱進，而科學宰制自然力使供人類之用，更日甚一日。 這種不可限量的生產能力如果以有意識的行動，爲着一般的利益，作適當的處置，則人類所耗的勞動卽刻會減至最小限度；如果委諸競爭，則生產能力便在對抗之中起作用了。 一部分土地耕種得極好，另一部分土地——在英格蘭和愛爾蘭有三千萬畝好土地——則聽其荒蕪。 一部分資本流通非常之速，另一部分資本則停滯在櫃中。 一部分勞動者每日作工十四點鐘以至十六點鐘，另一部分勞動者毫無所事，以致白受饑餓。 這種區別同時或如下：今天商業興盛，需要很多，於是一切都活動起來，資本的週轉非常之速，農業興盛，而工人勞動到生起病來，明天商業停滯，農業因得不償失，致使全塊土地聽其荒蕪，資本的流通遲滯，工人沒有事做，而全國苦於過剩的財富與過剩的人口。」（見同書四五一至四五二頁。）

資產階級的經濟學者看見上面所述工人失業的情形，遂謬倡人滿爲患之說，而馬爾查士的人口論恰爲之代表，所以昂格思說：『馬爾查士是這種教義的創始者，他以爲人口時常壓迫生活資料，生產增加，人口卽在同一比例之下繁殖，然人口所具的固有傾向有超過其所應用的生活資料而繁殖之勢，這就是一切貧困，一切惡行的原因。因爲人類既然是太多了，必須用這種方法或那種方法除去他們，或者是用暴力殺死，或者是使之餓死。當此舉一經出現，便再呈出一個裂口，然卽刻又爲人類的繁殖所塡滿，而舊時的貧困復開始了。在一切狀況之中都是如此的，故不獨在文明的狀況中是這樣，卽在原始的狀況中也是這樣，野蠻的新荷蘭人（Newhollands）——這種人每方里住一人——恰和英格蘭一樣受人口過剩的苦楚。總之，我們如果要據理推斷，我們便當承認，地球上雖只有一個人存在，也已經是人滿了。現在這種發揮的結果是，窮人既恰爲過剩的人數，大家便不當對他們有何舉動，只當使他們怎樣更容易受饑餓，使他們相信這是不能改變的，他們的全階級除掉極力縮小繁殖子孫外，別無救援，這一着如果不行，最好是像馬卡斯(Marcss)曾經提議的一樣，設立一個國家機關，去屠殺貧民的子女，每個工人的家庭只能有兩個半子女，如果生多了，便予以屠殺。施捨是一種罪惡，因爲這種行爲維持了那過剩人口的繁殖；可是大家如認貧窮爲一種罪惡，認貧民住宅爲一種改過局，像英國因「自由的」新貧民律而曾經出現的現象一樣，那就很有利益了。」（見同書四五三頁。）

昂格思既提出馬爾查士的人口論來討論，他接着就指出馬氏兩種錯誤：第一，馬氏沒有看出過剩的人口或勞動力是和過剩的財富，過剩的資本，過剩的地產連結在一起的，凡生產力過大的地方，才有人口過多之虞；第二，他將工作資料(Mittel der Beschäftigung)和生活資料(Mittel der Substanz)混爲一談，前者僅因機器力和資本的增加才能夠增加，後者只要生產力增加就會跟着增加的。「馬爾查士標出一個算式，他的全部〔學說〕體系是建築在這個算式上面的。人口依幾何級數而繁殖，即1+2+4+8+16+32等等，而土地的生產力是依算術級數而增加的，即1+2+3+4+5+6。這種差異是很顯明的，並且使人望而生畏：但這是對的麼？從何處證明土地的生產力是依算術級數而增加的呢？土地的擴充是有限的，對呀。然在土地上所使用的勞動力是同着人口增加的；假使生產物因勞動的增加而增加一事不是按勞動的比例而同樣進行的；然尚有第三種原素在，這是那經濟學者所不措意的，這就是科學，科學的進步是無限的，至少和人口的繁殖有同等的速力。本世紀的農業只是受了化學之賜，只是兩個人——德斐（Sir Humphrey Davy）和利比喜（Justus Liebig）——之賜，便有何等進步啊？科學至少是和人口一樣增加的；人口在比例上是於最近一代（Generation）繁殖的；而科學在前代所遺留下的認識材料比例上，於最通常的狀況之下，也是依幾何級數而進步的——科學何所不能啊？『密士失畢河（Mississippi）流域尚有充足的荒地可以移殖歐洲全部人口，地球的三分之一才開闢出來，而這三分之一〔土地〕的生產可以應用現今所知道的改良方法增加至六倍以上——於此時便說人口過剩，這不是好笑麼？』（見同書四五六至四五七頁。）

昂格思於駁斥馬爾查士的人口論之後，又繼續討論資本，勞動，地產的各自為戰及互相排擠，而歸宿到集中運動：『競爭使資本對抗資本，勞動對抗勞動，地產對抗地產，而此等元素中的每一種又對抗其他兩種。　在爭鬭中得到勝利的是強者，我們爲預言這種爭鬥的結果起見，當探討爭鬥中的勢力。　第一，地產和資本都比勞動更強，因爲勞動者爲着生活起見，必須作工，而地主可以靠着他的地租生活，資本家可以靠着他的利息生活，當必要時，他可以靠他的資本或資本主義的地租生活。　此事的結果是，生產物中只有那不可少的部分——即赤條條的生活資料——才歸諸勞動，而其他最大之部分卻分配給資本與地產了。　再則強有力的勞動者驅逐弱無力的勞動者於市場之外，大資本驅逐小資本於市場之外，大地產驅逐小地產於市場之外。　事實證明這種結論。　大工廠主和大商人比小工廠主和小商人占優勢，大地主比僅有一摩爾（Morgan）地的地主占優勢，這是人所共知的。　由此所生的結果，是大資本和大地產在平常的狀況之下，依照強者的權利，已經吞併了小資本和小地產——產業集中。　這種集中〔運動〕在商業界和農業界中進行尤爲迅速。　——大地產的增加比小地產的增加尤速，因爲大地主的所得中只有一很小的部分作爲開支的費用。　這種產業集中對於私有財產是一種固有的定律，恰和其他一切定律一樣，各中等階級必定愈見消滅，直至世界分爲大富豪與赤貧者，大地主與窮苦的日工（Taglöhner）爲止。　一切法律，一切地產的分派，以及一切資本的分散都沒有裨益——如果沒有一種社會關係的全部改造，一種利害衝突的融合，一種私有財產的取消，先期而至，則這種〔貧富懸絕的〕結果必定出現，並且行將出現了。』（見同書四五七至四五八頁。）

昂格思以上一文是根據英國工業發展中的事實和趨勢立論的，他既是腳踏實地，所以他的議論非常有價值，後來馬克思主義的學說已在他這篇文字中萌芽了，故馬克思稱此文為一種『富於天才的短篇文字』，（見馬氏政治經濟學批評序言五六頁。）而資本論中也時有提及此文之處。 此外，昂氏在英國的作品尚多見解精確的議論，例如他在巴黎進步報所發表的英國狀況（Die Lage Euglands）一文，其中論英國應用機器，發生工業革命，他說：『英國工業這樣的革命是英國近世一切狀況的基礎，是全部社會運動的原動力。』（見昂格思早年著作二七六頁。） 這不是歷史的唯物論的種子麼？ 他在同文中又說：『僅僅民主主義不足以醫治社會的弊端。 民主主義的平等是一種幻想，（Chimäre）貧民對抗富人的爭鬥不能以民主主義或政治的地皮為戰爭的終點。 這一步也只是一種過渡，最後的純粹政治手段是尚待探求的，並且必須有一種新元素，一種超過一切政治本質的原則從這種政治手段中即刻發展出來。這種原則就是社會主義的原則。』（見同書三〇三頁。）這不是一語道破無產階級運動的目標不在政治的民主主義而在社會主義麽？

昂格思到英國後思想的進步，我們已分段敍出，現在還可借阿德勒一段話作個總括：『昂格思初次寄居英國時的作品忽然表見一種完全不同的印象，並且使我們處於一種比我們從前遊行之地完全不同的地域中。我們不復呼吸於那哲學空論之稀薄的高度空氣中，我們不復跟隨那僅僅理想的運動和爭鬥，我們卻確切下降到事實的堅硬地皮上，並且驟然插入社會利害的運動和爭鬥中，然這不是盲目作犧牲物，乃是以愈趨明瞭的概念，同觀此等運動和爭鬥，並且撮其梗概。我們在這些作品中一眼就望見後來爲昂格思所努力——這是我是所熟習的——造成的面目，即馬克思主義的面目，即階級對抗與階級爭鬥說，唯物史觀說，和一種社會革命必然取消生產工具的私有財產說。我們在這些富於天才的作品中看見這個馬克思主義者昂格思還在他和馬克思親密交接之前，即爲這種觀念的原始創造者——因此使我們驚訝不置——至於這種觀念的完全深切發揮出來，固由於馬克思之力，然馬氏自己當時還沒有達到這樣明瞭和圓滿的境界。』（見阿氏思想家的昂格思二六頁。）

昂格思思想的變遷固然是由於他和工業國的新環境接觸所致，然他受渦文派及民權黨人(The Chartists)的影響也是很大的。 他和這兩派的領袖人物互相結納，他對於渦文派的機關報新道德世界(The New Moral World)和民權黨人的機關報北方明星(The Nothern Star)的言論尤爲注意，並且曾投稿於新道德世界。 可是在一方面，他認渦文派的社會主義對於工人階級雖表同情，並提出實在的救濟方案，然這種主義帶着一點資產階級的彩色，並且昧於歷史的發展，不了解工人階級的需要，不足以爲工人階級的導師。 在另一方面，他認民權主義雖站在無產階級的地位上，明目張膽反對資產階級，然這種主義對於保護工人的實際方案大半流於保守一方面，不與社會主義相接觸，也不足以爲工人階級的導師。 他以爲這兩種主義必互相結合，對於工人階級乃爲有益。 由此可以表見他認識的深刻，與判斷的正確了。

昂格思居英國約二十個月之久，他於一八四四年八月底離英返國，取道巴黎，再訪馬克思。 昂氏在德法年書上所發表的論文，既爲馬氏所讚許，而他們兩人且已有書信往來頗爲密切，所以他們這一次相見遂成莫逆之交。 當時馬夫人正歸寧母家，他們兩人過從尤密，昂氏於返家後寫信給馬克思說：『我現在還沒有再像和你聚談的十日那樣高興和諸事洽懷。』（見昂格思與馬克思書信錄第一卷四頁。）　這句話可以證明他們再相見時的情投意合了。　考茨基謂『在馬克思從昂格思所得的許多暗示中，有一種是尤關重要的。他超過德國思想方法的偏狹處而佐以法國的思想，這是他大大地自拔之處。　昂格思使他習聞英國的思想。　因此他的思想才能在當時可能的狀況之下達到最高的頂點。』（見考氏馬克思在歷史上的成就一八頁。）　馬克思與昂格思在巴黎晤談時，對於經濟學以及其他方面的問題受昂氏的影響，當然較讀其文字爲更大，當時馬氏恐怕要發生『與君一夜話，勝讀十年書』的感想了。

昂格思自在巴黎與馬克思訂交後，他們兩人即共同活動，共同著作，終其身未嘗分離，他們這種結合的結果不獨是替無產階級造成了健全的理論，並且在革命同志史上也開了一個新紀元，因此我們不得不藉此機會，將他們兩人的異同之點比較一下。　馬昂兩氏雖是志同道合，好像一人，然他們的容貌性情，以及精神的表現，和文字的體裁，却完全不同。　馬克思魁梧奇偉，（身長五尺十寸以至十一寸，）面帶棕褐色，昂格思則身長而瘦，面目皙白。　馬克思的性情是決切的，堅忍的，冷靜的，昂格思的性情是活潑的，剛直的，慷慨的。『馬克思是一個深沈的思想家，昂格思是一個勇敢的思想家。　在馬克思則抽象的能力(Abstraktionskraft)更爲發達，這種才能能在特別現象的紛亂漩渦中發見共同之點；在昂格思則結構的能力(Kombinationsgabe)更爲發達，這種才能能從單個的特點中造成一種現象精神的總體。　馬克思的批評能力更強，而反身自省力也更強，這種自省力對於他的思想的勇敢，予以一種控制，並且警戒其小心前進，時常考慮〔其立論的〕基礎，至於昂格思的精神則因其具有豪壯的氣勢，容易飛騰於偉大的觀察上而超過最大的難關。』(見同書一七頁。)此外，則馬克思爲精思玄妙的理論家，而拙於治生，昂格思爲洞達世故的事業家，而頗短於抽象的理論。　(昂氏自己也曾承認他不慣於一切抽象的推理，參看昂格思與馬克思書信錄第二卷二七〇頁。)　至於他們兩人的文體也各不相同：馬克思的作品是思想精審，氣勢澎渤，詞鋒銳利，文筆遒勁；昂格思的作品則流利而富於精彩，明瞭而幽雅自如。　由此看來，他們兩人相似之點眞是很少，然他們却因此能相輔而相成了。

馬克思與昂格思兩人的本質雖少相似之點，然他們精神發達的程序却大致相同。　關於這一點，我們在前面多已分別敍出，現在只總括說幾句，作個比較。馬克思當少年思潮澎湃之際，萬流競發，頭緒紛如，他的精神上經過一番痛苦的爭鬥，歸宿到黑格爾的唯心哲學，方才告一段落；昂格思少年被宗教的迷信所包圍，他也是努力奮鬥，乃得突圍而出，變成黑格爾的信徒，他才覺得安寧。馬克思到法國後，因研究法國的政治狀況及社會主義思想突起變化，即變成一個社會主義者，並且由黑格爾的信徒一變而爲佛愛巴黑的信徒，再變而爲唯物史觀論者；昂格思到英國後，因研究英國的工業狀況及社會主義，思想也突起變化，也即刻變成一個社會主義者，他也是由黑格爾的信徒一變而爲佛愛巴黑的信徒，再變而爲唯物史觀論者。他們兩人在未出國之前，所處的環境大概相同，因此他們的思想向同一方面發展，這原不足異。可是他們自出國後，四週的環境迥不相同，馬克思所居的是經過政治革命的法國，而昂格思所居的是經過工業革命的英國，他們都具有絕大的天才，所以馬氏對於法國革命時代的戰爭和意志能夠了解，而昂氏對於英國工業時代的戰爭和意志也能夠了解。因此，他們雖是分道揚鑣，畢竟能夠殊途同歸。從此以後，他們合德國哲學，法國革命和英國工業中三大思潮，冶成一爐，造成近世科學的社會主義。昂格思說：『我們不獨是出自聖西門，傅立葉和渦文，我們還是出自康德，費系特，和黑格爾，這是我們德國社會主義者所引以自豪的。』（見昂氏從烏託邦到科學的社會主義之發達五頁，一九二〇年第七版。Die Entwicklung des Sozialismus von des Utopie zur Wissenschaft.）這就是科學的社會主義之淵源。

馬克思與昂格思同爲科學的社會主義之始祖，而昂氏且首先爲這種主義安下一個經濟的基礎，我們一檢閱他到英後的作品，卽可看出這一點。然昂格思本人却不自以爲功，他以爲凡他所發見的東西，馬克思必定也會自行發見，可是墨爾林說得對：『這種功勞却不會因他自己的話而減色。因爲歷史上的評判，不以可能的事爲根據，而是以已成的事爲根據的。』（見墨氏德國社會民主黨史第一卷二一五頁。）不僅是這樣。他在自己的著作德國農民戰爭(Der deutsche Bauernkrieg)和杜靈格的科學革命(Herrn Eugen Dühring's Umwälzung der Wissenschaft）兩書序言中且聲明唯物史觀的根本思想是由馬克思出發的，他在共產黨宣言的序言中尤特別鄭重聲明這一點。究其實際，則他具有這種根本思想還先於馬克思，所以馬氏於一八六四年七月寫信給他，猶說：『你固知道，第一，我於一切〔學問〕來得遲，，第二我總是跟着你的足跡走的。』（見昂格思與馬克思書信錄第三卷一七三頁。）此外，昂格思推崇知己與謙讓未遑的言論是到處表現的，他有一次寫信給老友倍克說：『我一生從事我所任的工作，就是彈第二等衛阿靈琴，（Violine）我並相信我的任務是頗合節的。有了馬克思這樣一種第一等著名的衛阿靈琴，我是歡欣鼓舞的。』（見昂格思書簡五五頁。）可是一般沒有細心讀昂氏著作的人屢次聽見他推崇馬克思和不自居功的話，對於他在精神史上的重要遽爾忽視了。

我們現在再回轉來敘述昂格思與馬克思在巴黎相會後的情形。　他們當時於口頭交換意見外，即開始實行共同著作。　他們所著的書名神聖家庭或批評的批評之批評，這是因反對布魯洛包爾兄弟及同志而作的。　馬昂兩氏自出國以後，不復屬於少年黑格爾派，這是我們在前面說過的；反之，包爾兄弟及柏林自由團一班人的思想卻愈起於玄幻的一途，而尤以布魯洛包爾為其代表。　包氏高唱回轉到極端的主觀論之說，他以為只有回轉到純粹哲學的，純粹理論的和純粹批評的東西，才是對的。　當德法年書正在籌辦之際，包爾本來宣言願加入著作者之列，但未幾他要獨樹一幟，宣傳自己的主張，遂邀集同志於一八四三年十二月編輯一種月刊，名爲普通學報。（Die allgemeine Literaturzeitung）這種報本包爾玄幻的主張，對於一切社會問題以及德法年書上的作品，大肆批評，因此惹起馬昂兩氏的反感，乃同著一書，加以反駁。他們在序言中首先說明他們著書的目的道：

『眞實的人本主義在德意志的危險仇敵如有過於唯神論（Spiritualismus）或空論的唯心論（Spekulativer Idealismus）的，這種唯神論或唯心論把「自覺」或「精神」去代替眞實個人的位置，並且與宣傳福音教者同一教人道：精神創造生命，肉體是無用的。這種沒有肉體的精神自然只是在他的幻想中具有精神。我們對於包爾的批評所反駁的，就是那作爲譏諷而表現出來的空論。自我們看來，這種空論是爲基督教與德意志的原則最充分的表現，此原則以最後的努力，要使「批評」〔指普通學報〕自身成爲一種卓絕的勢力。

我們的討論特別集於包爾的普通學報上面——我們現有此報的起首八冊——因爲包爾的批評以及德國空論的無意識之點在此報中達到頂點了。批評的批評（普通學報的批評）愈加藉哲學使眞實顚倒變成最明顯的滑稽劇，則此報便愈富於教訓。…… 學報所供給的材料使大衆可以懂得空論哲學的虛幻。我們著作的目的卽在於此。』（見馬克思與昂格思文匯第二卷一〇三頁。）

神聖家庭共分九章，起首三章半是昂格思道過巴黎時隨時草就的，其餘五章半係馬克思後來接手做成的。普通學報上所批評的事件甚多，如英國的工業，法國的革命，社會主義，羣衆運動和哲學等等都在其批評範圍之內。馬昂兩氏的著作既要闢其謬誤，故所涉的範圍甚廣，且多零星瑣屑的議論。我們現在只將其中重要的議論介紹數節如下。

昂格思在神聖家庭第四章中先徵引亞德高包爾批評工人之玄而又玄的話，繼乃加以反駁，他說：『法國社會主義者以爲工人創造一切東西，生產一切東西，然他却沒有權利，沒有產業，總之，他一無所有。批評〔指普通學報〕藉着亞德高君的——認識之鎭靜的——口答道：要能夠創造一切東西，須有一種如工人覺悟一樣的强有力的東西，上面一句話要反過來才對，就是：工人未曾創造東西，所以他沒有什麼東西，然他未曾創造東西，是因他的工作總是一種單個的，基於自己需要的，和日常的工作。〔學報的〕批評於此達到一個抽象的頂點，他從這一點上只看見他自己思想的創作以及反乎一切眞實的普通狀況（Allgemeinheit）才是「一點東西」。才是「一切東西」。工人未曾創造東西，因爲他僅造出「單個的東西」，這就是說，只造出些可觸覺的，非精神的，和非批評的對象，在純粹批評的眼中，這種對象是一種討厭的東西。一切實在的，和生活的，是非批評的，是繁多的，因此「不算東西」，只有批評的批評之理想的和虛幻的創造，才是「一切東西」。：批評的批評沒有創造什麼東西，而工人却創造一切東西，工人在他的精神的創造中還使全部批評慚愧無地了；英法工人對於這一點是可以拿出證據來的。工人並且創造了人，而批評者則常爲非人，（Unmensch）他簡直因此心滿意足，而作批評的批評者了。…［學報的］批評除掉「從現成的制度文物範疇中構成程式」外，別無所事，就是從現成的黑格爾哲學和現成的社會趨勢中［構成程式；］此等程式就只是些程式，別無所有，他［指學報的批評］對於偏執論（Dogmatismus）雖極譏笑怒罵的能事，然他自身却陷於一種偏執論中，並且還陷於一種婦人態的偏執論中。他是一個老婦人，並且將長爲一個老婦人，他將乾燥枯寂的黑格爾哲學，將他乾枯到最討厭的抽象論的身體塗上脂粉，加上美服，在全德意志國中左顧右盼，亂送秋波，希望勾引到一個愛人。』（見同書一一三至一一四頁。）

昂格思上面的話是暴露並且抨擊亞德高包爾虛無飄渺的幻想，而馬克思下面一段話也是暴露並且抨擊布魯洛包爾虛無飄渺的幻想，他說：『我們聽見說自古至今歷史上一切大事業從初時起即遭失敗，沒有深遠的結果，是因羣衆對於此等事業曾經發生興趣和熱忱的緣故——或者是因此等事業中所含的理想必定以一種膚淺的見解爲滿足，也必定以羣衆的贊否爲依歸，於是此等事業必然罹一種悲慘的結局。』（照上面所說的看來），似乎一種見解以一種理想爲滿足，與一種理想相符合，便不復是膚淺的了。布魯洛君只把理想及其見解兩者間的一種關係表現出來，恰和他只把歷史上失敗的事業對於羣衆的一種關係表現出來一樣。因此絕對的批評如果斥何物爲「膚淺的」，這就簡直是自古至今的歷史，而歷史上的事業和理想是即「羣衆」的理想和事業。絕對的批評呵責羣衆的歷史，要代以批評的歷史。……按照向來非批評的，即非絕對的批評意中所讚許的歷史，還當正確分別羣衆對於目標所發生的「興趣」達到何種程度，羣衆對於目標所具的「熱誠」達到何種程度。一種理想如與「利益」分離，則這種理想是當受非難的。在另一方面每種在「理想」中之羣衆的和在歷史上要貫徹的「利益」當其初次出現於世界舞台時，遠超過其實際限度之外，直與人類的利益混在一起，這是容易領略到的。……當羣衆在政治的「理想」中沒有他們的實在利益的理想，當他們的眞正的主要原則與革命的主要原則不相符合，當他們的眞正的解放條件與解放資產階級自身及社會的條件在大體上不相同，則這種革命才對於羣衆是「失敗」的。所以凡能夠代表一切歷史大「事業」的革命如果失敗了，則其失敗的原因是在乎這種羣衆——革命在羣衆的主要原則中大半停頓起來了——爲一種孤立的，有限的，和非包括全體的羣衆。［這種失敗］不是因羣衆對於革命具有「熱忱」和「興趣」，而是因最大多數人，即與資產階級分離的羣衆部分在革命的原則中沒有他們眞正的利益，沒有他們自己革命的原則，却只有一種「理想」，只有一種暫時熱忱的對象，只有一種表面興奮的對象。」（見同書一八一至一八二頁。）

神聖家庭原名批評的批評之批評，所謂批評的批評是指普通學報，馬昂兩氏對之再加以批評，故有是名。可是承印此書的勒文達爾(Löwenthal)是一個有名的博士，他於一八四四年十二月底寫信給馬克思，說他聽說馬氏著一部書反對布魯洛包爾，名爲神聖家庭，那書是否即他正在付印的批評的批評之批評，如果即是此書，請改名神聖家庭，較爲警切。馬氏慨從其請，故神聖家庭變爲正名，而批評的批評之批評變爲副名了。至於神聖家庭這個名詞本是馬克思在書中的用語，係一種譏諷之詞。因爲包爾一批人把羣衆看做齷齪不堪的東西，信口雌黃，自己以清流自居，自以爲是超然物外，忘情一切，嚴然和神聖一樣，故馬克思稱他們爲神聖家庭，或『神聖的批評的家庭。』

神聖家庭是一八四五年三月出版的。此書初時原擬定爲一種小册子，所以昂格思只作了二十餘頁，後來馬克思接續做下去，竟擴充到三百五十餘頁。因爲據當時德國書報檢查令，凡超過三百二十頁的書得免檢查，馬克思下筆時大概顧慮到這一點，所以對於許多小節細故，不惜加以詳細的討論，使篇幅因此延長。然當時的人士對於此書不大感興趣，因此也頗少印象。墨爾林說：『此書對於現今的讀者容易表見像一堆無光彩的煤炭一樣，然他如果稍具有明瞭的眼光，便有某種光耀的寶石從這煤堆中來照耀他。』（見墨氏德國社會民主黨史第一卷二〇四頁。）這光耀的寶石是什麽呢？就是唯物史觀說。此書表見馬昂兩氏公然反對黑格爾的哲學，過渡到佛愛巴黑的人本主義，並且逐漸超過這種主義，而發揮他們自己的唯物史觀的學說。此書的重要與價值不在能『用大炮打麻雀』（參看馬克思與昂格思文匯第二卷七一頁。）的方法去對付普通學報，（此報僅出十二期，當神聖家庭出版時，他已經死去數月了。）乃在能明白表見馬昂兩氏思想變遷的過程。

昂格思和馬克思在神聖家庭的序言中說：『我們先行發表這種辯論，然後繼以各種獨立的著作——我們自然是各作各的——我們對於各種新哲學教義和社會教義的眞切見解以及眞切關係，將於這些著作中陳述出來。』（見同書一〇三頁。）當神聖家庭出版之時，昂格思的『獨立著作』已經脫稿，正將付印了。這種著作是什麼呢？就是他的名震一時和銷行最廣的『英國工人階級的狀況』。

英國工人階級的狀況一書所敍述的主要事件是，英國自十八世紀末葉以來，因應用新發明的機器，發生產業革命，產出一個無產階級，麕集於城市的工廠中，以謀生活；這個無產階級因受資產階級的宰制，商業危機的影響，與同階級中人相互競爭的結果，生活艱難，流離失所，而德智體三育且日益下降；可是他們所受的壓迫愈大，而他們的反抗也愈甚。因此發生一種階級覺悟，引起一種工人運動，而這種覺悟與運動的結果，當然會釀成社會革命，使工人階級獲到最後的勝利。此書不獨是表見資產階級的勃興，並且還表見資產階級的滅亡，他不獨是說明無產階級的困苦，並且還說明無產階級的解放。『他含有唯物史觀和科學的社會主義的一切種子。對他從無產階級的生活條件中說明無產階級的心理：他使無產階級歷史的任務導源於經濟的發展中，並且已經宣布工人運動與社會主義的結合。』（見社會主義與工人運動史叢刊第九卷三四九頁，考茨基：邁耶的昂格思傳。 Justav Mayers, Engels Biographie）還有一層，此書對於馬克思是發生很大的影響的，因爲馬氏在當時還是『一個書房中的學者，他的知識是從書本子上得來的，至於實際上的經濟生活，他常是十分隔膜的。 昂格思的英國工人階級的狀況一書是從實際事實的懷中產生出來的，或者恰因此使馬氏獲得一種特別堅強的印象。』（見博文與社會民主黨的原則與要求四一頁，一九二〇年出版。 Albert Bovenschen: Die Grundsätze und Forderungen der Sozialdemokratie）昂格思此書既是科學的社會主義的先鋒，又爲影響馬克思至深且巨之作，因此我們特將其中重要之點分別介紹於下。

昂格思在他的書中開宗明義就標出英國無產階級的發生期及其原因，他說：『英國工人階級的歷史是從前世紀的後半期中因蒸器機的發明與機器的應用於棉業而開始的。 大家都知道此等發明引起一種產業革命，同時這種革命改變了資產階級的全社會，其在世界史上的重要現在才起首被人認識。　英國是這種革命的策源地，革命進行愈是靜悄無聲，則他便愈加劇烈，而英國因此又爲他的主要結果——即無產階級——發達的策源地。　只有在英國才能夠研究無產階級，詳考其一切狀況和一切方面。』（見昂氏英國工人階級的狀況一頁，一九二一年第七版。）

英國的產業革命既開始於機器的應用，而機器的應用復首現於棉業中，則無產的貧民也自然以棉業爲出發點，可是要明白這種貧民的發生，當上溯其歷史，所以昂格思說：『在應用機器之前，（棉花）原料的紡織都在工人的家中。　（一家中的）妻和女從事於紡紗，而丈夫則將紗織成布匹，當家主不自織布時，則將棉紗出賣給別人。　此等紡織家庭大半居於鄉村中和附近城市的地方，他們的工資完全敷用，因爲國內市場對於棉料的需要尚大，且此業差不多是一種唯一的貿易，而那因商業的擴充，外國市場的征服，後來所表現的競爭大勢力，（當時）對於勞動工資還不發生影響。　此外，國內市場在（棉料的）需要上時常增加，與人口的慢慢繁殖，步驟相合，因此每個織工都有工作，各工人的住所散佈於鄉村中，工人間所起的競爭不能夠達到一種劇烈的程度。　這種織工並且大概是抛開一點工作，租一塊小地，於閒暇時間——他的閒暇時間，只要他願意，隨時都有，因為他要在什麽時候織布，並織至什麽時候止，都可任意而行——從事耕種。他固然是一個不善於耕種的農夫，他不注意於農業，沒有很大的實在收穫；但他至少不是一個無產的貧民，像英國人說的一樣，他有一根棍插在他的祖國的地皮上，他是有定所的，他在社會上所站的地位並且比現在的英國工人要高一級』。（見同書一至二頁）。

此等織工的生活既安適，復以閒暇時間從事於田園工作和各種戶外遊戲，因此他們的體質健全，與普通農民無異。凡原料與紗布的交付，以及工錢的支取，都有遊行經理躉門交涉，因此他們終身伏處鄉村，不入城市，所有酒色徵逐的事，都非他們所知。他們是有體面的鄉人，他們的子女同住一家，受其教訓與指揮，而家長制的家庭關係因得保存無恙。可是『他們能讀書的很少，能寫字的更少。他們依着常規到教堂裏去，不問政治，不事詭謀，並且不運用思想，而以身體上的訓練為娛樂。他們依傳統的信仰，聽讀聖經，以謙遜的態度，與社會中各高貴的階級相處，安然無事。可是他們在精神上也因此死去了，他們只顧着自己微小的利益，只顧自己的織機和田園，對於人類在外面所幹之轟轟烈烈的運動毫無所知。　他們在靜悄的植物一般的生活中覺得愉快，倘若沒有產業革命，他們永不會走出這種很浪漫的，溫和的，但不值得爲人的生存圈套之外。　他們却不是人，只是些爲少數貴族——此等貴族是向來指導歷史的——服役的工作機器；產業革命也不過是將由此所產生的結果貫徹起來，使工人完全成爲單純的機器，從他們的手中奪去那獨立行動最後的殘餘，可是恰因此驅策他們運用思想，並且要求享有一種人的地位。」（見同書二至四頁。）

統觀以上兩節的描寫，可知產業革命以前的英國織工都是些比較有恆產的自由獨立的，和保守的小生產者，然機器一經應用，他們何以會變爲無產的貧民呢？　昂格思再告訴我們，說：『第一種〔機器的〕發明，引起英國工人向來的地位一種根本上的變化，這就是北蘭卡州（Nord Lancashire）不拉克柏恩（Blackburn）的斯坦山（Standhill）地方惹姆斯，哈格理夫（James Hargrave）於一七六四年「所製的」葉立（Jenny）紡紗機。　這種機器就是後來謀爾（Mule）紡紗機粗形的起點，〔這種葉立〕是用手轉動的，但他不和平常的手紡車一樣，只能有一個紡錘，他有十六以至十八個紡錘，用一個工人就可以紡紗。　因此所供給的紗才可以比向來多得多；從前一個織工常用三個女工紡紗，紗總是不敷用，織工常要等待棉紗，到此時所出的紗便多於原有織工能夠織完的了。　棉紗的生產費因新機器的應用而減少，結果使織物的價格低廉，而大家對於此等織物的需要更增加了；因此必須用多數織工，織工的工資便上升了。　現在織工既可從織機上獲得多量的報酬，他便漸次拋棄他的農業工作，完全以織布爲業。　此時一個四個成人和兩個小孩的六口之家靠紡織爲生，每日作工十點鐘，一星期能獲四金鎊——等於普魯士二十八個達列——當着商業興盛，工作忙迫的時候，所得還要更多；一個織工每星期從他的織機上獲得兩金鎊，這是很平常的事。　這個兼事農作的織工階級逐漸消滅，而化爲新興的純粹織工階級，他們沒有產業，連一種租地的準產業都沒有，專靠工資過活，因此他們遂成爲無產的工人了。　此外，還有紡紗者對於織工的舊關係也消滅了。　紡紗織布向來是在一處的。　現在棄立機既和布機一樣需要一個有氣力的人去担任工作，所以男子也開始紡紗，許多家庭是全家專靠棄立機謀生，同時其他家庭把那些陳舊的和劣敗的紡車抛在一邊，他們如果沒有錢購買一架棄立機，則他們必須專靠家長的織布機生活。　後來工業中紡織業有無限完善的分工是由此開始的。」（見同書四至五頁。）

紡紗機器一經應用，即創造一個工業的無產階級，既如上所述，可是他的影響還不止此，所以昂格思說：『第一種很不完備的機器已經這樣發達一個工業的無產階級，同時他又引起一個農業的無產階級。〔英國〕向來有一大批小地主，叫做『約門恩』，（Yeomen）他們也和他們的鄰人農業織工一樣，無思無慮，靜悄悄地度日。他們完全依照他們父親傳下來的疏忽的老法子耕種他們的小土地，而以倔強的態度反抗每一種革新，然這種態度也自是許多世代以來爲習俗所拘束的人所固有的。他們的下面又有許多小佃農，但不是現今所謂佃農，此等小佃農或由契約的世租，或由舊習慣的力量，從他們的父親和祖父傳下小土地來，他們向來據有這種土地，十分穩固，好像這就是他們自己的產業。現在工業工人既從農業中抽身出來了，便有一大批土地空着，大佃農這個新興階級於是插足其中，這些大佃農一租是五十嚒簡，一百嚒簡，二百嚒簡，二百嚒簡以上不等，他們是任意租戶，（Tenants-at-will）就是，這種租戶的租地每年可以任意通告收回，他們現在知道用更好的耕種法與大規模的組織，去增加土地的出產。他們和小地主相比，能以較廉的價格出售生產物，至於這種小地主的土地既不復能養活自己他除掉賣出土地，購進一架棄立機或織布機，或受雇於大佃農做日工——農業的無產者——外，別無謀生之道。』(見同書五頁。)

昂格思接着又說；『工業的運動並沒有在此處停止。　單個的資本家開始安置葉立機於大建築物中，藉水力使之轉動，因此可以減少工人的數目，並且和那些以手推動機器的紡紗者相比，他們能以較廉的價格，出售棉紗。　又葉立機時加改良，因此，在頃刻之間，一架機器即變爲陳舊的東西，必須加以改造，甚至於須拋棄不用；當資本家應用水力尚能以舊式機器維持現狀的時候，那單個的紡紗工人拿着這種機器畢竟站脚不住了。　此處既已經伏着工廠制度的開端，而阿克萊特（Richard Arkwright）——他是北蘭卡州布列斯頓（Preston）地方的理髮匠——一七六七年所發明的居洛斯爾紡紗機（Spinning-Throstle）復將此一點擴充起來了。　這種機器在德文中稱爲克田機，（Kettenstubl）與蒸汽機同爲十八世紀最重要的機械發明。　這種機器第一就是安排用機械的發動力，並且是以完全新的原則爲基礎的。　蘭卡州費烏德（Firwood）地方的柯洛布頓（Samuel Crompton）聯合葉立機與克田機的特點，於一七八五年造成謀爾機，同時阿克萊特發明了卡地紡紗機（Kardirspinnmaschine）和佛爾紡紗機，（Vorspinnmaschine）因此工廠制度對於紡紗業就成爲霸王了。　這種機器略加改變，逐漸應用於紡羊毛業中，後來（十九世紀開始十年間）又應用於麻業中，因此，將此等業中的手工勞動驅逐了。可是工業運動在此仍沒有停止；當十七世紀末年，一個鄉村牧師卡特萊特（Cartwright）博士發明了機械的織布機，至一八〇四年他已經能用這種織布機與手藝織工相競爭而獲得勝利，所有這些機器都因惹姆斯瓦特（James Watt）的蒸汽機而倍加重要，至於這種蒸汽機是一七六四年發明的，自一七八五年以來被用作紡紗機上的發動機。有了這些發明，——後來尙年年改良——英國產業的主要部門中機器勞動對於手工勞動的勝利便決定了，自茲以往，此等產業部門的全部歷史就只是報告手工業勞動者怎樣被機器從一種地位驅逐到別種地位。此事的結果是，在一方面一切製造品的價格陡然下降，工商兩業十分興盛，幾乎所有無保護的外國市場都被征服了，而資本與國民財富的增加非常迅速；在他方面，無產階級的增加還要迅速得多，工人階級一切財產，和一切所得上的安全都被破壞了，還有德性的墮落，政治的騷動，以及一切爲有產業的英國人所極端恨惡的事實出現。……』（見同書六至七頁。）

工業發達的結果既把社會分成兩個利害完全相反的階級——即資產階級與無產階級，——於是階級爭鬥便日趨劇烈，昂格思講到倫敦及其他大工業城市的情形，說道：『社會戰爭是大家互相對抗的戰爭，在此處是公然宣布了。一般人和〔我們的〕朋友施提列（Stirner）一樣，彼此相視，只當作可利用的東西；每個人掠奪別個人，〔實際上〕所表現的是強者蹂躪弱者，少數強者—即是資本家—將一切東西據爲己有，而多數弱者—即是貧民—連赤條條的生活都難維持了。在倫敦是如此，在曼切司特，北明翰，（Birmingham）和利慈（Leeds）也是如此，即在其他一切大城市中也無不如此。無論在何處，是一方面呈出野蠻的冷淡，與自私的殘酷，在他方面呈出不可言狀的困苦，無論在何處是社會戰爭，每個人的家宅是在戒嚴的狀況中，無論在何處是藏在法律保護之下互相掠劫，一切行爲是無恥的，是彰明較著的，一個人對於我們社會狀況的結果—像此處明白表現的一樣——發生恐怖之心，這種完全瘋狂的勾當倘能維持得往，〔不致魚爛而亡。〕他當以爲天下奇怪的事無有過於此了。』（見同書二四至二五頁。）

昂格思認社會戰爭中資本家是強者，工人是弱者，這是什麼緣故呢？『因爲在這種社會戰爭中，資本—生活資料和生產工具的直接或間接產業—既是戰鬥所用的武器，則這種狀況中一切不利益的事都落在貧民的身上，這是很顯明的。貧民沒有人照顧，他旣被牽入戰爭漩渦中，必須盡力戰鬥下去。他幸而找着工作，這就是說，資產階級對於他肯加恩惠，肯利用他去致富，則他所望的一種工資殆不足以營養自己的身心；他要是找不到工作，那麼，他如果不怕警察，就可以去行竊，否則只好挨餓，就是在此處，警察也要留心，使他在一種靜悄悄的和無損於資產階級的狀況中挨餓。當我在英國的時候，至少有二三十個人在各種最令人傷感的狀況中直接活餓死了，當着驗屍的時候，殆沒有陪審官具有勇氣，將此事和盤托出。驗屍的證書雖很明瞭，雖沒有疑義，可是資產階級——陪審官是從這個階級中選出來的——總找得着一張後門，逃出餓死這種可怕的審判詞。資產階級在此處不能說眞話，否則他就是宣布自己的罪狀。但還有許多人是間接餓死了——比直接餓死的更多——這是因時常缺乏充分的生活資料，致引起死症，而被犧牲；這種缺乏之物資使身體虛弱，有某些狀況本來可以完全平安渡過的，却因此而必然轉入重病和死亡中。英國工人稱此爲社會的虐殺，他們歸罪於全社會繼續不斷地犯這種罪。他們（的話）是不對麼？」（見同書一、五頁。）

資本主義社會戰鬥中的武器既握在資本家的手中，所以赤手空拳的工人一時即僥倖不直接或間接餓死，也長在呻吟憔悴之中，昂格思介紹倫敦工人的情形說：『最大的工人區域在陶衛（Tower）之東，即在白教堂（Whitechapel）與柏慈訥爾草場，（Bethnal Green）倫敦工人的大羣衆集中於此等地方。我們且一聽柏慈訥爾草場聖菲力伯教堂的傳教師亞爾斯頓（Hr. G. Alston）對於他的教區中狀況所說的話：「這個教區包含一千四百個住宅，共住二千七百九十五家，約有一萬二千八。這些大量人口所住的面積少於四百方碼，（一千二百方尺）〔住所〕既是如此擁擠不堪，所以一夫一妻，四五個小孩子，有時還連着祖父母同住在一間十方尺至十二方尺的房子裏，工作，吃喝，與眠睡，都在於此，這並且不是不當見的事。我相信在倫敦僧正使公衆注意於這個最貧苦的教區之前，住在西城的人對於此區毫無所知，不亞於他們對於澳洲或南海島（Südsee Inseln）的野蠻人〔毫無所知的程度〕。當我們一經親眼看見這些不幸者的憂患時，當我們窺出他們極節省的食品，並眼見他們因疾病或失業而遭磨折時，我們覺得像我們這樣的國家竟有如許孤苦和窮困的事，是當引以爲恥辱的。我前在哈德斯菲爾德（Huddersfield）當牧師三年，正值工廠最衰敗的時期；但我從來沒有看見像伯慈訥爾草場的貧民一樣，完全得不到救助的。在這全部鄰舍地方，除掉工作衣服外，十個家長之中沒有一個人再另有一套衣服的，卽他的工作衣服也是很惡劣的，破爛的；還有許多人除掉這一套破爛衣服外，夜間是沒有被褥的，牀上除一袋乾草及破爛物外，一無所有。』（見同書二一九頁。）

上述一節固然足以表見倫敦工人顚連困苦的狀況，然還有更甚於此的，昂格思在書中一連舉出三個例子，我們現在特介紹其一如下：『當薩來（Surrey）的驗屍官卡爾脫（Carter）於一八四三年相驗一個四十五歲的婦人加爾威（Ann Galway）的屍時，各報上對於死者的住所有下列的紀載：此婦人同她的丈夫及其十九歲的兒子住在倫敦柏夢集街（Bermondsey-Street）白獅場第三號一間小房子內，房中旣沒有牀和被褥，又沒有木器。她作着她的兒子，死在一堆羽毛中，這些羽毛散布於她那幾乎赤條條的身上，因爲「除此以外」，旣沒有鋪蓋，又沒有被氈可見。羽毛附着在她的全身，十分堅固，所以在屍身淸洗之前，醫生竟不能夠加以檢驗，後來醫生發見她完全消瘦，並且週身被蟲蚤咬爛了。房中的地板有一部分被拔去，這種沒有地板的空洞被家中用作廁所。』（見同書二二〇頁。）

「可是話雖這樣說，這些人還有任何種屋子藏身，總算是有幸運的，」所謂有幸運是對那完全沒有屋住的人講的。——倫敦每朝有五萬人起來，不知道是日夜間當在何處安枕。這種數目中最有幸運的人能夠到晚上省下一個或幾個辨士，投入一種所謂寄宿舍中，在一切大城市中有一大批這樣的寄宿舍，他們出了錢，就在此中找地方睡下。　但這是何等一種寄宿地啊！　這種屋子是從上至下用牀板布滿了的，一間房中有四張，五張，六張牀，只要擺得下去，便盡量擺下。　每張牀上四個五個六個人擠在一起，也是只要睡得下去，便盡量睡下，——病的也好，康健的也好，少的也好，老的也好，男的也好，女的也好，酒醉的也好，清醒的也好，只要恰好來了，都結合在一起。　於是就弄出爭鬧毆打和受傷的事件出來—當同牀的人互相和睦的時候，那更壞了，他們或是商量行竊，或是幹種種〔鮮廉寡恥的〕事，這種事的獸性獸慾是我們人類已成的文字不願意再描寫出來的。—　那些不能夠出錢買這種睡所的人們又怎樣呢？　他們隨便在何處找得一個地方就睡下，或睡在走廊中，或睡在拱路中，或睡在任何屋角旁邊，只要警察或物主不驚擾他們的酣夢就得了；有些人寄宿於避難所中，這種避難所是由慈善私人到處建設的，——還有些人睡在公園裏的橙上，星羅棋布，正簇着維多利亞（Viktoria）女王的窗下。』（見同書三一至三二頁。）

英格蘭首都工人住所狀況已略見一班，愛爾蘭首都的工人住所狀況又是怎樣的呢？昂格思說：『都柏林（Dublin）的貧民區是非常擴大的，那屋內的齷齪和不能安居的狀況，以及街道的汚穢，迴非意料所及。　大家要知道此處的貧民是怎樣擁擠在一起，可以聽一聽一八一七年工人住所調査員對於巴拿爾街（Barrall-Street）五十二棟屋中三百九十間房子所住的一千三百十八人，和教堂街及其附近七十一棟屋中三百九十三間房子所住的一千九百九十七人的報告：「在這個區域及其附近的區域中，有一大批發臭氣的小巷及院子，其中的地下室專簇門戶放進光來，多數地下室雖至少有牀，然尚有許多地下室的居民是睡在赤條條的地面上的，─例如尼科爾孫院（Nicholsou's Court）二十八間小而且壞的房子住一百五十一人，他們是處於最大的困難中，在這全院中只看見兩張牀，兩套鋪蓋。」　都柏林的貧窮是很大的，單是一個慈善機關每日收入二千五百人─佔全人口百分之一─於「乞食會」，（MondicityAssociation）日間給以飲食，到晚上復令其散去。』（見同書三四頁。）

在愛爾蘭首都工人的狀況是如此悽慘，在蘇格蘭首都的工人狀況亦何莫不然，所以昂格思說：『亞里孫（Alison）博士告訴我們，壹丁堡(Edinburgh)也有同樣的狀況。……亞氏以爲這個城的大部分恰和都伯林最壞的區域一樣汚穢，一樣可怕，壹丁堡的「乞食會」恰和都伯林首都的「乞食會」一樣，要供養同數的難民，他並且說，在蘇格蘭的貧民—即在壹丁堡和格訥斯哥(Glasgow)的貧民—比英國任何地方的貧民情形還要壞些，那最困苦的不是愛爾蘭人，而是蘇格蘭人。在壹丁堡舊教堂的傳教師里伊博士（Dr Lee）於一八三六年在宗教教育委員會(Commisionof Religions Instruotion)前演說道：「像他的教區中這樣的困苦，他以前從沒有看見過。居民沒有什物器皿，簡直一無所有；並且常是兩對夫婦住在一間房子裏。他有一天到過七棟屋中，內中沒有牀—有些連乾草都沒有；八十歲的老人都須睡在木板子上，差不多夫家都是穿着他們的衣服過夜的。他在一個地下室中看見兩個從鄉下來的蘇格蘭家眷；他們到城中不久之後，卽死去兩個小孩子，當他過訪時，第三個孩子又要死了—每個家眷有堆乾草置諸一隅，此外這個地下室中—這是很暗的，白天在裏面認不淸人—還養着一匹驢子。—一個人看見像蘇格蘭這樣的困苦，他卽具有金剛石般硬的心腸也會流出血來。」黑倫（Hennen）博士在壹丁堡醫藥與外科報（Edinburgh Medical and

Surgical Journal) 上曾作同樣的報告。 一種議會報告中表見壹丁堡貧民的住所是何等不清潔啊—在如此狀況之下，這是意料中的事。 雞在牀架子上過夜，狗甚至於馬同人睡在一間房內，這種情形的天然結果是住所汚穢不堪，並且發生一種惡臭，藏着大羣的臭蟲蝨蚤等物。」(見同書三四至三五頁。)

『在其他港口大城市中的情形也不見得好些。 利物浦(Liverpool)商業繁盛，財富豐盈，然對待工人是同樣野蠻的。 足足有五分之一的人口，超過四萬五千人！住在狹隘的，黑暗的，潮濕的，和不適於空氣流通的地下室中，城中這種地下室爲數有七千八百六十二個。 此外還有二千二百七十個小屋，即四面用牆圍起來的小地方，其中只有一個狹小的進口，大半爲拱圓形的，這種小屋不能通風，大概很齷齪，差不多專爲貧民所住。 當我們講到曼切斯特時，我們對於這種小屋將詳加說明。 有人在布里斯它爾(Bristol)訪問二千八百個工人家庭，其中百分之四十六只住一間房子。」(見同書三六至三七頁。)

昂格思上面既經申明對於曼切司特工人所住的小屋將詳加說明，他在以下各節就將工人住所的形勢和構造等等詳細敍出，並附以圖解，他所以特別注意於曼切司特的工人住所，一因此城爲當時英國工業的出發點與中心點，二因他自己寄居於此至二十個月之久，深悉內中的狀況，故能和盤托出。 他在一段結論中說：「我們如果把我們在此處地方經歷所得的結果總括起來看一下，那我們必須說，曼切司特及其前城的三十五萬工人差不多都住在惡劣的，潮濕的，和汚穢的小屋中，此等屋子所在的街道大半陷於最壞的和最不淸潔的狀況中，屋子的構造絲毫沒有顧及通氣一點，僅僅顧及構造者所收入的利益，——總之，在曼切司特的工人住所中沒有淸潔和方便可言，也沒有家庭樂趣是可能的；在這種住所中只有一個殘酷的，墮落的，智育德育降至獸類一般的，和身體帶病的種族才能夠覺得快樂，覺得是家庭。」 我並不是主張此說的唯一人；開伊博士(Dr. Kay)完全作同一的紀述，這是我們[在前面]看見過的，息尼爾(Senior)是一個自由主義者，他是一般工廠主人所承認的並且極重視的要人，也是一個反對一切獨立的工人運動的幻想家，我寧願重複一點，將他的話引進來：「當我經過愛爾蘭城安柯慈(Ancoats)和小愛爾蘭的工廠工人住所時，我只是驚訝，在這種住所中怎樣能夠保持得住一種支配持不敝的沒康。 此等城市——因爲他們是在擴大中並且是居民數目很多的——的建築，除掉投機的構造者直接的利用外，是絲毫沒有顧及其他一切的。 一個木匠和一個泥水匠聯合攏來買一些建築地基。（就是租一些建築地基至許多年之久），蓋造所謂屋子在這地基上；我們在一處地方發見一條全街沿着一條陰溝而行，因此不必花掘地的費用，而得着很深的地下室—這種地下室不是用作堆積雜件和收藏貨物，而是用作人們的住所的。 在這一條街中沒有一棟屋免去了霍亂症的。 在這前城的街道，普通是沒有鋪磚石的，街的中心或是一堆糞渣，或是一池汚水，各屋子的後牆是合在一起建築的，不能通風，不能排水，許多家庭是全家偈促於一個地下室或屋頂房的一偶。』」（見同書六四至六五頁。）

昂格思於述完英國各城市工人的住所狀況後，接着就講他們的衣食兩項，我們對於這兩項不必詳為介紹，因為就上面的情形看，舉一反三，我們可以知道他們是不會豐衣足食的，或像昂氏所說的一樣：『〔怎樣〕滿足居住的需要，就對於怎樣滿足其他一切需要給出一個標準。 只有一種衣服藍褸和營養惡劣的居民才能夠藏在這種齷齪的地洞中。』（見同書六七頁。） 因此我們只將他的一段總論寫在下面：『工人的衣服平均是很省儉的，有一大部分是破爛的；營養普通是惡劣的，常至於不能入口，在許多場所還有—至少是一時的—分量不足的，所以一到了非常的時候就有餓死的事出現。——各大城市的工人階級供給我們以一種不同的等級生活狀況，在時機最順利的場所，他們的生存暫時是舒展的，他們如努力作工，即獲得好工資，好住所，和好營養，從工人的觀點看，一切自然是好的，是舒展的，但在最不順利的場所，〔他們〕即顛連困苦，以至於無屋可住，並且還會餓死；可是平均講起來，最不順利的場所比最順利的場所〔對於工人〕要接近得多。這種〔生活狀況不同的〕等級並不僅分派在一定的階級中，使大家可以說：這一部分工人〔的情形〕好，那一部分不好，常是這樣，並且由來已久；其實單個的勞動部門在大體上較其他部門為優，這是到處有的，然每一個部門的工人地位是動搖不定的，每一個工人可以經過比較舒展的景況與極端窮困——至於餓死——的景況兩者間的各等級，差不多每個英國無產者曉得申訴重大的時運變遷。我們對於此事的原因現在要稍微加以考究。」（見同書七五至七六頁）

昂格思要考究的原因是什麼呢？就是競爭。「競爭是盛行於資產階級社會中的人類相互戰爭最充分的表現。這是一種生存戰爭，也必定是一種生死戰爭，這種戰爭不獨存在於社會各個不同的階級中，並且還存在於一個階級的各個人中；每個人站在別人的路頭上，每個人對於站在他的路頭上的一切人又力求加以驅逐，力求插足在他們的地位上。　工人中的互相競爭和資本家中的互相競爭是一樣的。」（見同書七七頁。）　工人互相競爭的結果，使工資降至僅足維持赤條條生活的最小限度，而資本家互相競爭的結果使工資漲至爲增加的需要所允許之最大限度；當雙方沒有競爭的時候，則工資略高於最小限度，這種增加的度數是以工人的平均需要和文化程度爲轉移的。　然無論如何，「工人在法律上和事實上是資產階級的奴隸，他是像一種商品一樣出賣的，像一種商品一樣，價格有漲有跌的。　對於工人的需要上升，則工人在價格上也上升，對於工人的需要下降，則工人在價格上也下降。　如果需要下降得很厲害，有一批工人不能出賣，當「擱在貨架子上」，那他們就停頓不動，可是他們僅僅停頓不動，即不能生活，所以他們就饑餓而死。……　〔現代的奴隸制〕與古代公開的奴隸制完全不同之點只是：現在的工人好像是自由的，因爲他不是一次出賣的，而是一部分一部分出賣的，每日每星期每年出賣的，因爲不是一個所有主將他賣給別個所有主，但是他自己必須依此方法出賣，因爲他不是單個人的奴隸，而是全資產階級的奴隸。　此事在根本上對於他是一樣的，這種僞自由雖則在一方面也必定予他以幾分眞正的自由，然在另一方面他也有不利益之處，就是沒有人保障他的生活費用，當資產階級對於他的工作，對於他的生存，不復有利益的時候，他便時時刻刻可以被他的主人—有產階級—棄掉，以至饑餓而死。—(見同書八一至八二頁。

工人的地位既常是危如朝露，則他們於驚慌恐怖之中，必發生一種失望心與忿怒心，他們於失望之餘，就會流於放縱，於忿怒之極，就會發生怨恨與反抗，這完全是人之常情，所以昂格思說：『喀萊爾(Carlyle)對於紡紗工人所說的話，對於英國一切產業工人都是眞的：—在他們中間的事業今天興盛，明天衰敗—這是一種繼續不斷的孤注的賭博，他們的生活也和賭徒一樣，今天奢華度日，明天挨餓。惡意的和反抗的不快之感把他們消磨了，這是人心中所能夠懷抱的一種最糟糕的感情。……眞誠，穩健，和堅忍為人類第一等福音，這是他們所不知道的。現世不是他們的家庭，而是一種黑暗牢獄，充滿了反抗他們自己及一切人類之瘋狂的和無結果的禍患，叛亂，怨恨，及陰謀。這是一個紅花綠葉的世界，為一個神所創造和支配呢？還是一個悽慘詐偽的地獄，充滿了硫酸氣，棉花灰塵，酒醉聲音，忿怒，工作苦況，為一個魔鬼所創造和支配呢？—(見喀氏民權主義三四等頁。Chartism)

〔他們在同書〕四〇頁又說：「如果不公正以及反乎眞理，事實，和自然秩序的虛僞，是世間唯一的壞事，如果忍受不公正這種覺悟是〔世間〕唯一痛苦不堪的感情，那麼，我們對於工人狀况的大問題就是：這是公正的麼？尤其要問：他們自己以爲什麼是公正的事件？他們的言語答覆夠了，而他們的行事答覆更多了。」對於各上層階級的反抗，以及忽然報復的衝動，對於他們長上的命令愈少遵守的意思，對於他們精神上的長上的垂教，愈少信仰的誠心，如此等等將愈爲各下層階級的普通狀態。這種狀態是可以非難的，是可以責罰的，然他們必須承認這些事都是確實存在的，他們必須知道這是可悲嘆的，如果不加改變，將不可救藥了。」（見昂氏英國工人階級的狀况一二〇至一二一頁。）

昂格思於徵引喀萊爾的議論之後，接着就批評道：『喀萊爾講事實完全是對的，然他非難工人對於各上層階級所具橫蠻的憤激之情，那就不對了。這種憤激之情，這種怒火就是工人感覺他們的地位不合人道的證據，就是他們不願意被壓迫做獸類的證據，就是他們有一天會脫離資產階級羈絆的證據。我們試看那些不發生這種怒火的人——他們或者是低首下心，屈伏於他們所遭遇的命運之下，要是辦得到，他們處世就和一種有體面的人一樣，對於世事的進行漠不關心，並且還幫助資產階級堅堅固固鑄成鉗制工人的鎖鍊子，自己總是站在工業時代以前的精神滅亡的觀點上—他們或者是讓自己受命運的宰制，而樂天知命，他們在表面的堅固立脚點既喪失了，即在裏面的也是如此，他們終日徵逐於酒色之中—在這兩種場所，他們〔都不是人，只〕是獸類。」（見同書一二一頁。）

昂格思對於上面兩種工人痛加責備，因為前者沒有階級覺悟，甘心為虎作倀，這是工人中積極的敗類；後者也是沒有階級覺悟，聽天由命，以酒色自娛，這是工人中消極的敗類，這兩種人都是不可原恕的。　但工人中雖有這兩種敗類，然具有有階級覺悟的人數是日日增加的，因為他們顛連困苦的狀況是引起他們覺悟有力的要素。　不過我們在上面所描寫的只是工人衣食住方面的苦況，現在我們當敘述資本家直接壓迫並虐待工人的行動，藉以表見他們困苦的泉源。昂格思述及工廠對待工人的條規和其他手段說：『工廠主人在工廠中是絕對的立法者。　他隨意制定工廠規則；他任意改變處罰的條規，並且追加附則；如果他加入了最無聊的東西在裏面，法庭還要向勞動者說：「你們是自主的人，你們如果不願意，儘可不結締這樣的契約；可是你們既以自由意志結締這種契約，現在你們也必須遵守。」　—因此工人還要受和平裁判官—他自己是一個資產階級的人—的嘲笑，並要受法規—這是資產階級的—播弄。 這樣的判决是常有的。 一八四四年十月工廠主克列德（Kenne y）的工人罷工。 克列德依據工廠所訂條規中每一個工作房一次告假出外永不得超過兩人這一條的理由控告工人，法庭認爲正當，而予工人以上述的答案。 此等規則通常是怎樣的呢！大家聽罷：（一）工廠大門於開工後十分鐘上鎖，非到吃早餐時，無論何人不准放入。 凡在此時缺席的人對於每一織機須繳納三辨士的罰金。 （二）每個（機器）織工於機器動作時，如被發見有缺席之事，對於他所照顧的每一織機每點鐘須繳納三辨士的罰金。 凡於工作時間沒有經監工人的允許而離開工作房的人也須罰三辨士。 （三）凡沒有準備剪刀的織工每日須繳納一辨士。 （四）一切機梭，刷子，油壺，輪子，和窗戶等等如被毀壞，必須由織工賠償。 （五）凡未於一星期前給出報告的織工不得退工。 廠主對於每個工人如認其工作不良或出品不足時，不必［預先］通告，得隨時斥退。 （六）每個工人如與其他工人相遇而談話，唱歌，或呼嘯，須繳納六辨士的罰金。 我的面前還有一種工廠規條，按照這種規條，凡遲到三分鐘的人須扣十五分鐘的工資，遲到二十分鐘的人須扣整天工資四分之一。 凡于早發前完全缺席的人在星期一日須扣一個先令，(Shilling)在以後各日每日扣六辨士。後面這種規條是曼切司特節塞街(Jersey Street)泛尼克斯工場(Phönix Works)的規條。

有人會向我說，要在一個大規模的工廠中保持各種操作必要的連鎖關係，則這種規條是必需的；有人會向我說，在工廠中恰和在軍隊中一樣，必須有這樣嚴格的訓練。對呀，也許是這樣，然沒有這樣束縛的專制卽站不住脚，這到底是一種什麼樣的社會制度啊？……凡當過兵的人就知道軍事的訓練是什麼意思，也知道卽使於短時期中處於軍事訓練之下是什麼意思；可是這些工人格外倒霉，他們自九歲起至死時止，要在精神和身體的桎梏之下討生活，他們是比美洲黑人還更糟糕的奴隸，他們的被看管更爲嚴厲——此外，還要要求他們應當像人一樣生活，像人一樣思想，像人一樣感覺呀！他們眞正只能對於陷他們於這種狀况並且降他們爲機器的壓迫者及制度具有最猛烈的憤恨！可是還有一樁更可恥的事，據工人們一致的宣言，有一大批工廠主人爲奪取無產者幾個小錢，增加自己的利潤起見，運用極無心肝的嚴厲手段，推行那加於工人身上的罰金。利芝(Leach)也以爲工人常於早晨發見工廠的鐘撥早一刻，因爲當他們到廠時，廠門已經上鎖了，同時書記帶着罰金簿走入工作房中，記上那大批缺席的人名。利芝有一次親自在一個工廠門前計算有九十五個這樣被關在門外的工人，這個工廠的鐘於晚間則比市中公共鐘遲一刻，於早晨則早一刻。工廠報告書中載有同樣的事件。有一個工廠當着工作時間把鐘上的指針撥轉去，因此工作比正當的時間延長了，而工人却得不到更多的工資，又一工廠〔的工人須〕多作一刻鐘的工，還有一個工廠，有一架平常的鐘，和一架機器鐘，後者是指出主要針的旋轉數的；如果機器鐘走得遲緩，則須照機器鐘作工，一直到那十二點鐘數目的旋轉圓滿為止，如果〔鐘的〕進行順利，於正當的時間之前把這種數目走滿了，那麽，工人於十二點鐘後，仍須繼續作工。報告者並附加註釋，說他認識幾個女子，她們如分作了工，還要做額外時間的工作，她們與其陷於這種專制之下，毋寧去當娼妓，操皮肉生涯。利芝說，再講罰金一事，他有無數次，看見些將近生產的婦人為着稍微休息，離去工作一刹那時間，她們即因此過失，被處罰六辨士。因工作不良而處罰一事是極端專斷的，商品在貨架子上過驗，驗貨者於此把罰款記在一個表册上，也並不通知工人，叫他親自來看；當監工人發工資給他的時候，他才知道是受了罰至於商品或者已經出售了，否則確實移往他處了。利芝得到一個罰金表册，這是裝訂在一起的，共長十尺。『內中罰款的數目』達三十五鎊十七先令十辦士。他說在設備此等表册的一個工廠中，有一個新來的驗貨者是被撤差了，因爲他罰款太少，致使工廠主人每星期少收入五鎊。我再聲明一次，我承認利芝爲人極可靠，他是不會說謊的。』（見同書一八〇至一八三頁。）

以上是資本家在工廠中掠奪工人的狀況，然他們心中並不因此滿足，他們還要在工廠外掠奪工人。昂格思說：『此外還有兩種設施，特別幫助強迫工人屈服於工廠主人之下，——即以貨酬工的制度和住所制度。以貨酬工就是對於工人給以貨物，以代工資的支付，這種方法早前在英國是十分普遍的。工廠主人開設一個商店，爲工人謀便利，並且保護他們，免爲零售商人的高價所制』，在這個商店中一切商品都有出售，都是算入工廠主人帳目下的；因此工人雖在其他商店可以購得價格較廉的商品——即不以現金給他，但把他的工資數目撥到這個商店，『他也可以購得較便宜的東西』，——也不能夠前往，而這種『托密商店』（Tcmmy-Shop）以貨酬工的商品，靠得住要貴百分之二十五以至三十。』（見同書一八三至一八四頁。）

以貨酬工的制度掠奪工人既達於極點，於是引起英國國會於一八三一年通過一種取締以貨酬工的條例，可是據昂格思的調査，至一八四四年此制猶盛行於鄉村中，就是在城市中也有視取締條例爲具文，陽奉陰違的。然這種制度掠奪工人是顯而易見的，至於住所制度的壞處便藏在骨子裏面。『住所制度雖對於工人具有同樣宰制的效力，然在表面上看來，他是很不容易詬病的，他並且也是在一種很不容易詬病的狀況中起源的。在鄉村的工廠附近地方，工人常是缺乏住所；工廠主人常須建造這種住所，他也樂意爲此，因爲這種住所使他對於所投的資本獲得豐富的利益。當〔平常的〕工人住所房主從他們所投的資本每年獲得百分之六的利息時，大家便可以算定，工廠主人對於工人住所當有兩倍的收入，因爲他的工廠如不完全停頓，則他總有住戶，這種住戶並且還是付現租的。因此其他房主所遇的兩個缺點，他都免去了，這就是說，他的屋永不致空着，他又不致有〔收不到房租的〕危險。可是一個住所的租金是按照彌補這些缺點計算的，工廠主人如果和其他房主一樣，收取同等的租金，那麼，他就是犧牲工人，獲得百分之十二以至十四的大利。他以房子出租，藉此營業，比他的競爭者獲得更大的利益，並且還是兩倍的利益，同時又使他們不能與他競爭；

這顯然是不對的。然他這種利益是從無產階級的荷包中取的來的—無產階級的每一分錢是必須充家用的——那更是兩重不對了，不過他已習爲故常，他全部財產是由犧牲他的工人得來的。工廠主人強迫那些因受斥退的懲罰而閒居家中的工人付出一種高於通常房租的租金，甚至於強迫他們對於未嘗居住的屋子付出租金，這是常有的事，他這種不對的行爲直達到可羞可鄙的地步了。持自由主義的太陽日報(The Sun)引哈黎法克斯保護報（The Halifax Guardian）的話，說亞斯頓，（Ashton-under-Lyne）奧爾丹，（Oldham）和洛芝得爾（Nochdale）等處有千百工人爲他們的衣食主人所迫，必須付出房租，並且不管這種房屋是否爲他們所寄居。住所制度在鄉村的工廠區域是普遍的；這種制度創造了整個的村莊，而工廠主的房子很少遇着競爭的，或着絲毫沒有競爭，所以他用不着按照別個房主的要求去規定租金，他要多少，就可以規定多少。當工廠主人與工人不相投的時候，這種住所制度給予廠主以何等勢力啊！工人如一經罷工，廠主只須向他們通告要房租，這種通告期間只有一星期；當此時期過了，工人不獨是缺食，並且也無屋可住了，他們變成流蕩者，於是陷入法網，法律就毫不容情，將他們送入牢獄中關一個月。（見同書一八五至一八六頁。）

「英國自產業革命以後，無產階級顛連困苦的情形，與資產階級強奪巧取的狀況，我們已略知其梗概了。這種岌岌不可終日的局勢是會發生反響的，因此遂有工人的反抗運動出現。可是在開始時，這種反抗的舉動不是羣衆的，乃是單獨的；不是公開的，乃是祕密的；不是正大的，乃是胡亂的；不是積極的，乃是消極的；所以他的效力極小。然這卻是工人運動史上所不能免的步驟，此事很有歷史上的價值，我們可以看一看昂格思的紀述：

『這種反抗起首最粗笨的和最無結果的形態爲犯罪。工人生活於艱難困苦之中，他眼見別人比他的景況好些。他對於社會，比那富有財產的懶惰漢做得多些，他的理解力不能使他明白爲什麼他恰要在這種狀況之下受苦。此外，窮困制勝了那傳襲下來的尊重財產之心——他於是行竊了。我們已經看見，工業發達，犯罪便怎樣隨之增加，而每年被捕的人數怎樣與所消耗的棉花發生不斷的比例關係。

可是工人旋即看出這種舉動是不濟事的。犯罪只能爲零星的個人，只能以私人「的資格」藉他們的行竊，對於現行的社會制度作一種抗議；而社會以全力加在單個人的身上，以一種無匹的優勢去壓制他。行竊尤爲抗議中一種最不高明和最無覺悟的形態，因此，工人們的公意雖或對於這種行爲加以默認，然這種行爲決不能爲他們輿論一般的表現。 工人階級以暴力抵制機器輸入〔工業中〕，這是他們第一次反抗資產階級，像工業運動方開始時所出現的一樣。 首先發明機器的人如阿克萊特等已經在這種狀態中受懲罰，他們的機器也被搗毀了；後來發生一大批反對機器的暴動，其進行差不多恰和一八四四年六月撥門(Böhmen)印刷工人暴動是一樣的；工廠被破壞，而機器被搗毀。

就是這種反抗也只是零星的，限於一定地方的，並且只是對於現狀中一個單獨的方面而發的。 即使這種眼前的目的達到了，然社會勢力以全力加諸那些手無寸鐵的犯法者，隨意加以鞭笞，同時機器仍然是被輸入〔工業中〕了。大家於是必須找出一種新形態，以便從事反抗。（三）（見同書二一六至一七頁。）

上面所謂新形態的反抗是什麼呢？ 就是工人階級公然集會結社的運動。 可是直接助成這種運動的是英國國會於一八二四年所通過的取消以前一切禁止工人結社法令的議案。在此案通過之前，英國工人本已有祕密的組織，但一切進行，諸多困難，故組織不能發展。自這種議案通過後，工人們才得享有那久爲貴族和資產階級所壟斷的自由結社權，於是他們的工會如雲起霞湧，在頃刻間徧布於全國了。他們的工會名『工聯。』(Trades-union)在一切工作部分都有工聯，他的目的是保護工人的利益，幫助各工人抵抗資產階級的壓迫。然工聯的活動大概只限於局部，很少兼顧到工人階級全體的。這種統籌全局的任務是由民主主義起來担負的。所以昂格思說：『在工會和被開除的工人之中，那種〔對於資產階級的〕反抗總是零星的，總是單個的工人或單個的工人分會對於單個的有產者宣戰；要這種爭鬥成爲普遍的，這殆不是工人方面的意見，如果此事竟然出現，在根本上這就是民權主義的意見。然對抗資產階級並特別攻擊其政治勢力——即立法的壁壘，這是資產階級擁以自固的——的工人階級全體都集在民權主義之中。』(見同書二三一頁)

可是英國工人階級與民權主義結合的只是一部分人，此外還有一小部分人則投身於社會主義之中。昂格思述及渦文派社會主義者，說道：『他們不承認歷史的發達，因此他們不要准進政治至達到政治自行解體的目的爲止，只要使國家即刻入於共產主義的狀況中。他們的確知道工人爲什麼出而反對資本家，但他們視這種憎恨心——這是領導工人前進的唯一方法——爲沒有結果，而宣傳一種對於英國現狀更無結果的仁慈與博愛。他們只承認心理上的發達，只承認與過去毫無關係的抽象人的發達，然全世界却是立脚在這過去上面的，單個的人却是和他相關連的。因此他們是過於博學，過於玄妙，而少有成就。他們半從工人階級中招致一部分人，但這只是一很小的部分，就是那些教育最充足和性情最穩固的人到這一邊來了。這種社會主義在現今的形態中永不能為工人階級的共有物。』（見同書二三九至二四〇頁。）

渦文的社會主義既不能為工人階級的公有物，上述的民權主義可以獨力担負領導工人階級奮鬭的重任麼？據昂格思的意見，這也是不能勝任的，他以為要這兩種主義互相結合，才能使英國工人階級獲得勝利，所以他說：『民權主義者退轉得最遠，發達得最少，惟其如此，所以他們是眞正的貧民，是無產階級的代表。社會主義者眼光較遠，他們對於貧窮提出實行〔救濟〕的方法，然他們本來出身於資產階級，因此沒有準備與工人階級熔化在一起。社會主義與民權主義互相結合，依英國的方法再行產出法蘭西的共產主義，這是最近的將來的事，並且有一部分已經開始了。當此事實現之時，工人階級才能眞正變成英國的主人。』（見同書二四〇至二四一頁。）

昂格思英國工人階級的狀況一書描寫英國工業初期中無產階級的情形，十分詳盡，他對於工業工人，礦山工人，農業工人，女工，童工的各方面都說到了；而他的結論就是，按照當時狀況，英國馬上會發生一種革命。　自此書一出，英國無產階級的實在情形才亦條條地暴露於世人之前。　此書不獨像墨爾林所說的一樣：『爲德文中這項科目的第一種著作，尤其重要的，是爲自成一格的第一種著作。』(見墨氏德國社會民主黨史第一卷二九二頁。)卽在英文中此書也要算是這項科目的第一種完備的著作，因爲昂氏自己已經告訴我們：『英國人對於他們工人的狀況，調査與探討雖不知道有了若干年，然他們還沒有一本完善的書。』(見英國工人階級的狀況一八頁。)　英國有能力的學者對於本國的工人狀況漠不關心，致勞一個德國青年越俎代庖，他們也不免相形見絀了。

英國工人階級的狀況出版後，大有不脛而走，不翼而飛之勢，而翩翩年少的昂格思從此在著作界中便嶄然露頭角了。　德國歷史學派中著名的經濟學者希爾德不蘭德(Bruno Hildebrand) 在一八四八年所著的現在與將來的國民經濟學(Die Nationalökonomie der Gegenwart und Zukunft)一書中，本其保守的成見，對於昂格思的書加以非難，然就是他也承認昂氏『確爲德國一切社會著作家中最有才能和最有學識的人。』(見希氏現在與將來的國民經濟學及其他著作第一卷一二五頁，一九二二年出版。Die Nationalökonomie der Gegenwart und Zukunft und andere Gesammelte Schriften, Jena）他並認昂氏『此書喚起很少的喧聲，但發生一種大效果，且足爲事實的共產主義的福音。……』(見同書一三〇頁。)馬克思於一八六三年四月寫信給昂格思，批評英國工人階級的狀況，猶說：『關於你的書中的主要歷史，下至於最細微之點，自一八四四年以來的發達都證實了。……重讀你的書，令我驚心往事，惘然傷懷。　鋪敘事實是何等新鮮，熱烈，並且勇於預言，而又沒有學者氣味的猶豫！　明天或後天，那種結果將在歷史上突然出現，就是這種幻想也予全書以一種熱忱和活潑的興趣。』(見昂格思與馬克思書信錄第三卷一二七頁。)

當一八九二年英國工人階級的狀況再版時，昂格思自己在序言中說：『我當時［著此書］是二十四歲；我的年齡現在三倍於前，然我把我這少年的著作再讀一遍，覺得我用不着自形慚愧。』(見英國工人階級的狀況序言七頁。)　昂氏至晚年仍相信他的著作的正確，然他的書中屢言英國武力的社會革命迫在眉睫，這種革命畢竟沒有出現，因此大受資產階級批評家的非難。其實這種非難是沒有意識的，因爲英國轟轟烈烈的社會革命所以沒有出現是因後來的形勢改變了，這不是當時所能逆料的。昂格思說：『一八四八年的法國革命拯救了英國的資產階級。法國勝利的工人社會主義的宣言使英國小資產階級發生恐慌．〔按這個階級原與工人共同作革命運動〕，使英國工人運動——這種運動是在更狹小的但更切實際的界限中進行的——解體。正當着民權主義應當充分發展他的力量之際，他竟於一八四八年四月十日在表面上失敗之前，已自行破裂了。工人階級的政治活動〔從此〕被壓下去了。資產階級在全部戰線上都已戰勝了。』（見同書序言一五至一六頁。）這是英國武力革命沒有卽刻出現的原因。自一八五〇年起，英國的工業大爲發展，在這幾年之中，又有二百萬工人移居美國和澳洲，這都是足以消滅武力革命的。況且這種革命後來並不是沒有出現，不過他的方式改變了，所以墨爾林說：『在事實上這種曾經預言的革命是業經出現，不過他的形態與昂格思所指的不同罷了：英國工人階級已經從絕望的困苦中努力奮鬥，變成一種有勢力的隊伍，並且將政治的權力一點一滴地拿到手中了。』昂格思在他的去世之前數年說，可怪的事體不在他少年的熱忱所發表的預言有許多不驗，而在這種預言有許多竟驗了，他是可以依正當的自覺說這句話的。　認武力革命已經到了門口，這種錯誤是昂格思與一般最熟習英國情形的觀察家所同具的，是昂氏與加斯刻爾（Gaskell）喀萊爾，甚至於英國資產階級的主要機關報泰晤士（The Times）所同具的；至於他的著作中新的和自出心裁的東西，至於他的精神的產物，已經被證明為開闢新道路的眞理了。（見梅氏德國社會民主黨史第一卷三〇二頁。）

英國工人階級的狀況原來只是昂格思擬著的英國社會史中的一章，可是他旋因材料太多，遂將這一章擴充成一本書，他宣言即時着手的英國社會史，畢竟因人事倥傯，沒有動筆。因為他不獨是思想家，而尤為實行家，他不僅是坐在書房中著書立說，藉為無產階級服務，他並且極熱心於共產主義的運動，想把這種學說早日輸入羣衆中。　所以他到家鄉後，如不伏處在書房中，他的時間就大半花在奔走呼號之中，而他的精力也大半注於考察實際社會狀況上面。　他於一九四四年九月底抵巴門，即於月底寫信給馬克思說：『我在寬恩三天，我們在該處所引起的絕大宣傳，使我驚訝不置。　那些人都很活動。…　後來我到杜塞爾多夫（Düsseldorf）也看見些有能幹的人才。』（見昂格思與馬克思書信錄第一卷一頁。）　他於是進而敍述家鄉的情形，說最近兩年每一方面的進步要大于前五十年的進步；最後講到工人狀況，他說：『工人于最近數年來達到舊文明最後的步驟上，他們對于舊社會組織的抗議是犯罪，行刧，和刺殺，這類行爲的增加是很快的。 到了晚上，街道上便很不安全，資產階級會挨打，被刀傷害，並且被搶刧；此處的無產者如果像英國的無產者一樣，依同一的定律發達，則他們不久就會看出這種以私人資格藉暴力反抗社會制度的行爲是無用的，他們必須以人們普遍的力量，藉共產主義提出抗議。 大家只要能夠向這些人指出一條路〔就好了！〕但這是不可能的。』（見同書二至三頁。）

當時的工人行動既還在一種原始的狀態中，要向他們宣傳共產主義，也很難入手，因此昂格思的活動沒有直接插入他們中間，他只是想法子和他們接近。 所以他在十一月致馬克思的信中，有『我們現在爲着組織促進工人的聯合會，到處開會』（見同書五頁。）的話，而加入這種會議的人大半爲文人和商人等等。 可是歷時不久，運動便大有進步，他于一八四五年二月二十二日在致馬氏信中說：『歐爾柏菲爾德發生奇事了。 我們昨日在城內第一等客棧最大的廳中開我們的第三次共產主義會議。 第一次預會的有四十八人，第二次一百三十人，第三次至少足有二百人。全歐爾柏菲爾德和巴門，除掉無產階級外，自金錢貴族以至商人都有人預會。黑斯作一種演說。……大家只是談論共產主義，不講別的事情，每日都有新的信徒加入我們中間。烏白流域的共產主義是一種事實，並且差不多成爲一種勢力了。……那些最愚蠢，最懶惰，和最庸俗的人民向來對於世界是無一事感興味的，現在開始幾乎要蜂擁到共產主義中來了。」（見同書一五至一六頁。）

昂格思從事實際運動，能夠引起向來對世事不感興味的最愚蠢，最懶惰，最和庸俗的人民向共產主義一途前進，可見他的手腕是很好的。這種共產主義的會議完全是他和黑斯共同發起的，他們於開會時招致彈琴唱曲的女子到會，裝成一種音樂談話會的樣子，藉避警察的注意。黑斯對於共產主義作一種演說，他把共產主義當作一種博愛的主義，他以爲無須經過革命，可以達到共產社會。黑斯講後，就是昂格思對於共產主義的演講。昂氏本其在英國觀察的所得，對於自由競爭制度的不合理，發爲詳明剴切的議論，如資本主義生產的紛亂，商業危機的出現，中等階級的滅亡，和資本的集中諸點，一一加以說明，於是歸結到社會中的貧富懸絕，對抗愈甚，而一種依照合理的原則去改造社會的普遍需要乃迫切不容緩了。在將來共產主義的社會中，個人與個人的利益以及個人與公衆的利益成爲一致，不相衝突，階級的等差概行消滅，所以對於財產的犯罪不復發生，而民事裁判官與刑事裁判官都成贅疣，只要有仲裁裁判官就夠了。至於警察和常備軍都歸於無用，因爲作亂和革命之事無從發生，而防禦戰爭儘可由國民軍負其責任。這種共產主義不是逆乎人性的，也不是一種幻想的學說，他在將來是會實現的。至於達到共產主義的方法，各國不必一致，而德國可行的約有三種：一以國家的費用，對於一切兒童施以一種普遍的和相等的教育，二將一切無所得食的貧民置諸殖民地，從事於工業和農業的勞動，三徵收一種普遍的累進的資本稅，充作以上兩項事業的經費。

我們看了昂格思這種演說詞，覺得他提出達到共產主義的方法，與他前後所發表的革命主張，迥不相同，這是什麼緣故呢？替昂氏作傳的邁耶巳經引出昂氏日後對此事的說明，並且加以解釋了，他說：『我們現在如果去讀這種在歐爾柏菲爾德的演說詞，我們不要忘記這是在那一種羣衆之前和那一種狀況之下發表出來的。昂格思有一次向許多在坐的相識者表明他當此公然提出的理想，不僅是一個少年夢想者的幻想，並且還因時機有助於這種理想的表現，因此使有產者與無產者都要及時信賴他。他因顧慮到那不意而呈出的煽動機會之安全與繼續，迫不得已，拋棄政治與宗教不談。他的希望是用革命的方法達到目的，但他於此便開始緘默不言，並且稍微吹一吹和平的喇叭——不過不像黑斯吹得那樣厲害——然他並不是因此就指明他對於英國如此確信而預言的革命，在德國可以避去，這一點是同時表現出來的。他對於他意想中的將來國家與他要求作一種根本的賦稅改革的現在國家兩者間沒有標出原則上的界限，這也是故意如此的。他當時在這第一次演說中對於德國發達所定的診斷，是蒙狼以羊皮，大家要讀此演說詞，當注意於這一點』(見邁耶昂格思傳第一卷二二七至二二八頁。)

昂格思在第二次共產主義演說會中，才說明共產主義的必要，這大概是根據英國的經濟事實立論的。然一般聽講的人以爲德國的情形與英國迥異，何以共產主義也成爲經濟上的必要！到了第三次共產主義會議，昂氏對於這一點乃加以說明。他首先指出德國的工業和農業區域不獨有無數無產的貧民，而這種貧民的數目並且是有加無已的，『在一切狀況之中，無產階級必定是繼續存在，並且也繼續擴充，我們如果長此各爲自己，互相對抗，去從事生產，則這個無產階級必定成爲我們社會中一種可怕的勢力。這個無產階級有一天會達到一種具有權勢和發表意見的地步，他對於加在他肩上的全社會建築物的重負，將不復担任，他對於社會的担負和權利，將要求平均分配；於是——至此時如果人性還不改變——一種社會革命便不能倖免了。』（見馬克思與昂格思文滙第二卷三九四頁。）

昂格思既指出一種社會革命是紛亂的生產互相競爭的結果，他於是更對於這種競爭在德國所由表見的每種形態加以考究。他以爲當時德國的關稅是一種中等的稅則，即低於保護稅則而高於自由貿易的稅則；因此，德國對於稅則的政策，不外下列三種：一爲採用完全的自由貿易制度，二爲採用保護稅制度，三爲維持原有的中等稅則。倘若採用自由貿易的制度，則德國全部工業除掉少數部門外，都會被摧殘，而驟然因此失業的工業工人必羣集於農業中，於是貧窮遍野，產業的集中，因這種危機，將愈加迅速，而這種危機的結果必然發生一種社會革命。

採用自由貿易政策的結果既會引起社會革命，如施行保護稅則又將怎樣呢？昂格思以爲依照李斯特(List)的提議，逐漸提高稅則，一直達到足以保障工廠主人在國內市場的地位爲止，至若干年之後，又逐漸減輕稅則，到末了則取消一切保護稅則。　假使國內工業因保護稅則提高而得生長發育，充滿國內市場，工業的基礎旣固，又逐漸減輕稅則，於是英國工業能在德國市場上和德國工業競爭。　這是李氏所願意的。　『可是此事的結果是什麼呢？德國工業從此對於英國工業中一切搖動和一切危機，當同其命運。　海外市場一經充滿了英國商品，英國人——恰和他們現在所做的一樣，也恰和李斯特君激昂慷慨所描寫的一樣——將以他們全部存貨投諸德國市場，卽投諸最近的和可以接受的市場，於是關稅聯合何又變成他們的「舊貨倉庫」了。　英國的工業卽刻就會恢復起來，因爲全世界是他的市場，全世界少不了要用他的商品，至於德國的貨物就是在自己國內的市場上也並不是不可少的，他在自己國內還怕英國人與之競爭，在危機中英國商品投給他的顧客，他還要受這種商品之累。　於是我們的工業將受英國工業一切衰敗時期中的損害，達到極點，而他對於英國工業興盛時期中的利益所享受的成分又極有限　總之我們將來所達到的地步，恰和現在一樣。　然我們卻因此卽時獲得其結果，現今半保護工業部門所有的疲滯狀況行將出現，一個一個的工廠相繼消滅，又沒有新的廠店繼起，於是我們的機器日趨陳舊，而不能代以新式改良的機器，這種停滯的狀態將轉而爲退步，依李斯特君自己的主張，一個工業部門繼着別個工業部門衰敗下去，終至於完全滅亡。可是到了那個時候，我們有了一個爲數極多的無產階級——這是由工業創造的——缺乏生活資料，缺乏工作；這個無產階級會出而向資產階級要求工作與生活資料。』(見同書三九六至三九七頁。)

昂格思上面一段話是說明保護稅則減低的結果，英國工業與德國工業競爭能使後者一敗塗地而發生社會革命。他接着又考究保護稅則不減低也有同樣的結果，他說：『我們現在假定保護稅不減低，令其長此如故，並希望國內工廠主人間的互相競爭使保護稅成爲虛幻的，然後將保護稅減低。此事的結果是，德國工業一經達到能夠供給國內市場的程度，就會停頓不進。新的廠店是非必要的，因爲原有的工廠足敷市場之用，而在需要保護之時，和前面所說的一樣，新市場是用不着想起的。可是一種工業不能夠繼續擴充，便不能夠進步。他向外發展既經停頓，則他在內部的發展也是相同的。機器的改良不是他的分內事了。舊式機器不能夠拋棄，又沒有新設的工廠能夠運用新式機器。同時各國〔的工業〕向前進步，而我們的工業停頓不進，又變成一種退步。英國人因他們的進步，即刻能夠廉價生產，他們因我們退步的工業，能夠在我們自己的市場中和我們競爭，雖有保護稅〔也歸於無用〕，在競爭的戰鬥中既和在其他戰鬥中一樣，是強者得勝，那麼，最終的失敗是一定的了。於是我剛才所說的事件又將出現，就是：那個被人力造成的無產階級對於有產業的人將有所要求，而後者既願爲獨行壟斷的有產者，便不能履行這種要求，於是社會革命就出現了。』（見同書三九七頁。）

保護稅則減低與不減低既足以招致同一的結果，昂格思於是又另找出一方面加以考究，他說：『現在還有一點是可能的，不過很有些靠不住能了，就是，我們德國人因保護稅〔的庇蔭〕，獲得成效，使我們的工業不用保護，能夠和英國人互相競爭。我們假定這是一種事實；結果怎樣呢？我們一經開始與外國人在外國的中立市場互相競爭，則我們的工業與英國的工業兩者間將起一種生死的戰鬥。英國人將竭其全力把我們逐出他們向來供給商品的市場之外；他們必須有此一舉，因爲他們的生活之源，他們的最足以致命的地方是受人攻擊了。他們運用他們辦得到的一切方法，和一百年來在工業上的一切優點，會把我們打敗。他們將使我們的工業限於本國市場，因此使我們的工業停頓不進——於是剛才所發揮的同一事件〔仍然〕出現，就是：我們停頓不前，英國人向前進步，我們的工業既有不能倖免的衰敗，便不能養活那因人力造成的無產階級——於是社會革命出現了。』（見同書三九七至三九八頁）

昂格思既假定德國工業能與英國工業在外國市場競爭，終必歸於失敗而發生社會革命，他於是又從相反的方面加以考究，其結果仍然是相同的。他說：『假定我們在中立市場也戰勝英國人了，我們將他們銷貨場一個一個地攫入自己的手中，這椿事並不可能，即使可能，我們究何所得呢？ 在最幸的場所，是我們將英國前此所經歷的工業行程，再演一遍，遲早達到英國現在所處的地位，就是迫近社會革命的前面。 可是照大勢看起來，還等不到這樣久。 德國的工業繼續戰勝，則英國的工業必定衰敗，而那必然臨近英人肩腱的無產階級羣起反抗資產階級之事便因此加速了。 無從得食之事出現得迅速，將把英國工人驅入革命一途，就現在的局勢講， 這種社會革命對於大陸各國——即法國和德國——當發生一種絕大的效力，而德國努力前進的工業所造成的無產階級愈多，則這種效力便愈大。 這樣的一種革命同時就成爲歐洲的革命，而我們的工廠主人所抱之德國壟斷工業的迷夢將被其驚破了。一種英國工業與一種德國工業能夠和和平平並行不悖——然競爭已使此事成爲不可能的了。我重行聲明一下，每一種工業要免去退步與滅亡，必須向前進行，他要能夠向前進行，必須自行發展，奪取新市場，並且設立新工廠，繼續擴大他的範圍。可是自中國開放以來，不復有新的市場可供奪取了，只能就原有的市場更精密地掠奪一番，將來工業的發展既要比現在延緩一點，那麽，英國現在不比從前，更難容忍一個競爭者〔和他競爭〕。英國爲着保護他的工業免於滅亡起見，他必須將其他一切國家的工業壓住，不使發展；英國主張壟斷工業，不復是一個僅僅利益大小的問題，乃是一個生死問題。國與國間競爭的戰鬥比個人與個人間競爭的戰鬥已經是愈爲兇猛，愈加决切，因爲這是一種集中的戰鬥，這是一種合羣的戰鬥。只有一方决切的勝利與他方决切的失敗，這種戰鬥才能夠告終。因此如果在我們與英國人之間也有這樣的一種戰鬥，無論誰勝誰敗，既不是我們工業的利益，也不是英國工業的利益，只是像我剛才發揮出來的一樣，自己招致一種社會革命』。（見同書三九八至三九九頁。）

德國採用第一項的自由貿易政策與第二項的保護稅則，無論如何，終因與英國的工業競爭，會引起社會革命，那麽，他如推行第三項政策，究竟怎樣呢？　我們可再聽昂格思說：『還有一種經濟上的可能橫在我們的面前，就是守着我們現行的中等稅則！　可是此事的結果怎樣，我們在上面已經看見了。　我們的工業將一個部門繼着他個部門日就滅亡，工業工人將無從得食，當這種缺食之事發展到某種程度時，就會爆發而成爲一種反抗資產階級的革命。』（見同書三九九頁。）

昂格思將上列三種制度逐一考究之後，他於是把他的結論向聽衆鄭重聲明道：『你們試看我在起首把競爭做出發點所發揮的通論——就是，我們現有的社會關係在一切條件之下，和在一切場所，不可倖免的結果是一種社會革命——在單個的例子中也證明這是眞實的。我們從已知之數學基本定理中能夠確切推出一種新定理，我們從現有的經濟狀況和國民經濟學原則中也能夠確切斷定一種迫在眉睫的社會革命。　同時我們對於這種革命試稍微詳加考究一下：看他將在何種形態中出現，他的結果是什麽，他和向來的社會革新有什麽區別？一種社會革命和向來的政治革命是完全不同的；他不和政治革命一樣，反抗龔斷的財產，他是反抗財產的龔斷；一種社會革命是貧民反抗富人的公然戰爭，　在這種戰爭之中，凡向來歷史衝突中隱藏着一切原動力和原因都將公然顯示其效能，這種戰爭比較向來一切戰爭有當願其更爲兇猛，和更爲慘酷之勢。　這種戰爭的結果是可以有兩樣的。　或者是那反抗的黨只攻擊〔事物的〕現象，而不攻擊〔事物的〕性質，只攻擊〔事物的〕形態，而不攻擊事物的本身，或者是那反抗的黨探着事物的本身，拿作弊端的根源。　在第一個例子中，私有財產將令其存在，只是分配和從前不同，那些造成現在這種狀況的原因既仍然存在，則遲早又必定造成一種同樣的狀況，並且引起一種新革命。　但這種〔仍令私有財產存在的〕事是可能的麼？……　貧民的反抗非至將貧窮及其原因剷除，他肯早早安靜麼？　這是不可能的，倘若作這樣的假定，則其所爭持的便是違反一切歷史上的經驗了。　卽就工人的教育程度——特別是在英法兩國〔的工人教育程度〕——而論，也不准我們認此事是可能的。　既是這樣，那麼，除掉另一種途徑外，別無他路可通，就是，將來的社會革命直達到困苦與貧窮，和愚昧與犯罪眞正的原因，因此這種革命將貫徹一種眞正的社會改革。　然只有宣布共產主義的原則，眞正的社會改革才能夠出現。』（見同書三九九至四〇〇頁。）

末了，昂格思向聽講的人說道：『現在的狀況必定演出什麼結果，以及這種狀況引導我們入於何等互相背馳和紛亂的曲道中，你們只要願意對於這一點好好地加以思索，那麽，你們將覺得從根本上認眞研究社會問題，的確是值得勞神的。　我如果能引起你們這樣做去，那我演講的目的便完全達到了。」（見同書四○二頁。）　當時聽講的人大概是些資產階級或小資產階級的急進分子，昂格思因爲要引起他們去研究社會問題，所以他講及達到共產主義的方法，總是隱約其詞，不欲太露鋒鋩，使他們望而生畏，裹足不前，他『蒙狼以羊皮』的苦衷，卽在於此。

昂格思的第二次演說詞是很有價值的，他論德國工業發展的趨勢，面面俱到。　就全文看，好像他斷定德國工業難於發展的成分要較多些，然他在英國工人階級的狀況一書中曾認定德國工業以很大的努力向前進行，足爲英國工業的勁敵，（參看英國工人階級的狀況二九七頁。）而他在演說詞中尤詳細討論德國工業能與英國工業在外國競爭後的局勢，可見他對於德國工業的前途也並不是沒有料到的。　他斷定英德兩國的工業不能並立，必至互以死力相抗，而國與國間競爭的戰鬥必定極兇猛，極決切，這就是他對於一九一四年至一九一八年的歐洲大戰的預言，因爲此次戰爭伏屍八百八十餘萬，流血數萬里，其兇猛與決切是曠古以來的戰爭中所未嘗有的，然考其性質不過是英德兩國工業競爭中的武力大決鬥能了！　至於他所預言大戰後的社會革命，雖只有俄國已經實現，然西歐各國也正在醞釀中了。　還有一層，　昂氏這種演說詞對於世界各國固有普遍的價值，而對於中國尤有特別的價值，因爲中國農工兩業中無產階級人數之多與境遇之苦，　在全世界上無與比倫；又加以中國的關稅爲協定稅則，徵稅既少，各帝國主義國家的商品充滿了中國市場，中國工業的發展寧有希望，社會革命的爆發寧能倖免？　即使退一步，假定中國能脫離列強的覊絆，於獲得目下所力爭的關稅自主權後，馬上實行保護稅則，以扶植本國工業，然中國工業發展的趨勢又寧能超出昂格思所指示的幾點的範圍，而阻止社會革命的出現？　總之，中國的工業無論發展與不發展，一種社會革命遲早是要出現的，因此讀者顧念到中國今後的局勢，對於昂格思此次演說詞當加以縝密的考慮，萬不要輕輕讀過了！

昂格思自對於共產主義連作兩次演講後，本擬在第四次會中續講共產主義可以實行的道理，可是這種演講會因警察的干涉而不能開會，他在這一方面的活動從此遂中止了。　然同時他又要向別一方面開始活動，他於一八四五年三月七日寫信給馬克思說：『我們擬在此繙譯傅立葉〔的著作，〕要是辦得到，我們將發起一種「外國最著名的社會主義著作者叢書」。』（見昂格思與馬克思書信錄第一卷一八頁。） 同時馬克思也有繙譯外國社會主義者作的計畫，不過他是要從社會主義的歷史下手，而昂格思則注重切於實用的外國著作，所以昂氏於同月十七日寫信給他說：『再講叢書一事，我不知道繙譯這種主義的歷史一類書是否最好的。法國著作家和英國著作家既須輪流介紹，則〔社會主義〕發達的連結處會時常間斷。我相信此處不如使理論的興趣犧牲在實際的效能上，從能供給德國人以最多材料的著作開始，而緊接着我們的原則；因此傅立葉，渦文以及聖西門主義者等等最好的著作列爲第一，穆列里（Morelly）〔的著作〕也可列在前面。……我以爲最要緊的是即刻先從那對於德國人有實際的和深切的效力之著作入手。……』（見同書一九頁。） 昂氏後將傅立葉對於商業的著作譯成德文，加以評註，作爲叢書的開端，他並且在評註中說：『這樣對於外國重要的社會主義著作的編輯，不久就會開始出版。 德國許多共產主義者——內中有些人是〔共產主義〕運動中頭腦最清晰的，並且自己本來是容易著作的——已經爲此事聯合起來，通力合作了。（見馬克思與昂格思文匯第二卷四一三頁。） 可是他們旋因別種事故，未能貫徹這種計畫，而昂氏的編纂是這種叢書的開端，同時也是這種叢書的結局。

昂格思在巴門轟轟烈烈地宣傳共產主義，風聲所播，遂爲警察當局所注目，因不能安居，不得不離開家鄉。然這只是一個表面的原因，此外，還有一個裏面的原因，使他不能不出于一走。我們已經知道，他的家庭篤信宗教，豪于貲財，並且非常專制。他自到英國變成一個社會主義者後，對於那掠奪貧民的商行爲不願再幹，自是意料中的事；但一抵家鄉，又受父母的强迫，要到自家在巴門的工廠中去任事，這自然使他難堪。他於一八四五年一月二十日寫信給馬克思說：『我因妹夫的敦勸及父母憂愁的顏臉，再度嘗試買賣事業的滋味，兩星期以來，已略從事於計賬。……可是在我開始作工之前，就愁起來了，商行爲是太可惜，巴門是太可惜，虛擲光陰是太可惜，不僅做有產者，並且還做工廠主，做直接出面控制無產階級的有產者，那尤其是太可惜了。我在自家工廠中留了幾天，這種已爲我稍微疏遠的可惜情形，又映入眼簾中。我自然已經計算過，混跡商業中，只以適可爲止，此後我將做一些遠營的作品，〔得罪當局，〕庶幾能夠冠冕堂皇，逃出國界，然就是等到那個時候，我也忍受不了。每天倘若不是要將英國社會中最可憎的歷史錄入我的書中，那麼，我相信我已經有幾分成癡了，然此事至少使我怒不可遏。做共產主義者的人，如果不從事著作，就外表的地位講，儘可去做有產者和市儈，可是一面大大地從事於共產主義的宣傳，同時又幹商行爲和工業的勾當，那就不行了。夠了夠了，到耶蘇復活節，我就會離開此處了。』（見昂格思與馬克思書信錄第一卷一四頁。）

昂格思的父親本來是要他投身於工商業中以繼其志，此時看見他無意於此，且相信共產主義，於是願出貲令他到邦恩大學去求學，但絕對不得以此項金錢供何種共產主義目標的用途。迨這位頑固的父親知道他的兒子公然從事於共產主義的宣傳後，他對於兒子不相容的程度便愈加增高了。昂格思在是年三月十七日致馬克思的信中說：『我現在是一種真正的狗生活。因〔共產主義〕集會的歷史，和此地許多共產主義者——我自然是和他們往來的！的〔放縱〕，我父親的全部宗教狂溺又復發生了，因我宣言決切拋棄商行爲，他這種狂溺更增進了，又因我以共產主義者的資格公然出現於世，他還表現一種光華燦爛的資本家的狂溺。你現在試想一想我所處的地位。我在兩星期內外既要離家，所以我不要爭鬧；我忍受一切，這不是他們所習見的，所以他們的氣燄增加了。……我的母親本具有很好的心腸，可是在我父親的面前她絲毫不能自主，我是眞正敬愛母親的，我要不是爲着她的緣故，則我對於我的狂溺和專制的父親一刻也不能作這種最糟糕的讓步。然不讓步會使我的母親時時刻刻憂愁生病，她要是特別因我的緣故受了氣，馬上就要頭痛七八天。——我不復能忍受了，必須跑路，我在此處還有幾星期，不知道怎樣過去。然這也是要過去的。」（見同書二一一頁。）

我們從上面一段話中可以窺見昂格思受家庭專制的痛苦是很大的，他因委曲求全，所以僅取消極抵抗的手段，而以一走了之。他此時决定拋棄商業，畢生盡力於共產主義的運動。可是他環顧知交的朋友中，與他志同道合，且才學兼全，大足有爲的，只有馬克思一八。馬氏斯時正亡命不律塞，因此昂格思便單騎就道，前往比京，與故人共定方針，通力合作了。

第三章　不律塞的亡命

馬克思於一八四五年一月被法政府逐出巴黎，亡命比國，這是我們在本篇第一章中講過的。

他到比京後，旋接到昂格思二月二十二日從巴門所發的信，說：『當放逐的消息傳來，我以爲你因此所耗的格外開支當由我們一切共產主義者分任，必須即刻籌一筆捐款。此事進行甚順利，三星期前我匯五十多個達給楊恩，要求杜塞爾多夫方面的人也湊集同等的數目，並且讓黑斯在威斯特華倫爲此事作必要的活動。……在幾天之內，〔此處捐款〕可望收齊，我將匯至不律塞交你。此外，我不知道此款是否足敷你在不律塞布置一切的費用，我關於英國的第一種作品的薪水，我希望即刻至少可得到一部分，目前我可以不需要——因爲我的父親必定借錢給我——你如使用，我自然是極願意的。一般走狗至少也不得因他們的齷齪行爲，使你陷於經濟困難之中，引爲快事。……可是我恐怕你在比國終久也會被干涉，所以到末了只有英國可住。』（見昂格思與馬克思書信錄第一卷一四至一五頁。）

就昂格思上面的信看來，馬克思在巴黎的景況當不甚佳，否則他必不急急以籌款接濟爲先務。馬氏自出學校後，本靠賣文爲活，他在巴黎的生活費，就我們所知道的講，起初是靠德法年書的稿費，自這種雜誌停刊後，他曾從萊因報館的舊同事及股東處接到三千馬克的接濟，又馬夫人於一八四四年下半年歸甯母家，也獲得三千馬克的贈金，此款當大有助於馬氏，否則恐怕他不能待昂氏匯款至比京，久已坐困於巴黎了。至於昂氏顧慮到馬克思在比國終久會被干涉一點，誰知馬氏剛到比京，即被比政府干涉起來了！因爲比政府視他爲危險人物，必須他到公安局簽字，承認不談比國時政，才得寄居。他對於這種條件自然是肯遵從的，因爲和墨爾林所說的一樣，他對於談論比國時政一點，『旣沒有這種意思，也沒有可能。』（見墨氏馬克思傳一一五頁。）

比國政府旣是有條件地准馬克思寄居境內，而普魯士政府却想無條件地再將馬氏驅逐出比境，所以他從前對法政府所提出的要求，現又向比政府提出了。馬克思迫不得已，乃於一八四五年十二月一日脫去普魯士國籍。當一八四八年他回到普魯士主持新萊因報時，曾要求恢復國籍，未能如願，至一八六一年拉塞爾邀他回柏林辦報，又由拉氏代爲請求回復國籍，也沒有達到目的。　他所以兩次謀回復國籍是想藉此免去無國籍人一切困難，並獲得一切公民權，增進活動上的便利，並不是他硬捨不得普魯士，也不是他的心中存了什麼國家的界限，硬要有國籍，因爲他的志幟是在全世界無產階級的解放，他的口號是各國無產者聯合攏來，他的心目中早已沒有國界，自然更不措意於國籍。他只要活動上不感困難，即無再入何國國籍的必要，所以一八四八年法國革命政府以極誠懇的態度，歡迎他入法國國籍，他沒有承認。　從此以後，他長爲一個無國籍的人，他常說：『我是一個世界之民，（Weltbürger）我遇着在何處，即在何處活動。』（見新時代雜誌第九年度一卷一一頁，拉花爾格的回憶馬克思。）

馬克思說他遇着在何處，即在何處活動，可是他在比國寄居閱三年之久，他既不得涉及比國時政，豈不是很難活動麼？　其實他在此處的活動，門徑是很多的，事務是很忙的，我們現在特將其重要的分述於後。

昂格思於一八四五年四月初間抵不律塞，他與馬克思同居於比京前面的工人區城中，他們的住所恰爲比鄰。『他們在〔一八四八年〕革命以前這幾年中聯合在一起，確切造成他們在理論上和實行上歷史的地位，他們在這樣順利和圓滿的環境中共同作工，就只有這幾年，以後再也沒有這種機會了。」(見邁耶昂格思傳第一卷二三五頁。)　邁耶上面幾句話算是把馬昂兩氏在不律塞寄居時的要點概括起來了；他所謂造成理論上歷史的地位，就是指他們形成歷史的唯物論，他所謂造成實行上歷史的地位，就是指他們所作的共產主義運動。　這兩椿事都是他們在這個時期中所成就的，而在理論方面以馬克思之力爲多，在實行方面則以昂格思之力爲多。

昂格思因爲要到曼切司特去搬運他的圖書，兼訪他的愛人馬麗，瀫恩司，(Mary Burns)遂於一八四五年夏季作六星期的英國旅行。『馬克思因爲要在他的熟練的領導之下，對於英國獲得第一次印象，並且要對於研究經濟學：在〔歐洲〕大陸難得到的英國舊著作一加鑽研，遂陪着他一同前往。　這是他們兩人很有結果的幾星期；他們在曼切司特圖書館的塔樓上，常於天氣清明的時候，從彩色玻璃窗，向外瞭望，昂格思於一八七○年猶　他的朋友回憶這種情景。』(見同書二三五頁。)　就馬克思所遺下來的抄本看，他在曼切司特研究英國經濟學等等，他所讀的著作物的作者有十八之多。（參看耶贊諾夫編的馬克思與昂格思叢刊

第一卷一九七頁，一九二四年莫斯科出版。Arhiv K. Marksa i F. Engelsa）他在經濟學上受李嘉圖的影響最大，然他徹底研究李氏的學說是從此次遊英時開始的，所以他此行很有可紀念的價值。還有一層，他在英國目覩英國資本主義生產的情形，和無產階級的狀況，使他平日所持的學理與事實相印證。使理論與實際打成一片，這是極關重要的。此外，他因昂格思的介紹，得與民權黨要人及渦文派社會主義者互相週旋，並交換意見，這也是對於他很有裨益的。邁耶謂遊英爲他和昂氏很有結果的時期，這完全是對的。

馬克思與昂格思自英國回比後，兩人開始共同著一書名德國精神文化，其副題爲對於佛愛巴黑，布魯洛包爾，施提刻所代表的德國最新哲學以及各預言家所代表的德國社會主義的批評。（Die deutsche Ideologie, eine Kritik der neuesten Philosophie in ihren Repräsentanten Feuerbach, Bruno Bauer, und Stirner sowie des deutschen Sozialismus in seinen verschiedenen Propheten）他們從一八四五年九月起至一八四六年八月止，才將此書的大體完成，共分兩部，約八百頁。這樣宏篇鉅製的作品要尋得一個出版地方，本不大容易，又加以此書帶着極濃厚的共產主義彩色。德國的書籍檢查令有隨時伸其巨掌擾取此物的可能，故不獨守舊的書店不肯收受此書，卽號稱維新的書店除掉對人的問題外，也畏首畏尾，不願承印。　因此馬昂兩氏這種著作竟找不到出版處，後來雖因友人維德梅耶（Joseph Weydemeyer）的介紹，找得出版的地方，但畢竟波折橫生，毫無結果。　我們特將此事在下面略說一下，因爲其中經過的情形不獨是顯出此事本身的眞相，並且還足以表現馬克思當時的生活狀況，和他個人的性格，及已經組黨的事實。

維德梅耶初爲普魯士的礮隊士官，後因傾向當時的新學說，棄去軍職而服務於新聞界中，並與德國『眞正的社會主義』（Wahrer Sozialismus）一派的人相結納。　至一八四六年春季，他往不律塞，旋卽成爲馬克思與昂格思的好友，並且捨棄馬昂所抨擊的『眞正的社會主義』而加入他們所組織的黨中。　維氏回德國後，知道他們著了此書，找不到出版處，他於是在威斯特華倫本鄉找着兩個『富於貲財的共產主義者』，名約利阿斯邁耶，（Julius Meyer）和儒列姆白爾，（Rempel）由他們出貲組織一個出版店，承印馬昂的德國精神文化及其所擬編輯的『外國社會主義著作家叢書』和一種季刊。　關於此事不獨是維德梅耶和約利阿斯邁耶及儒列姆白爾辦過交涉，並且黑斯也和他們訂過口頭契約，因爲上述的季刊除馬昂兩人外，黑氏也是一個編輯人。 可是這兩個『共產主義的財主』後來因此事有些危險，遂背棄成約，各投資於別種有利可圖的營業中去了。

維德梅耶見印書一事，功敗垂成，而馬昂的著作又必須付印，他於是將他們的稿子向百倫，（Bern）嘿里騷，（Herisau）君士坦士，（Konstanz）丹穆斯達（Darmstadt）和布列門等處的新式印書店徧辦交涉，請他們承印，卒無一應允的。 維氏見書稿不能出售付印，而馬氏的景況又極艱窘，他便在威斯特華倫的同志中設法籌集幾百法郎，接濟馬氏，他於一八四六年六月十九日寫信給馬克思說：『你於幾日之內，當接到由儒列姆白爾所寄的二百以至三百法郎。 這是黨中的錢；你要是願視此為預支金。那麼，你後來境遇好一點，可以還給黨中辦黨務。 但目前你只管使用；此款至少可以使你從初期最艱窘的困難中擺脫出來。』（見馬克思與昂格思文匯第二卷三六七頁。）

馬克思雖正陷於困難之中，但對於這種款項不肯接受，却立刻退還了。 維德梅耶好心好意籌款接濟黨友，竟被璧還，心中甚為詫異，他於同月二十八日寫信給馬氏說：『我並有［為你］籌集捐款，我只向很相熱的人要求一種預支金，並不是替你要求給養費。 你儘可隨時自由償還這種款項，再作爲辦黨務的費用。……　我在此處的行動沒有徵求你的同意，這是眞的，可是當我知道你陷於艱窘的難關的時候，我應當坐視不理麼？　當本黨的人願意扶助他們的第一等先鋒戰將出於一種窮困境遇——陷入這種境遇中不是他自己的過錯——的時候，你不要把此舉眞正看做一種賑濟。……』（見同書三六七頁。）　維氏疑馬克思嫌他籌措的款子是近乎施捨，其實馬氏是因憤約利阿斯邁耶和儒列姆白爾的欺騙行爲，並因維氏不察他們的居心，一味加以袒護，而匯款又適出於儒氏之手，所以他不滿意，甯受貧窮的壓迫，而不收這種預支金。

馬克思因德國精神文化找不到出版處，不獨是經濟上得不到救助，卽編輯叢書的計畫也不能實現。　可是他這種計畫固早已被駐巴黎的密探偵知了，密探於一八四六年二月十四日向奧國宰相梅特涅作下列的報告：『三個德國共產主義的領袖——有名的馬克思居其一——編輯八卷共產主義的書籍，論瑞士，德國，法國，和英國共產主義的起源，及其教義，結合，和地位等等：這都是正式的文書！　其他兩個編輯人爲昂格思〔按原文誤作 Engel〕和黑斯。　這種著作在巴黎德意志施妥耶曼（Deutscher Steuermann）書店出版。』（見爭鬥月刊第六卷二八六頁，T. L. S. 的馬克思與梅特涅 Marx und Metternich）這種報告固不甚正確，然因此可以表現馬克思當時已是各國密探所最注意的人物，並且梅特涅遠在一八四三年二月，即有密探向他報告馬克思的行動，即已知有馬氏其人了。（參看同書二八五至二八六頁。）

現在我們再回轉來講德國精神文化。此書當時既未能印出，後來除一小部分外，再也沒有什刊了。為什麼呢？馬克思說：『我們的主要目的——自覺(Selbstverständigung)——既已達到，我們便很願意捨棄這種老鼠咬嚙的批評稿件。』(見馬氏政治經濟學批評序言五七頁。)現在這種遺稿眞正已被『老鼠咬嚙』，『殘毀過半』，不復能認識了。可是我們雖不復能窺見此書的全豹，就前後所刊布的看來，已可見其一斑。此書的第一部分是對於佛愛巴黑，布魯洛包爾，和施提列學說的批評。關於批評佛氏學說的部分，當時並沒有作成，只由馬克思於一八四五年的春季草就十一條大綱，指出佛氏唯物論的缺點。至一八八六年昂格思作佛愛巴黑與德國唯心哲學的尾聲一文登諸新時代雜誌，才將這十一條附在後面。迨一八八八年此文另印成書時，他在序言中說：『這是急忙中的筆記，預備後來著作的，絕不是作爲付印用的，這是藏有新世界觀聰慧種子的第一種文書，所以就可珍貴了。（見昂氏佛愛巴黑與德國唯心哲學的尾聲序言四頁。）

關於批評布魯洛包爾學說的部分，始終沒有發表出來：然馬克思在神聖家庭中批評包爾之處已經很多，翻閱此書，便能知其一二。　至於批評施提列的部分刊在卡斯天（Edward Bernstein）主撰的社會主義的文書第三四兩卷中，題爲神聖的馬格斯（Der hei-lige Max按馬格斯是施提列的號。）此文的大部分爲昂格思所手抄，其中一小部分爲黑斯所手抄，經馬克思重行修改過的。　馬氏對於佛愛巴黑雖下批評，猶存一番敬意；至對於包施兩氏，便出之以嚴厲的態度，　與譏諷的口吻，詞鋒所至，如水銀瀉地，無孔不入，所以卡斯天說：『那種辯證法達到最大的勝利，然同時流於最纖小的精微之點。』（見社會主義的文書第三卷一八頁，一九〇三年出版。）　可是此文雖刊布於世，其中殘缺之處甚多，且就維德梅耶一八四六年四月三十日致馬克思的信看來，馬氏當時已自認他對於施提列的批評是非必要的，（參看馬克思與昂格思文匯第二卷三四六頁，）因此我們也不必停在此處多說了。

德國精神文化的第二部是批評德國『眞正的』社會主義者，即指黑斯，格林，（Karl

Grün）呂寧，（Otto Lüning）浦特曼(Hermann Püttmann)等等。 他們在當時正以報章或他種著作爲武器，宣傳一種哲學的社會主義，如黑斯則辦有社會鏡，（Gesellschaftsspiegel）呂寧則辦有威斯特華倫汽船雜誌，（Das Westfälische Dampfboot）浦特曼則辦有德意志國民鑑，（Das Deutsche Bürgerbuch）和萊因年書，（Die Rheinischen Jahrbücher）而格林則著有法蘭西與比利時的社會運動（Die soziale Beweung in Frankreich und Belgien）等書。 馬克思與昂格思也間有文字在此等報上發表，如馬氏從法文譯出的自殺論（Von Selbstmord）登在社會鏡（此報是昂格思和黑斯共同創辦的）上，而他批評格林法蘭西與比利時的社會運動或眞正的社會主義之歷史著作（Karl Grün：Die soziale Bewegung in Frankreich und Belgien，oder：Die Geschichtsschreibung des wahren Sozialismus）一文則登在威斯特華倫汽船雜誌上。 後面一文就是德國精神文化第二部中的一章，馬克思在此文中一方面指出格林作法蘭西社會運動史，沒有見過聖西門，聖西門主義者，和傅立葉等等的著作，惟以斯太恩，累波（Reybaud）和卡伯的書爲根據，不獨是間接抄襲，以訛傳訛，而且矯揉造作，全失他人的本來面目；在他方面，他認格林的議論爲眞正的社會主義之代表，所以特下一種嚴厲的批評。可是墨爾林說得對：『這種批評是純粹消極的，就是那一德國社會主義全部毫無趣味的著作之批評─這種批評構成其中一部分──也只是如此。要另呈別種樣子是不可能的，因爲那被批評的著作未嘗含有進步的和有結果的元素；馬克思和昂格思在共產黨宣言中對於那些著作批評得怎樣嚴厲，是很〔爲大家所〕和道的。』（見馬克思與昂格思文滙第二卷三四七頁。）馬昂兩氏在共產黨宣言中對於眞正的社會主義到底是怎樣說的呢？我們在介紹他們的批評之前，當把這種主義的內容及他們與這種主義的關係，略說一下。

當昂格思初次寄居英國的時候，他在渦文的新道德世界上說過：『德意志人是一種哲學的民族，共產主義一經建築在健全的哲學基本原則上，則他們對於這種主義不願意不忠實，也不能夠不忠實；且這種主義是他們自己的哲學一種不可免的結果，所以他們尤不得不如此。這種任務現在就是我們的義務。德意志人──從康德以至黑格爾─的一切哲學革命如果不當爲徒勞無功的，或不當爲更壞於徒勞無功的，則其結果只能爲共產主義；德意志人或者否認他們的大哲學家，──這些大哲學家是他們國家之光──或者是須承認共產主義，凡此種種是吾黨必須證明出來的。』（見爭門月刊第七年度一六六頁，昂格思的德意志與瑞士

Deutschland und die Schweiz）當時德國智識界中有許多人眞正沒有否認他們的大哲學家，反之，他們却承認共產主義了。　不獨馬克思與昂格思是如此，即黑斯，格林，呂寧，和浦特曼等也無不如此。　可是此中却有一點分別，就是，馬昂兩氏因寄居法英，受了兩國政治和經濟狀況的影響，故他們的共產主義從初時起，即帶着一種爭鬥的和革命的彩色，且具有科學的共產主義的雛形，我們試一檢查他們出國後的言論便可以知道。反之，黑斯等一方面因沿襲向來的成說，他方面因德國產業不發達，階級對抗的痕跡不甚顯著，故他們的社會主義不着眼於實際的人，而注重抽象的人，他要以博愛去醫治一切革命的感情，所以昂格思稱這種社會主義是『將美麗的空話，去代替科學的認識，把「愛」做實現人類自由的工具，去代替那因生產的經濟變化而促成的無產階級解放，總之，他陷入於一種無意味的美語和仁愛空談中。』（見昂氏佛愛巴黑與德國唯心哲學的尾聲一一頁。）　後者是一種哲學的社會主義，格林常稱之爲『眞正的社會主義』。因爲他以爲這是以實現『眞正的』人爲目的的。馬昂兩氏對於這種社會主義下批評時，仍襲用『眞正的』這個形容詞，那便含有譏諷的意味了。

由上面的事實看來，馬克思與昂格思雖和黑斯，格林等同由德國的哲學而轉入社會主義一途，然前者與後者是同源異流，絕不能併爲一談。可是世間有一批學者，如俄國的斯特魯味（Peter von Struve）和德國的漢姆馬合（Emil Hammacher）等硬說馬昂兩氏起初都是『眞正的』社會主義者，斯氏在他的『科學的社會主義發達史之研究與評註』（Studien und Bemerkungen zur Entwicklungsgeschichte des wissenschaftlichen Sozialismus. 見新代時雜誌第十五年度一，二卷）一文中將馬昂的著作引了一大批，以證明其說，漢氏在他的『一眞正的社會主義之評價』（Zur Würdigung des "Wahren" Sozialismus. 見社會主義與工人運動史叢判第一卷）一文中也是如此，不過較爲簡略罷了。其實他們的引證和議論不免牽強附會，不足爲據，我們爲篇幅所限，不能加以反駁，特引黑爾林一段話來概括表明他們的錯誤。墨氏說：『眞正的社會主義恰恰是從黑格爾哲學的解體中發達出來的，這種事實遂引起一種主張，以爲昂格思和馬克思起初也隸屬於這種主義之下，因此他們後來遂對此主義下一種很嚴厲的批評。然這話却不中肯。實在的情形是，兩派確都是從黑格爾及佛爱巴黑達到社會主義，可是馬克思和昂格思曾對照着法國的革命和英國的工業研究這種社會主義的性質，而眞正的社會主義者則以社會主義的格式及口號變爲「陳腐的黑格爾式德國話」爲滿足。馬克思和昂格思努力使此格式和口號超出這種觀點之上，他們承認依此觀點出發的全部潮流是德國歷史的產物，他們的看法是很對的。』(見社會主義與工人運動史叢刊第七卷二八六頁，墨氏不律塞亡命中的馬克思。Marx in Brüsseler Exil) 我們如果將墨爾林的話和本篇第一，二章所述馬昂到法英後的言論互相對照，便知道墨氏此說合乎正軌，而斯漢兩氏的主張不過是一種曲說罷了。

眞正的社會主義之性質及馬昂兩氏對於這種主義的關係既如上所述，我們現在再看他們在共產黨宣言中對於這種主義言簡而意賅的批評。他們在起首兩段中說：『法國社會主義和共產主義的著作是在一種當權得勢的資產階級壓迫之下產生出來的，並且是反抗這種權勢的爭鬥中文字的表現，當德國資產階級恰恰向封建的專制主義作戰的時候，這種著作就輸入德國了。德國的哲學家，半哲學家，和詞令家拚命吸收這種著作，可只是忘却法國的生活狀況不曾和這種著作一同輸入德國。〔因此〕法國的著作對着德國的狀況便失去一切直接的實際的意義，而具一種純粹文學的面目。這種著作對於人類本質的實現，必定表現爲一種無聊的空論。所以法國第一次革命的要求，自十八世紀的德國哲學家看來，其意義只是一般「實際理性」的要求，而革命的法國資產階級意志的表現，一映入他們的眼簾，就是指純粹的意志律，就是指無論怎樣的意志律，就是指眞正人的意志律』。（見共產黨宣言四八至四九頁，德文　第八版。）

德國學者既爲環境所囿，領會不到法國社會主義著作的眞意義，他們於是用主觀的成見，妄加改竄，弄得後者成爲一種非驢非馬的東西，所以馬昂兩氏接着又說：『德國文人唯一的工作就在使法國的新觀念與他們舊的哲學良心和諧一致，或者還可以說，就是從他們哲學的觀點出發去吸收法國的觀念。……他們在法國原文的後面寫出他們無意識的哲學論。例如在法文批評貨幣關係的後面，寫些「人生乖離」〔的話〕，在法文批評資產階級國家的後面，寫些「取消抽象的全體統制」〔的話〕等等。……法國社會主義和共產主義的著作是正式被割裂了。這種著作在德國人的手中既喪失了他所表現的一階級對他階級的爭鬪，而德國人還自以爲是免去了「法國人的偏見」，不以他去代表實際的要求，卻以他去代表眞理的要求，不以他去代表無產階級的利害，卻以他去代表人類本性的利害，代表全人類的利害，這種人類不屬於任何階級，不屬於實在界中，只是屬於哲學幻想的黑暗天空中。』（見同書四九至五〇頁。）

眞正的社會主義既拋棄實際狀況不管，而轉入虛無飄渺的抽象中，所以當着德國資產階級向封建貴族和專制王權宣戰的時候，他不獨不予以援助，反獨唱高調。『眞正的社會主義獲得他所想望的機會，對着政治運動提出社會主義的要求，對於自由主義，代議制國家，資產階級的競爭，資產階級的出版自由，公民權，資產階級的自由平等，一概加以咀咒，並且向羣衆宣傳，他們在這種資產階級的運動中，毫無所得，反有所失。同時德國社會主義忘却法國的批評——他是這種批評無精神的應聲——是以近世資產階級社會及其相適應的物質生活條件和政治組織爲前提的，這些前提都是德國才開始爭取的。』（見同書五〇頁。）

眞正的社會主義對於新興的資產階級的反抗運動，既在後面拆台，於是他就成爲反動派的利用品了。『「眞正的」社會主義既成爲政府手中抵抗資產階級的武器，他又直接代表一種反動的利益，即小資產階級的利益。……這個小資產階級在資產階級工業和政治統治的面前，對於〔他的〕確定的滅亡，所有畏懼，至於這種滅亡在一方面是由於資本集中的結果，在他方面是因革命的無產階級之出現。自他看來，「眞正的」社會主義是一箭射兩鵰。〔於是〕這種主義就和瘟疫一般蔓延起來了。德國的社會主義者將他們幾根骨頭的「永久眞理」藏在那用空論蛛網織成的，用美麗詞藻文飾的，和以熱情甘露浸染的衣服裏面，只在這種〔小資產階級的〕公衆之前，他們才能夠使他們的商品出售，愈加增多。」（見同書五〇至五一頁。）

以上是馬昂兩氏對於眞正的社會主義的批評，詞鋒銳利，無以復加。這種主義重要的領袖是格林與黑斯兩人。前者爲馬克思的同學，後者更是他和昂格思很接近的朋友，他們所以在德國精神文化乃至共產黨宣言中對於格黑兩氏嚴加批評，實因格氏當時寄居巴黎，從事工人運動，而黑氏爲社會主義者的先進，或像昂格思所說的一樣，『是黨中第一個共產主義者』，（見爭鬬月刊第七卷一六六頁，昂氏的德意志與瑞士，）他的議論頗有力量，他們認這兩人的言論大有妨害於無產階級的的運動，故力加駁斥。他們這種効忠於所信所守的主義而不顧私人交誼的態度，不獨對於格黑兩氏是如此，即對於其他一切朋友也無不如此。關於這一點，我們於接着敘述他們和克力格，（Hermann Kriege）威特靈及蒲魯東等的決裂情形，就可以表現出來。

克力格是威斯特華倫汽船雜誌編輯之一，他爲佛愛巴黑的門徒，並且與昂格思相識。昂氏於一八四五年二月寫信給馬克思說：『此子爲一有名的煽動家。……他是一個共產主義者，他所要解决的問題只是怎樣去推行〔共產主義〕。』（見昂格思與馬克思書信錄第一卷一五頁。）克力格旋到不律塞遇見馬克思，後來由倫敦轉赴美國，從事於共產主義的宣傳。他於一八四六年在紐約辦一種德文週刊，名爲保民報。（Der Volkstribun）他一方面向美國的財主搖尾乞憐，藉爲此報籌措款項，一方面又在報上侈談一種什麼博愛的共產主義。其實像馬克思所說的一樣，『克力格在保民報上所持的論調並非共產主義的，他自認爲德國共產主義駐美的文字代表，而表現這種論調所取的小孩子般矜誇的態度，極有損於歐美的共產黨，他用「共產主義」的名義在美國所宣傳之幻想的熱烈感情，如爲工人所採納，大足以敗壞工人。』（見馬克思與昂格思文匯第一卷四一五頁。）馬昂兩氏對於克力格在美國的宣傳既大不滿意，他們乃决意邀集在不律塞的同志，向德，英，法三國的共產主義者發表宣言，對於克氏提出抗議。他們於是年五月十六日議决此項抗議書當在保民報上發表，所有預會的人都同一主張，而威特靈獨持異議。他以爲保民報是一種共產主義的機關報，很切合於美國的情形，共產黨在歐洲已有無數有力的仇敵，用不着向美國去尋釁，至少也不當反對自己一派的人。他不獨當場力持異議，並因此致書克力格，痛詆馬昂兩氏。克氏於是將抗議書及威氏信中的數段同時在保民報上發表，藉作自己的護符。至於馬昂兩氏從此曾議起，與威氏完全決裂了。威特靈與馬克思的交涉頗多，他平時不獨爲馬氏另眼相看的人，而他的學說且構成英法烏託邦社會主義與科學的社會主義中間的一環，故我們於敍述他們此次決裂的經過之前，當將他的生世，思想，言行，以及他們向來的關係略說一下。

威特靈出生於一八〇八年十月五日，係德國馬德堡（Magdeburg）地方一個貧苦婦人的私生子，他的父親是一個駐在德國的法國軍官，當他四歲時，其父即應拿破崙的俄國遠征軍之召而離德，從此一去不復返了。因此他幼年零丁孤苦，迴異尋常兒童。然他的母親却盡力加以撫養，設法使入馬德堡小學讀書，並習裁縫業，旋卽令以此謀生。他到了二十歲的時候，離去家鄉，漂流於德奧之間，至十餘年之久。一八三五年下半年，他離開維也納，前往巴黎。據卡列爾（Emil Kaler）說：「他在維也納以製人造花爲生，因營業上的關係，得和一個少年女士相接觸，而這女士是哈布斯堡朝（Haus der Habsburger）一個親王所垂愛的。威特靈與這位女士有一種親密的戀愛關係，却被那有威勢的情敵發覺了。威氏因爲不欲爲那忿怒的情敵之報復所犧牲，所以就急忙逃出維也納了。』（見卡氏威特靈的煽動與學說三一頁，一八八七年出版。Wilhelm Weitling. Seine Agitation und Lehre. Hottingen-Zurich）威氏初次到巴黎，即加入此間的祕密團體『亡人同盟會』（Der Bund der Geächteten）中，他很熱心宣傳共產主義，旋更按這種主義的原則，在巴黎替一般裁縫創辦一種『公共食堂』。威氏對於這種機關，熱心提倡，他後來在瑞士也創設公共食堂多處，但大抵沒有良好的結果。

威特靈於一八三六年四月離開巴黎，至一八三七年九月再返此處，一直到一八四一年五月，他的住所，即大半在此。他既出身於無產階級，故早年失學，然他秉賦很高，才具很大，而又能發憤自修，所以他於餬口四方之時，增進學識不少。當他於一八三〇年代就食於萊比錫時，即作譏諷詩與激烈的論說，抨擊時政。迨寄居巴黎，他除開始從事革命的社會運動外，並盡力研究法國的社會主義，因此受了法國社會主義者很大的影響。他於一八三八年爲『公正同盟會』(按此卽『亡人同盟會』的更名)作一種小册子，名爲『人類現在的情形及其將來應有的狀況』。(Die Menschheit, wie sie ist und wie sie sein sollte.) 這個小册子是由同盟會中一般同志祕密印就的，共計二千部，然『那人數很少的同盟會會員爲印刷並傳播這兩千部書，受了很大的犧牲。有些人借出他們的房間，有些人夜間做排印人，印刷人，或裝訂人；還有些人出錢，或將他們的錶付質，以錢相助。這種犧牲的意志也就是表明，威特靈所宣布的事件只是他的同志們長久醞釀在心中的。』(見墨爾林校的威特靈和諧與自由的保障墨氏小引一三至一四頁，一九〇八年柏林出版。Garantien der Harmonie und Freiheit) 威特靈以一個手藝工人，居然能於工作之餘，著書立說，代同階級的人宣揚意志，這眞是難能可貴的。還有一層，他此書雖是生平第一次創作，然他後來思想的雛形已盡包含在其中了。

可是威特靈最重要的著作還當推他於一八四二年年底在瑞士所刊布的和諧與自由的保障一書。他在序言中說：『進步是一種自然律，進步的停頓是社會的漸次解體。促進前者在而制止後者，這是我們大家的事體，不是一個特權階級的事體。因此我在本書中也以此爲鵠的；而我的無數同志且因此鼓勵我。　他們說：「你和我們的意見相合，你知道我們的要求和我們的志願，我們給你一種機會，起來能，當你還覺得有力氣的時候，你當努力於著作。」　這種鼓勵足夠了！　用不着更多說了。　他們爲我作工，我爲他們作工。……　因此本書不是我的著作，而是我們的著作；因爲沒有其他同志的幫助，我當無所成就了。（見同書七頁。）　威特靈此書既又是爲無產階級的人宣揚意志，那麼，資產級階的書店自然不肯接受他的稿件，　所以他還是靠着同階級中人的幫助，才得將此書刊印兩千部。　他說：『此書的經費數目是由簽名一定購一及預約——以後來取書爲條件——彌補的。　我們會中的本地工人差不多每人簽定兩本，有些簽定十本，而西門，施美特(Simon Schmidt）竟簽定二百本。　此外，巴黎同志匯來四百法郎。』（同書墨爾林小引一九頁。）　我們看了威氏這些話，便知道當時工人階級的階級覺悟，是表現得十分顯明了。

威特靈的和諧與自由的保障一經出版，大受各國工人和新派人物的歡迎，德與兩國邊界上的警察檢查雖極嚴厲，然却被祕密輸入不少；且此書因供不應求，於一八四六年和一八四九年在漢堡曾兩次再版，　並且前後譯成法文，英文，和挪威文。　當馬克思寄居巴黎的時候，他在進步報上對於威氏及其著作，力加讚揚。他說：『關於德國工人一般的教育程度或教育才能，我就想到威特靈各種有天才的著作，這些著作在施行方面雖遜於蒲魯東的，然在理論方面，常超出蒲氏之上。資產階級——包括這個階級的哲學家和著作家——爲着本階級的解放——即政治的解放——何曾表現過一種像威特靈和諧與自由的保障這樣相同的著作啊！試把德國政治著作的空洞和萎靡的平庸狀況與德國工人這種無量和燦爛的文字創作比較一下；試把無產階級這種巨大的小孩子鞋與德國資產階級所穿的政治鞋臃腫的形態比較一下，則大家必定預言德國的苦工是具有一個鬥技者的資格。大家必須承認德國無產階級爲歐洲無產階級的理論家，和英國無產階級爲〔歐洲無產階級的〕經濟家，法國無產階級爲〔歐洲無產階級的〕政治家是一樣的。』（見馬克思與昂格思文匯第二卷五四至五五頁。）馬克思對於威特靈和諧與自由的保障既是如此推崇，而昂格思於此書出版後，且擬將書中重要節段譯成英文，使英國社會主義者知道威氏爲德國共產主義的開創者，由此可見馬昂兩氏重視威氏及其著作了。

和諧與自由的保障一書共分兩部分，第一部分論社會弊端的起源，第二部分爲改造社會的理想。威特靈以譏諷的態度批評舊社會，詞鋒十分銳利，可算是將手藝工人階級所感受的痛苦，盡情傾吐出來了。至於他的新社會的圖案又是繼聖西門，傅立葉，和溫文三大烏託邦主義者之後的烏託邦，關於這一部分隨在可以表現他受了法國烏託邦社會主義者——特別是傅立葉和卡伯——很大的影響。然威氏雖是一個烏託邦主義者，却因自己出身於無產階級，深悉資產階級施行壓迫的鐵手腕，不是和平的方法能夠對付的；所以他一洗聖西門，傅立葉和溫文等和平博愛的舊套，主張藉助於革命去實現他的烏託邦。他雖希望當時能有大公無我的君主仿三千年前斯巴達（Sparta）兩個王的前例，推行共產制度，（參看墨爾林棱的和諧與自由的保障二五八頁，）然他固明言『推倒舊有的現行制度是革命，所以只有藉革命之力，進步才是可期望的。革命萬歲！』（見同書二一〇頁。）因此，論威氏的才能學識雖比不上上列三大烏託邦主義者，然他所取的方法却比較進步，他『構成法蘭西智識份子的烏託邦社會主義和無產階級科學的社會主義中間的一個步驟。』（見羅夫閔行——Hans Ruoff-München——譯的共產主義的先驅八〇頁，一九二三年出版。Wegbereiter des Kommunismus. Berlin-Schöneberg.）

然威特靈的學說既在英法烏託邦的社會主義之上，何以又居科學的社會主義之下呢？因為他雖看出推倒舊社會制度必須借助於革命，但他對於無產階級歷史的使命以及階級爭鬥的方法，沒有明白了解；所以他對於現社會中無產階級應當參加的運動，常認為多事，不加贊成。墨爾林謂『威特靈對於政治自由對無產階級經濟解放所占的重要位置，並不否認，他明白要求結社自由，出版自由，和選舉自由。末了，他不過是覺得在金錢制度支配之下無所成就罷了。』（見墨氏德國社會民主黨史第一卷一〇八頁。）然新社會是由舊社會的懷中產生出來的，要催生新社會，便當從舊社會的政治爭鬥中下手，威氏否認金錢制度底下政治自由的價值，直無異否認這種自由的重要，因為無產階級要在金錢制度支配之下由爭鬥而獲得這種政治自由，才能有所作為，若棄而不顧，便更無能為力了。我們試一考威氏對於自由的言論，即可知道他的眼光實在很短小的了。

威特靈號召工人階級注全力於物質上的利益，至於現制度底下的精神自由，他就視作富翁財主所要求的和用以點綴他們精神生活的事件，與工人階級無關，不當予以援助。所以他說：『出版自由對於富人確是有用的，他愈加富足，這種自由便愈加有用，然這不是為一切人的，不是爲小富人的，不是爲僅僅豐衣足食之人的，更不是爲窮人的。…… 因此我們畢竟要分隔出來，對於任何事件不復表示贊同，我們對於非以一切人的自然平等爲目標的事件，以及對於我們沒有物質上利益的事件，我們不要提出要求，也不要予以贊助。…… 言論自由，著作自由，營業自由，貿易自由，意志自由，以及許多矯揉造作的自由，都是金錢制度於痛苦的挫敗之後，歡喜爲我們保證的，因爲此制度希望藉這種把戲來欺騙我們，使我們不知道自己眞正利益的所在。』(見魏爾林校的和諧與自由的保障二一四至二一五頁。)

威氏對於選舉自由一項說道：『我們也願意要選舉自由！ 然不願意要現今金錢制度底下的選舉自由；因爲這種自由是一種錯誤。 在金錢制度之下選舉自由的不可能和一切人的自由的不可能一樣的。』(見同書二三三頁。)

威特靈要求無產階級的解放，而又極端排斥金錢制度底下政治自由的爭鬥，那麼，他究視何種方法爲推翻現社會制度的良策呢？ 他說『第一繼續宣傳。…… 第二，對於現已存在的紛亂制度，促其迅速達到絕頂。…… 當第二種方法使人民忍耐不住了，這便是一種最後的和最靠得住的方法。』(見同書二三二頁。) 威特靈不知道無產階級解放爭鬥的勝利，是在這個階級精神與物質兩方面生活的提高，階級覺悟的發達，內部團結的鞏固，組織與訓練的精密，和戰鬥能力的增加等等，乃竟襲用兵家『置之死地而後生』的祕訣，對於惡劣的現制度故意推波助瀾，使無產階級的地位愈加陷於悽慘的狀況中，然後希望這個精神與物質兩方面生活都呈退化現象的無產階級突然獲得解放，這樁事不獨是不可能，即使可能，此方法也實在太笨了！　然他的方法還不止此，他以為上列方法如果沒有效果，『於是必須宣傳一種道德，這種道德是還沒有人敢宣傳的。……　這種新道德……一定不會沒有效果的。』（見同書二三六頁。）　威特靈所要宣傳的新道德是什麼呢？　就是宣布資產階級的財產都是賊贓。　威氏自己是一個手藝工人，而他所接觸的也大概為手藝工人，至於像英國那樣大工業中的無產階級，他還沒有看見過，他的思想為環境所限，看不出近世無產階級解放爭鬥的途徑，所以他所提出來的方法是很無聊的。　馬克思讚美威氏的著作，並不是表同情於他的主張，不過因他出身於無產階級，能以文字表現本階級中人的意志，真所謂『空谷足音』，故馬氏樂為之游揚。

威特靈和諸與自由的保障一書，像墨爾林所說的一樣，『是〔工人〕運動的頂點，也是作者生平的頂點。』(見同書譯氏小引一九頁。)威氏於一八四一年五月離開巴黎，前往瑞士，他在此處組織公正同盟會，創辦報章，從事宣傳，忙個不了。迨一八四二年年底，他的主要著作出世，不獨是他的聲譽增高，而他所主持的運動也藉此生色，更勃勃有生氣了。然自此以後，他爲瑞士政府所疾惡。至一八四三年六月，他因刊布罪人的福音(Das Evangelium des armen Sünders)一書，侵犯了教會，遂在齊利池被捕，法庭判他有侮辱上帝和宣傳共產主義之罪，處以徒刑，期滿驅逐出境。至一八四四年五月，瑞士政府不獨是要驅逐他出境，並且還用武裝車將他押解至普魯士的故鄉。威特靈不獨是犯了宣傳共產主義的罪，當然不爲德政府所寬貸，他從前並且還犯了逃避服軍役的罪，尤使德政府振振有詞，可加以懲罰。然德政府似乎是怕他在牢獄中傳播共產主義的種子，竟不肯予以監禁，惟禁止他出入茶樓酒館，禁止他省視他的母親，沒收他的書信，諷示他出亡外國。威氏於是離家鄉，往漢堡，轉赴倫敦。『德，英，法的社會主義者開會歡迎他，渦文且稱讚他爲「德國共產主義者中勇敢的和有能力的領袖。』(見布登息格資本主義以前時代德國無產階級的文化及其對於社會主義文化理想的意義二一頁，一九二三年出版。Hermann Buddensieg:

Die Kultur des deutschen Proletariates im Zeitalter des Frühkapitalismus und ihre Bedeutung für die Kulturidee des Sozialismus.） 他自一八四四年八月起，滯留倫敦至一年半之久，他得識克力格也當在此時期中。

威特靈於一八四六年年初離開倫敦，前往不律塞。當一八四四年十月，他曾致書馬克思，表示願納交的意思，當爲馬氏所首肯，他這一次到比京，受馬氏很誠懇的款待，即引以爲同志。可是威氏在英國親見大工業中無產階級的情形，熟聞馬克思工人運動的議論，他的思想仍和從前一樣，不發生何種變化；因爲他『初時著作的成功及他所受的懲罰，已經把他的頭腦弄昏了。他開始承認自己及其理想是沒有錯誤的，他以爲自己是一個預言家，是一個新救世主，是一個新耶蘇，他是上帝遣來解放人類的。』（見共產主義的先驅八一頁。）他既固執成見，自以爲是，因此就和馬克思發生衝突了。一八四六年三月三十日他們因討論怎樣進行共產主義的宣傳這個問題開會，俄國一個著作家名安尼柯夫（Anienkow）因馬克思的介紹，得參預會議，安氏後來追紀會中馬威兩氏衝突的情形如左。

『我們圍坐於一小圓桌前，馬克思坐在桌的一端，手中拿一枝鉛筆，他那獅子頭俯瞰在一張紙上，…昂格思致開會詞。他說明從事於勞動改革的人們必須怎樣將他們彼此的意見明白表示出來，並且確定一種普通的黨綱，作爲旗幟，使一切沒有工夫或沒有力量從事於理論問題的黨人，知道何去何從。——他的話沒有說完，馬克思抬起頭直接向威特靈問道：「威特靈，因你的共產主義的宣傳，在德國弄出許多紛擾的事，並且使許多工人喪失他們的地位和麵包，請你告訴我們，你究以何種理由替你的社會革命的煽動作辯護，你究想將來把這種煽動建築在什麼東西上面。」

○　○　○　○　○　○

威特靈似乎是要把這種談話保持在自由詞令的老生常談上。他的臉上現出一種莊嚴沉悶的顏色，開始說明，他的任務不是創造新的經濟學，只是採取最適宜於開導工人的學說——如像在法國所表現的一樣——教他們不要相信任何種期許的事件，只能把他們的希望置諸他們自己的身上。

他說得很多，但令我驚訝不置，他的話和昂格思的演說詞比較，既不清晰，又無條理，他常是說來說去，將自己的言詞修飾一番，費了好些氣力才達到結論，而他這種結論有時不是來得太遲，就是比前提還要來得早些。他現在是向另一種聽講者說話。迥非他平常在工作場中圍繞他的人之前或在他討論現時經濟狀況的報章及小册子上可比，因此他失掉思想和言論的自由了。

他要不是因馬克思怒氣勃勃，縐着眉毛，攔阻他，並且開始回答，恐怕他還會說得很長。馬氏那帶着譏誚的答詞的主要點是，煽動人民而又不能將自己活動的固定原則說出來，這簡直是一種欺騙。馬氏繼續又說道，剛才所講引起虛幻的希望，決不能達到拯救受苦者的地步，但只是誘導他們入於滅亡之境。尤其是在德國向工人從事宣傳，而沒有嚴密科學的觀念，與具體的學說，就等於把宣傳當作一種空洞的和沒有心肝的把戲，在這種宣傳之中，一方面是以一個狂熱的傳教師爲前提的，他方面是以那滿懷希望張口而聽的人和驢子一樣爲前提的。——他忽然用手一揮，向我指着，說道，我們這裏有一位俄國人。威特靈啊，在他的國內或者還有你的地位，只有在那裏可以在荒謬的宣傳者與荒謬的青年之間，創設聯合會，眞正會有效果。

馬克思更繼續發揮他的意見道，在一個有文化的國家中如德意志一樣，如果沒有固定的和具體的學說，將一無所成，並且還要引起些紛擾及有害的騷亂，而使自己所擔任的事業一敗塗地，不可收拾。

威特靈灰白的臉色至是紅起來了，他的言詞也放勢了。 他因受了刺戟，聲調顫動，於是開始表明，一個人以公正，團結，和博愛的理想之名義，招致千百人，這個人使不能被稱爲沒有內容和無聊的人，他自己從祖國各處所收的千百封書信，宣言，及謝啓，與今日的攻擊相對照，足以自慰，至於他爲着公共事業所做的小小預備工夫，比那昧於世界的愁苦和人民的憂患而發揮出來的批評，與書房中的分析，或者更重要一點。

馬克思聽到最後這些話，怒不可遏，他以拳向桌上猛力一擊，燈台且爲之震動，於是站起來叫道：

「無知罔識，從來是於人無所裨益的。」

我們跟着他卽刻起身。 這次談話卽於此告終。』(見新時代雜誌第一年度二三八至二三九頁，一個俄國人對馬克思的論調。 Eine Russische Stimme über K. Marx)

我們看了上面的紀述，知道馬克思對於威特靈發生衝突，完全是由政見不同，並未嘗雜有他種元素在內。據威氏異日寫給黑斯的一封信看來，也足以證明這一點，信中說：「馬克思很兇猛。他畢竟解釋這個問題。其綱要如下：（一）共產黨中必須首先有一種清黨〔運動〕。（二）對於黨中無用的份子加以批評，並且使他們和財源斷絕關係，便可以實現清黨〔運動〕。（三）現在對於共產主義的利益所能夠盡力的，以這種清黨〔運動〕爲最重要。（四）誰有力量獲得放債人的信用，誰就有方法可以更換並且運用別人。（五）「手藝工人的共產主義，」「哲學的共產主義」（我不知道這種分別是馬克思首先應用的，還是別人早已用過了，）是必須排斥的，這種感情是必須加以嘲笑的，這只是一種麻醉的東西；不要有口頭的宣傳，不要組織祕密的宣傳，總之，將來也不要復用宣傳的名詞了。（六）起初談不到共產主義的實現。資產階級必須首先發動。此處爭論很激烈，馬克思和昂格思都反對我。」（見卡列爾威特靈的煽動與學說七三頁。）威氏此信中所述的事實大致不錯，不過他描寫的語氣，我們是當分辨觀察的，如他說馬克思反對口頭的宣傳，甚至於將來不要用宣傳的名詞等等，這便是言過其實，因爲馬氏決不會反對有意義的宣傳，他只反對空話的宣傳，和無裨實際並且發生流弊的宣傳。但無論如何，馬克思反對威特靈只是因後者的主義及其宣傳方法的謬誤，可是威氏却因馬克思未能替他的著作介紹出版處，就對馬氏懷疑，並且把黨事和私事混爲一談。他在同一信中說：『我覺得馬克思的腦袋中不過是一部好百科全書，可是沒有天才。有錢的人請他當編輯，不過如是罷了。……我前見各方面發生反對的聲響，因把我的〔學說〕體系的著作擱在一邊。可是我在不律塞得知反對這種〔學說〕體系的人恰恰擔任繙譯極大規模的〔學說〕體系的作品，換取很好的報酬，因此我也完成我的〔學說〕體系的著作，力求交與其人。現在此物既得不到幫助，這就全是故意安排的步驟，即所謂清黨運動是了。』（見威氏和諸與自由的保障墨爾林小引三七至三八頁。）

威特靈不獨是將對人的問題雜在主義的問題裏面，而他所舉馬克思担任編譯書籍，換取優厚報酬的事，也完全不正確。反之，馬克思對於威氏私人並無嫌隙，試看是年五月六日黑斯給他的信，就可以知道，信中說：『在不久之前，威特靈寫信給我，申訴他的經濟情形的苦況，並且說，你曾請他會餐。』（見同書墨爾林小引三八頁。）威氏於五月十六日寫信給克力格也承認馬克思曾經幫助維持他的生活。可是在同月之中，威特靈竟因克力格的事與馬氏完全決裂了。他於是月十六日致克氏的信中說：『你將接到此處所草就的反對你的批評，他們在這種批評中視你爲僞君子，無價值的人，空無所有的頭腦等等，並且嘲笑你的感情的言論。　只有我一個人反對這種批評。……　我警告你，你要是作文，都應思索一下，我看破這一批人都是些純粹的陰謀家。　那對你所下的攻擊，就是對我所下的攻擊的前驅，我不能作別種想法。　他們知道我們有親密的友誼，他們要是承認你爲我的朋友，則我爲你辯護便不甚困難，這種辯護是他們所畏懼的。……　這種批評把一切現存的制度都敲破了，當不復有何種東西可敲的時候，他就敲起自己來了。　因此這種批評開始向本黨倒戈，自從那些人無所事事，他尤其要如此。　每個人都願爲共產主義者，當一個人怕別人競爭的時候，他就指別人非共產主義者。　爲着這種勾當，現在開發一筆巨額的款項，可是對於我連印書的書店都不給我找。』（見馬克思與昂格思文匯第二卷三六九頁。）　威特靈這些話不當是親口供出他自己糊塗猜忌，達於極點；我們統觀他和馬克思凶終隙末的經過，便知道他實應擔負全部責任了。

馬克思自與威特靈完全決裂之後，不到幾天，他又接到蒲魯東五月十七日從法國里昂（Lyon）所發出的一封長信，這便是他與蒲氏決裂的引子。　馬克思原來與各同志在不律塞設立一個共產主義通信委員會，(Kommunistisches Korrespondanzkomitee) 他曾邀請蒲氏加入會中，共同合作。蒲氏覆信，本是承認此事；但他在信中所發表的意見，竟與馬克思的的主張完全相反。馬氏至是才知道他們自巴黎作別後，彼此精神上的發達，已經是分道揚鑣，相去甚遠，不復能合作了。蒲魯東這一封信映出他當時的思想，極爲緊要，今特將其重要處介紹於下。

『你如果願意，我們可以共同探討社會的定律，以及實現這種定律的方法，和幫助我們發見這種定律的進步；但是爲着上帝的緣故！我們打倒一切固執教義(Dogmatismes)之後，在我們一方面不要妄想以何種教義(doctrine)去欺騙人民；你的同國人馬丁路得(Martin Luther)於推倒天主教神學之後，在即刻逐斥和咒咀的大激勵之下，建設一種基督教的神學，我們不要陷在路氏這種矛盾中。自二百年以來，德國曾努力拆毀馬丁路得的石灰路線；我們不要藉新的紛亂的東西，替人類造出新的工作。我很誠意贊成你的思想有一日全部都成爲意見；我們可以作一種忠實光明的爭辯，我們可以替世界樹一個賢明曠達的容忍之榜樣，但是我們因爲站在運動的頂點上，自己不要做一種新式褊狹(Intolerance)的領袖，也不要做一種新式宗教的宣教師；卽使這種宗教是一種邏輯的和合理的宗教，一我們也不要去做宣教師。」我們接受一切抗議，並予以鼓勵，對於一切褊狹和神祕，加以排斥；我們絕不要視一個問題是完全解決了，當我們把最後的理由說完了，我們可以重新起首，當必要時，且可使用詞令和譏諷的話。在這種條件之下，我很願意加入你們的社中，否則不便加入了！

關於你的信中「當行動的頃刻」這句話，我也有點意見。你或者還以爲現在倘若沒有一種驟然的變動，倘若沒有一種所謂革命，——這不過是一種騷動罷了——則沒有一種改革是可能的。我了解這種意思，原諒這種意思，並且很願加以討論，因爲我自己懷抱這種意思爲日已久，可是我必須承認，我近來的研究竟使我完全拋棄這種意思。我相信，我們要達到目的，用不着這一着，我們不要以革命的行動作爲社會改革的方法，因爲這種所謂方法當訴諸武力，訴諸專斷，總之，這是一種矛盾。我提出這個問題如下：社會藉一種經濟的聯合之力，將財富收回來，這種財富就是另一種經濟聯合之力，曾從社會取去的。換句話來說，變更政治經濟學中的財產學說，使反對財產，因此好表現你們德國社會主義者所謂共產，

(Communante. Gutergemeinschaft) 我對於這個名詞，暫時稱為自由平等。我現在相信在短時期內當有解決這個問題的方法：我寧願以小火去焚燒這種財產，不欲作聖巴迭爾米(Saint-Barthelemy)的舉動，〔即激烈舉動，〕去對付財產，致予以一種新力量。……此外，我還要告訴你，我以為法國工人階級的性質也恰是如此的；我們的無產者具有一種很大的求知渴望，倘若不能予以何種飲料，惟使之飲血，則必為他們所惡絕。總之，據我看來，一操破壞家的論調，便是一種很壞的政策；暴亂的方法是會充分出現的；人民對於這一道，用不着加以激勵。』（見蒲魯東通信錄第二卷一九八至二〇〇頁，一八七五年巴黎出版。Correspondance de P. T. Pr oudhon, Paris, 1875.）

蒲魯東上面這幾段話將他反對階級爭鬥，反對革命的心理和盤託出了。墨爾林說：『在事實上，蒲魯東是恰往後退，而馬克思則恰往前進。』（見墨氏德國社會民主黨史第一卷三〇九頁。）這話是很對的，因為蒲氏在一方面雖反對資產階級的資本主義，而在他方面又不贊成無產階級的社會主義，他恰恰徘徊於二者之間，退處於小資產階級的地位；反之，馬克思當時正新造成他的唯物史觀說，他雙腳站在科學的社會主義的基礎上挺身而為革命的無產階級的代表。　蒲氏在同一信中又自言正從事於政治經濟學，這一途是他幾乎一無所知的。　然他却著『經濟的矛盾制度或貧窮的哲學』（Systeme des Contradictions economiques ou Philosophie de la Misere）一書，當時且已印出一半；他並且要求馬克思將來加以批評。至一八四六年秋季，蒲氏的書出版，馬克思乃於是年至異年冬季著一書名哲學的貧窮，（Misere de la Philosophie）用以答覆蒲氏。蒲魯東的書的副題，意思是指此書爲貧窮人的指南針，爲他們所必需的一種哲學，馬克思以其書內容淺陋，這種所謂哲學，實屬可憐，故顛倒蒲氏的書名以爲自己著作的書名，這是他深識蒲氏之處。　我們於敍述馬克思哲學的貧窮之前，須對於蒲氏貧窮的哲學略說幾句。

蒲魯東的著作所首先討論的是價值說。　他以爲使用價值與交換價值是互相衝突的，使用價值的生產增加，則交換價值減少，使用價值的生產減少，則交換價值增加；而這種對抗支配全社會的經濟，且爲一切經濟弊端的原因。　他於是襲當時英德好些經濟學者的故智，對於李嘉圖的價值說，加以烏託邦的解釋，去剷除他所認爲使用價值與交換價值間的對抗，而以相等的勞動量爲生產交換的標準，認此爲至公且正，絕不顧及此等相等的勞動量在性質上的差異。　此外，他又誤用黑格爾的辯證法於經濟生活發達的程序上，他將經濟發達的程序強分作十類。　(一)分工，人類初為困苦所制，於是有聯合組織，實行分工的事，與困苦宣戰，是為第一步。　因分工而增加了生產力，制服了困苦，但同時發生一種對抗，即使勞動成為機械性的，而勞動者僅替財主作工。　(二)機器，自機器出現，減少工人機械性的勞動，增加一般的幸福，是為第二步。　可是機器又發生一種對抗，他使大多數人失業，並且使手藝工人成為一種機械力的奴隸。　(三)競爭，自由競爭，使使勞動解放，使工人成為一種獨立的勢力，得自由發揮他的能力，藉世間爭鬥的力量，限制資本的支配權，保障生產物的眞正價値。　可是競爭又使強者流於專制，弱者備受壓迫，使工人階級失去生活的機會，而正義掃地無存。　(四)壟斷，於是壟斷出而為第四步這也是社會進步所必需的，因為有此一着，然後發明的天才有所取償。　然壟斷又使工貲下降，以致財主流於暴戾恣睢，唯利是視。　(五)賦稅與警察。　壟斷生了流弊，於是有國家出面，成為第五步，國家課壟斷者以稅金，保護工人，使得上進。　然賦稅與警察對於無產階級加以擔負，終足為累，遂有(六)商業的均衡出而成為第六步，力求擴充對外貿易，補償工人的損失。　但商業的均衡畢竟又使工人的地位下降，就有（七）信用出現，成爲第七步信用維持勞動，予工人以壟斷者所用以宰制他的工具，藉以減少他的痛苦。　然信用須有抵押品，因此他也不能減去貧窮，却反增加了富人的資本。　（八）財產，國際貿易與信用既不能消滅對抗、反增進對抗，乃有財產出現而爲第八步。　財產保障一家安全，但又使人專橫，遂有（九）共產出現。　然此制也不能行之無弊，於是有（十）人口問題發生了。

蒲魯東以武斷的方法，應用李嘉圖和黑格爾的學說，形成一種遠於事實的曲說，因爲像博格列（Ch. Bougle）所說的一樣：『他作史不是依照時代順序的，而是依照理想次第的。』（見社會主義與工人運動史叢刊第二卷一〇六頁，博氏蒲魯東在「經濟的矛盾制度」中的社會學觀。Die soziologischcn Anschauungen Prondhons in den "Contradictionseconomiques."）然蒲氏對於這種曲說固自認爲冶英法的經濟學與德國的哲學於一爐，必能獲得世人的讚賞，尤當爲馬克思所心許。　不意馬氏在哲學的貧窮序言中對於這兩點就予以一大打擊。　他說：『蒲魯東君不幸在一種特有的形態中而爲「世人」所誤解。　他在法國具有做一個庸劣的經濟學者之權利，因爲大家認他是一個出類拔萃的德國式哲學家；反之，他在德國具有做一個庸劣的哲學家之權利，因為大家認他是一個最有能力的法國經濟學者。可是自我們以德國人與經濟學家的兩重資格看來，我們覺得對於這兩種錯誤，當提出議抗。（見哲學的貧窮序言三五頁，一九二一年德文第九版。）

馬克思的哲學的貧窮共分兩章；第一章名為『一種科學的發見』，這就是指蒲魯東所謂『構成的或組合的價值』，（konstituirter oder synthetischer Wert）第二章名為『政治經濟學的玄學』，這就是評論蒲氏所應用的方法，及其所標的經濟發達的程序。馬氏以李嘉圖學派的資格，在第一章中指明蒲魯東誤用李氏學說之點，他說：『李嘉圖以資產階級的生產實在的運動——此運動構成價值——指示我們。蒲魯東君忽視這種實在的運動，疲精費神去發明新的進程，按照一種所謂新程式（Formel）去處置世界，而這種新程式却只是對於李嘉圖好好表現的實在運動作一種理論的說明。李嘉圖從現社會做出發點，向我們指明這種社會怎樣構成價值，蒲魯東君以構成的價值做出發點，要憑藉這種價值去創造一個新社會的世界。自蒲魯東君看來，這種構成的價值必須循環運動，並且「必須」為着一個曾經完全建築在這種價值標準上的世界而重新構成起來。李嘉圖以為勞動時間規定價值，這是交換價值的定律，而蒲魯東君則以爲這是使用價值與交換價值的組合。(Synthesis) 李嘉圖的價值說是對於現今經濟生活作一種科學的陳述，而蒲魯東君的價值說是對於李氏的學說作一種烏託邦的解釋。」(見同書二一至二二頁。)

蒲魯東既誤用李嘉圖的經濟學說，尤曲解黑格爾的哲學方法，所以馬克思在他的書中第二章說：「我們現在來看蒲魯東君應用黑格爾的辯證法於政治經濟學上，弄出何種變相。蒲魯東君以爲每種經濟範疇(Kategorie)有好壞兩方面。……自蒲君看來，好的方面與壞的方面，有利益之點與無利益之點總合起來，卽構成每種經濟範疇中的對抗。解決這個問題是：保留好的方面，剷除壞的方面，奴隸制是一種經濟範疇，和其他範疇一樣。所以此制同時有兩方面。我們現在不必停頓在奴隸制壞的方面〔多講〕，單說他的好的方面。此處只講直接的奴隸制，只講蘇立南，(Surinam)巴西，(Brazilien)及美國南方各邦的黑奴。直接奴隸制是資產階級工業的中堅，與機器等項有同等的效力。沒有奴隸制卽沒有棉花；沒有棉花卽沒有近世工業。只有奴隸制使殖民地自有其價值；殖民地造成世界貿易，而世界貿易是大工業的條件。所以奴隸制是一種最重要的經濟範疇。……蒲魯東君將怎樣着手去拯救奴隸制呢？ 他會解答這個問題如下：保持這種經濟範疇中好的方面，剷除其壞的方面。 黑格爾沒有提出問題。 他只認識辯證法。 蒲魯東君從黑氏的辯證法中僅學得一種語式。 他自己的辯證法就只在強分好與壞「兩方面」。…… 辯證法運動的要點恰在相抗拒的兩方互相對峙，恰在兩方的對抗和兩方的進到一種新範疇中。 如果有人僅提出剷除壞的方面的問題，那麽，他就把辯證法的運動打成兩截了。 這不復是範疇——因範疇對抗性質的結果，此處使範疇自身立於對抗的地位——這只是蒲魯東君，他彷徨於兩方面之間，疲精費神，徒然自尋苦惱。」（見同書九二至九五頁。）

馬克思上面一段話將蒲魯東式的辯證法的弱點，已盡情暴露出來了。 然蒲氏所以造成這種非驢非馬的學說，也自有其立脚點。 其立脚點維何？ 即小資產階級的地盤。 馬克思對於這一點已洞悉無遺，他以爲『一般經濟學者爲資產階級的代表，社會主義者和共產主義者爲無產階級的理論家，』（見同書一〇九頁）而蒲氏則徘徊於兩者之間，『終不出於小有產者理想（的圈套）』，（見同書一三〇頁，）所以他說：『每一種經濟狀況有一個好的方面和一個壞的方面；這是蒲魯東君所不駁斥的唯一之點。 他從一般經濟學者所注重的地方去觀察好的方面，從一般社會主義者所彈劾的地方去觀察壞的方面。他從一般經濟學者學得永久〔經濟〕狀況的必要；從一般社會主義者剽竊一種從困苦中只看見困苦的幻想。他對於這兩種人都是同意的，他因此力求以科學的威權爲根據。科學因他而降爲一種侏儒式的科學程式；他是一個講求程式的人。因此蒲魯東君沾沾自喜，以爲他是下了政治經濟學和共產主義的批評，——〔其實〕他是處於兩者之下。〔他是〕在經濟學者之下，因爲他以哲學家的資格，手中有一種魔術的程式，自信可以深入純粹經濟的巢穴；〔他是〕在社會主義者之下，因爲他既沒有十足的勇氣，又沒有完備的見解，使自己——即使是空論也不去管他——超拔於資產階級界線之上。他願意得到「一合」，(Synthese)但他弄成一種混雜的錯誤，他願意做一個飄流於資產者與無產者間的科學家；他只是一個小有產者，他會時常被拋擲於資本與勞動，政治經濟學與共產主義之間。」(見同書一二〇頁)

蒲魯東既要做一個介乎資產階級與無產階級間的小資產階級科學家，所以他就不知道無產階級利益的所在，他不獨是反對無產階級的社會革命，他並且對於工人的同盟罷工，甚至對於工人的結合都不贊成；他又以爲工資一經增加，則一切生活必需品的價格必隨之上昇，其結果還是等於零。　馬克思反駁道：『第一就沒有一般〔物品〕昂貴之事。　如果一切物品價格同時與工資增加一倍，這不是價格上的變遷，只是表詞上的變遷。　還有一層，工資上升，從沒有一切物品連帶昂貴的事。　在實際上，如果一切工業依固定資本的比例，（依其所用工具的比例，）雇用數目相等的工人，則工資上升的影響爲利潤的下降，而物品的市價不致發生變化。』（見同書一五五頁。）　『同盟罷工在英國常爲發明並且應用新機器的原動力。……　即使工聯與同盟罷工除引起機器的發明外，沒有別種效能，然他們對於工業的發達已經因此發生一種極大的影響了。』（見同書一五六頁。）　可是工人的結合與同盟罷工的效力決不止此。　『大工業使一大批彼此不相識的人民集在一處。　他們因自己利益的競爭而互相分離；可是抵抗他們的主人，維持工資，這種共同利益便他們聯合攏來，形成一種共同抵抗的思想—即結合。　所以結合常是具有兩重目的的，就是消滅工人中的競爭，以便與資本家作一種共同的競爭。　抵抗的第一種目的只在維持工資，然起初各種孤立的結合依着一般資本家因壓迫而聯絡的標準，團結起來，他們爲着對抗那結合始終不懈的資本，便覺得維持聯合會比維持工資更爲重要。……　在這種戰鬥中——這是一種實際的內亂——一切分子互相聯合起來，逐漸發達，以備將來作戰。一經達到這一點，則〔工人的〕結合便帶一種政治性質了。』（見同書一六一至一六二頁。）

然蒲魯東既不贊成工人的結合，他自然是更反對工人的政治爭鬥，他的無政府主義的學說雖遲至一八四九年才開始出現，然他在一八四六年已經明言『每個工人的自由行動是可以容忍的；至於工人們藉結合之力去打破壟斷，是社會所不能許可的』。（見同書一五八頁。）反之，馬克思認武力革命為現社會中不能避免的事，而工人的政治爭鬥更是萬不可少的，所以他說：『無產階級與資產階級的對抗是一種階級反抗階級的爭鬥，這種爭鬥一經表現達到極點，就是指一種徹頭徹尾的革命。　此外，一種建築在階級對抗上面的社會，最終的解決，流於橫暴的抗爭，流於人與人的大衝突，此事還用得着驚訝麼？　大家不能說社會運動將政治運動除外。　沒有一種政治運動同時不又是一種社會運動的。　只有等到一種制度中沒有階級，沒有階級對抗，然後社會的發展不復為政治的革命。　一直到那個時候為止，所有早前每種普遍的社會新改造常以下面一句話為社會科學最終之語：

「努力爭鬥，否則即是滅亡；拚命血戰，否則歸於烏有。　這個問題是如此殘酷提出來的。」（見同書一六三至一六四頁。）　馬克思此書的結尾一語是引用當時法國最著名的女小說家喬治珊德（George Sand）的，由此可以表現他的思想和蒲魯東的是如冰炭之不相容了。

馬克思哲學的貧窮一書是用法文做的，至其理由就和他向一個友人所表示的一樣，『因為我是要對付一個法國著作家。』（見新時代雜誌第三十一年度一卷八三〇頁，馬克思論蒲魯東。Marx ul er Froudhon）　他當時以為運用他新近造成的唯物史觀說的利器，去推翻蒲魯東烏託邦的唯心論，而又用法文刊布出來，必能引起世人——特別是法國人——的注意，而予蒲氏以絕大的打擊，使他不能再以閉戶虛造的臆說去蠱惑無產階級的聽聞。　然後來的結果幾乎全與預期的相反。　因為『這種著作雖闢出新途徑，然對於當時的人沒有留下一點痕跡。　就知道此書的講，他在德國著作物中沒有引起注意，否則也是沒有引起和他的價值分量相等的注意，至於在法國，此書未嘗搖動蒲魯東的聲譽，蒲氏對於法國無產階級的影響還是不斷地增加起來了。』（見墨爾林德國社會民主黨史第一卷三二六頁。）　此事的原因當分別來看：馬克思最新穎的學說不能引起世人的注意，這一半是由於當時的學者不能夠懂得這種學說，一半是由於他們不願意懂得這種學說。　至於蒲魯東所以不因此書而受影響，這大概不出森立爾(Ernest Seilliere)所說的一種理由，就是，『蒲魯東的名望所以超越他那過去的眞實本色而殘存幾時，這是因他一派的人卽刻忘記了〔他的〕矛盾之點，他自己在一八四八年對於這些矛盾點似乎也忘記了。　自大衆看來，他是一個唱〔財產是〕賊贓的人，他是有產者的仇敵。』(見森氏民主主義的帝國主義，盧梭，蒲魯東，馬克思德文譯本第二卷二九頁，一九〇七年柏林出版。 Der Demokratische Imperialismus. Rousseau—Proudhan—Marx.)

馬克思批評蒲魯東的著作，在當時雖未能發生很大的影響，然其議論的尖刻殊使蒲氏難堪，因此他們兩人的友誼遂因此書的出現而告終了。　馬氏在神聖家庭中固嘗讚揚蒲魯東，稱『蒲氏財產是什麼？一書對於近世經濟學的重要，和西耶(Sieye)的第三階級是什麼？(Qu'est ce que le tiers etat.?) 對於近世政治學的重要是相等的，』(見馬克思與昂格思文匯第二卷一二七頁，)稱『他的著作是法國無產階級一種科學的宣言。』(見同書一三八頁。)迄馬氏著哲學的貧窮，他對於蒲氏一變前此的論調，而加以嚴格的批評，並且終其身未嘗改變這種態度；世人頗以此非難馬氏，因其前後不一致。其實馬克思對於蒲氏著作所持的論調，只是一種學理上的批評，並未嘗雜入私人喜怒的念頭，更未嘗隨波逐流去評蔑蒲氏。馬氏於一八六五年應社會民主報(Sazialdemokrat)的請求，對於蒲魯東下一種批評，他一方面固仍然承認蒲氏『財產是什麽？爲他的最佳的著作』。(見哲學的貧窮前面馬克思論蒲魯東二五頁，)另一方面，他概括哲學的貧窮對於蒲氏的批評，加以說明道：『上面的批評雖十分嚴厲，然我至今猶承認其中每一個字是對的。可是同時有一點是當注意的，就是當我宣布蒲魯東的書爲小有產者社會主義的經典，並且以理論證明這一點時，蒲氏尚被一般經濟學者和社會主義者斥爲激烈的革命家。因此我後來對於那種責備他「背叛」革命的狂呼聲，從不表示同意。』(見同書馬克思論蒲魯東三〇頁。)．我們看了馬氏這一段話，可以知道他的批評的態度是十分嚴正了。

考茨基謂『馬克思有兩種著作對於經濟學的發達是特別重要的；其一出現於他研究經濟學的初期，其他出現於他研究經濟學的末期。』見新時代雜誌第四年度一五頁，考氏哲學的貧窮與資本論。“Das Elend der Philosophie”und “Das Kapital”) 馬克思這兩種著作就和考氏的題目所標的一樣，即哲學的貧窮與資本論。哲學的貧窮何以居重要的地位呢？因爲馬克思在此書中不獨是批評蒲魯東，並且還是批評全體烏託邦派的社會主義，他不獨是祖述李嘉圖的經濟學說，並且還發揮他自己的歷史的唯物論。他將歷史與經濟打成一片。所以墨爾林說：『馬克思在和蒲魯東爭鬥之中，對於一切烏託邦主義都完全決裂了。他提出一種不可辯駁的證據，指出社會不是人類腦袋中〔所想像〕的模型，不是賢明的或非賢明的建築師技術的建築，社會是一種活潑潑的有機體，而這種有機體自有其發達的定律。歷史的唯物論是顯然被證明爲一種方法，〔應用此方法〕，不必去創造這種定律，但去發見這種定律，而三大有文化的民族中超羣出衆的人物向來徒然絞腦漿，耗心血，力求解決的問題，〔至此〕佈滿一道新的光芒了。』（見墨氏德國社會民主黨史第一卷三二六頁。）

馬克思寄居比京，除掉研究經濟學，從事著作外，還致力於團體的組織，報章上的鼓吹，共產主義的通信和演講等等。他於一八四七年十月二十七日寫信給黑維說：『我們在此處已經創設了兩個民主主義的團體。一爲德意志工人聯合會，（Deutscher Arbeiterverein）已經有一百會員。會中和議會一樣討論一切問題，此外又有公共娛樂的談話，唱歌，雄辯和演劇等等。　二爲一個小小的國際民主協會(Demokratische Gesellschaft) 比利時人，法國人，波蘭人，瑞士人和德國人都加入其中。　你要是再來時，你將看見在小小的比利時，即就直接的宣傳事業而論，比在廣大的法蘭西要忙得多。　此外，我相信公開活動的範圍雖小，然其效力使每個人有無限振作〔的精神〕。』(見馬克思與昂格思文匯第二卷三四四頁。)馬氏最後數語可以表現他是一個有能力的社會運動家，所以他能使比國共產主義的運動勃勃有生氣。　墨爾林謂：『他在不律塞亡命三年，使比國都城變爲一種共產主義運動的中心點。』(見墨氏德國社會民主黨史第一卷三一八頁。)　由此可以知道人物的力量了。

德志意工人聯合會是一八四七年八月底成立的，當此會未成立之前，在不律塞的德國工人是完全孤立的，自此會成立後，他們便構成一種勢力了。(參看社會主義與工人運動史叢刊第八卷三九七頁，列特開的馬克思雜錄。Max Nettlau: Marxanalekten.)　至於民主協會是由這一年九月二十七日所開的一百二十人的國際公宴產生的。　然此會的起源頗有一重黑幕，就是波恩斯特和灑列(Seiler)這些妒忌馬昂兩氏的德國人特發起此會，以與他們所創設的德意志工人聯合會對抗，想藉此減少他們的勢力。　馬克思當時不在不律塞，只有昂格思前往預會，他代表德國人加入預備委員會中，且被推選為副會長。昂氏至異日才知道波恩司特等的陰謀，他即刻揭穿出來，於是後者因事情敗露，無所施其技了。同時他又因自己須前往巴黎活動，不能擔任會中職務，乃寫信給民主協會的主要人物約特蘭，(Jottrand)薦馬克思自代。至十一月七日，此會開第一次會議，密利列(Melinet)當選為名譽會長，約特蘭當選為會長，馬克思與伊姆柏(Imbert)當選為副會長。馬氏於是月十九日曾在會中對於波蘭問題作一次演講。此會本是仿照一八四五年倫敦所創設的國際機關博愛民主社(Fraternal Demokrats)而組織的，他與倫敦的機關即刻就有聯絡。民主協會因十一月二十九日為一八三〇年波蘭的革命紀念日，倫敦的博愛民主社屆時舉行大慶祝，他特派馬克思前往代表參加慶典。馬氏於是日倫敦慶祝會中作下列的演說。

『各民族的聯合與親善〔這句話〕成為現今一切黨派的口頭禪，如資產階級的自由貿易論者就是如此。在一切民族資產階級之間，本有某種親善存在。然這是壓迫者宰制被壓迫者的親善，這是掠奪者宰制被掠奪者的親善。一國資產階級中的各分子雖互相競爭，互相戰鬥，然這個階級總是聯合一體來宰制無產者的，所以各國的有產者雖在世界市場上互相戰鬥，互相競爭；然他們也是聯絡一氣，來宰制各國無產者的。至於一切人民要眞正能夠聯合，則他們的利益必須是共同一致的。他們的利益要能夠共同一致，則現今的財產關係是必須剷除的，因爲現今的財產關係構成人民中掠奪之事。剷除現今的財產關係，這只是工人階級的利益。此外，只有工人階級才有剷除這種財產關係的方法。無產階級對於資產階級的勝利，同時就是對於那使現今一般人民站在仇敵地位上的民族衝突和工業衝突之勝利。因此無產階級對於資產階級的勝利，同時就是一切被壓迫民族解放的符號。

舊波蘭滅亡了，我們爲希望其復興的後起者。然不僅舊波蘭是滅亡了。舊德意志，舊法蘭西。舊英吉利以及全部舊社會都滅亡了。可是舊社會的損失不是對於舊社會一無所有的人們之損失，而在現今各國中大多數的羣衆就是這種人。他們還因舊社會的滅亡而大有所獲，因爲這種舊社會的滅亡成爲構成一個無階級對抗的新社會之條件。

在一切國家中，只有英國是無產階級與資產階級對抗最發達的國家。因此英國無產者對於英國有產者的勝利，是一切被壓迫者對於壓迫者的勝利所由取決的。因此波蘭的解放不在波蘭，而在英國。因此你們民權黨人不必表示解放其他民族的虔誠志願。把你們自已國內的仇敵打倒了，你們就可以懷抱一種業已打倒全社會的得意的意識了。』（見新時代雜誌第二十年度第一卷五四六至五四七頁，墨爾林的黨史鱗爪。Einiges zur Parteigeschichte.）

博愛民主社對於馬克思的演說詞表示極端的歡迎。他對於民主協會的答覆如下：『你們的代表——我們的朋友和同胞——馬克思將告訴你們，我們對於他的降臨和宣讀你們的演說詞，是何等竭誠歡迎。大衆看見你們的代表，眼睛裏都露出喜悅的神光，聲調中都發出歡迎的音響，並且爭相握手，表示友誼。我們謹以最愉快的感情，對於你們所提議的結合，表示同意。本社自兩年前以來的標語爲：人人都是同胞。我們於上次創始慶祝會之際，曾贊成組織一個各民族民主主義大會，今聽見你們正式作同樣的提議，我們非常欣喜。君主的計謀策略是必須由人民的計謀策略去相抵抗的。我們確信大家必須注意於眞正的人民，注意於無產者，注意於現社會制度壓迫下血汗雙流的人，使普遍的同胞情誼得充分表現出來。……大家從茅舍中，屋頂房子中，地下室中，田園中和工廠中就能看見懷抱同胞情誼的人和拯救人類的人，大家並且已經看見此等人從那些地方出來到大路上了。』（見墨爾林的馬克思傳一四七頁。）

馬克思自參預倫敦的波蘭革命慶祝會後，於十二月中旬返不律塞。他旋在德意志工人聯合會對於工貲勞動與資本，作一批演講。他首先追問勞動工貲是什麽？他的答案是，勞動工貲只是勞動力（按馬克思當時還沒有使用勞動力這個名詞，這是昂格思後來校訂時改正的，）價格的特別名稱，而工人的出賣勞動力，就單爲着圖存的緣故。可是勞動力變爲商品，這並不是自古以來卽如此的，馬克思追溯其歷史道：『勞動〔力〕並不是永爲一種商品。勞動也並不是永爲工貲勞動，這就是說，〔不是永爲〕自由勞動。奴隸並沒有將他的勞動〔力〕賣給〔他的〕主人，恰和牛沒有將他的勞務賣給農民一樣。奴隸連帶他的勞動〔力〕一次賣給他的主人。他是一種商品，是可以由一個主人之手轉給別個主人的。他自身是一種商品，但〔他的〕勞動〔力〕不是他的商品。農奴只賣去他的勞動〔力〕的一部分。他並沒有從地主取得一種工貲：乃是地主從他取得一種貢品。農奴隸屬於土地，他以土地上的收穫物納諸地主。反之，自由勞動者賣掉他自己，並且是零零碎碎賣掉的。他一天一天將他的八點鐘，十點鐘，十二點鐘，或十五點鐘的生命拍賣給出價最高的人，拍賣給據有原料，勞動工具和生活資料的人，即拍賣給資本家。工人既不隸屬於一個所有人，也不隸屬於土地，可是他每天生命中的八點鐘，十點鐘，十二點鐘，或十五點鐘，却隸屬於購買這種鐘點的人。工人可隨時離開那雇用他的資本家，資本家若不能因工人而獲得利益，或獲得預期的利益，他也可以隨時斥退工人。可是工人唯一的收入泉源既在出賣勞動〔力〕，所以他要是不願意斷送他的生存，他就不能離開那雇主的全階級，即資產階級。他不是隸屬於這個或那個有產者，而是隸屬於資產階級；他的事業是替自己找一個人，這就是說，在這個資產階級中找一個主顧。』（見馬克思工資勞動與資本一九頁，一九二一年柏林出版。Lohnarbeit und Kapital.）

馬克思既說明了工資勞動的特質，他於是進而考究工資是怎樣決定的。他說：『通常支配商品價格的普通律也自然支配勞動工資，即支配勞動的價格。勞動工資因需要與供給的關係，即因購買勞動〔力〕的資本家與出賣勞動〔力〕的勞動者間的競爭，而或漲或跌。勞動工資的漲跌通常與商品價格的漲跌是相符合的。可是在這種漲跌的範圍之中，勞動的價格是由生產費決定的，是由生產勞動〔力〕這種商品所需的勞動時間決定的。勞動〔力〕

生產費自身又是什麽呢？ 就是維持一個工人的生計和教育他成爲工人所必需的費用。 因此一種勞動所需的教育時間愈短，則這種勞動者的生產費愈少，而他的勞動的價格——即他的勞動工資——也愈低廉。在那些幾乎無需學習時間，只要工人運用體力的產業部門中，工人的生產費幾乎只限於維持他適於工作的生命所必需的商品。 因此他的勞動的價格是由生活必需品的價格決定的。 可是此外還有一應注意之點。 當工廠主人計算他的生產費以及由此計算生產物的價格時，他把勞動工具的損耗加在裏面。 例如一架機器要費一千法郎，能應用十年，他於是於每年商品的價格上加算一百法郎，庶幾於十年之後，可以用一架新機器去更換成爲廢物的舊機器。 工人蕃殖子孫的費用也當同樣計算在單純的動勞〔力〕的生產費中，工人的子孫蕃殖起來，便可以用新工人去代替衰老的工人。 所以工人的衰老也要像機器的損耗一樣計算起來的。 因此單純勞動〔力〕的生產費等於工人生活費用和蕃殖子孫的費用。 這種生活費和蕃殖費的價格構成勞動工資。 這種最小限度的工資和商品因生產費而決定價格一樣，不是就個體說的，而是就全體說的。 單個的工人所入不能維持生活和蕃殖子孫的，總是以百萬計；可是全工人階級的工資在漲跌的範圍內，是等於這種最小限度的。』(同見書二三至二四頁。)

馬克思講過勞動工貲之後，接着就講資本。 他說，資產階級的經濟學者以爲：『資本是由各種用作生產新原料，新勞動工具，和新生活貲料的原料，勞動工具，和生活貲料而成的。 所有這些成分都是勞動的創造物，都是勞動的生產物，都是蓄積的勞動。 儲蓄的勞動用作新生產的貲料，是爲資本。』(見同書二四頁。) 這是將生產工具與資本渾爲一談。

馬克思反駁道：『一個黑奴是什麼呢？ 是一個屬於黑種的人， 這種說法和上面的說法是半斤與八兩。 一個黑人只是一個黑人。 要在一定的關係之下，他才變成奴隸。 一架棉花機只是一架紡棉花的機器。 要在一定的關係之下，他才變成資本。 他一離開此等關係卽不是資本，恰和金子自身不是貨幣，沙糖不是糖價一樣』。(見同書二四至二五頁。) 『資本是一種社會的生產關係。 這是資產階級社會中一種資產階級的生產關係。』(見同書二五頁。) 『一種定額的商品，一種定額的交換價值是怎樣成爲資本的呢？ 就因他和直接的生勞動〔力〕相交換，使自身成爲一種獨立的社會勢力—卽社會一部分的勢力—並且蕃殖起來。 一個除工作能力外一無所有的階級之存在，這是資本一個必要的前提。 蓄積的，過去的物質化的勞動支配直接的生勞動，這才使蓄積的勞動變成資本。資本的成立不在使蓄積的勞動用作生勞動從事新生產的貲料。資本的成立乃在使生勞動用蓄積的勞動保持並且增殖其交換價値的貲料。』(見同書二六至二七頁。)

工貲勞動與資本的本質旣如此，馬克思再進而說明兩者的關係：『資本要與勞動〔力〕相交換，要使工貲勞動出現於世，他才能夠增殖。工貲勞動者的勞動〔力〕要使資本增殖，要使那種奴役他的勢力日趨強大，他才能夠和資本交換。因此資本的增殖就是無產階級——卽工人階級——的增殖。有產者及其經濟學者以爲資本家的利益和工人的利益是相同的。這是眞的呀！資本如不雇用工人，工人就會滅亡。資本如不掠奪勞動〔力〕，資本就會滅亡，資本要掠奪勞動〔力〕，他必須購買勞動〔力〕。所以投於生產中的資本——卽生產資本——增殖愈速，則產業便愈繁盛，資產階級便愈富足，營業便愈順利，而資本家應用工人便愈多，工人出賣自己也愈貴。因此工人維持一種適宜的狀況不可少的條件，是使生產資本盡量地迅速增加。但生產資本的增加是什麼呢？就是蓄積的勞動對於生勞動勢力的增加。就是資產階級對於工人階級支配權的增加。當工貲勞動生產那支配自身的和屬於別人的財富時，當他生產那敵視他的勢力——卽資本——時，雇傭貲料——卽生活貲料——在一種條件之下從這種勢力流回給工貲勞動，就是他使之從新變成資本的一部分，使資本在一種加速的運動中從新增殖起來。〔所謂〕資本的利益與工人的利益相同，就只是指：資本與工貲勞動是同一關係中的兩面。這一方面與那一方面互爲條件，恰和盤剝重利者與浪子互爲條件是一樣的。工貲勞動者在做工貲勞動者之際，他的命運總是懸在資本上面的。這就是說得很起勁的工人與資本家利害共同之點』（見同書二八頁。）

在實際上工人與資本家的利害不獨不是相同的，而且是相反的，因爲工人的工錢與資本家的利潤立於反比例的地位，所以馬克思說：『資本應得的份子——卽利潤——之上昇，與勞動應得的份子——卽工貲——之下降，是在同一比例中的，反之，資本應得的份子之下降爲勞動應得的份子之上昇，也是在同一比例中的。利潤以勞動工貲下降的同一程度而上昇，以勞動工貲上昇的同一程度而下降。』（見同書三一頁。）『資本的迅速增加卽等於利潤的迅速增加。要勞動的價格——卽相對的勞動工貲——迅速下降，利潤才能夠同樣迅速增加。實際的勞動工貲雖與名目上的勞動工貲同時上昇，雖與勞動的貨幣價值同時上昇，而相對的勞動工資是可以下降的，且這種上昇不是與利潤的上昇作同一比例的。例如在營業順利的時候，勞動工資上昇百分之五，而利潤則上昇百分之三十，因此相對的勞動工資不獨沒有上昇，反下降了。所以工人的收入雖跟着資本迅速的增加而增加，然那使工人與資本家互相分離的社會鴻溝同時愈弄愈寬了，而資本支配勞動的勢力，以及勞動倚賴資本的程度也同時增加了。〔所謂〕勞動者對於資本迅速的增加有一種利益，這不過是指　工人增殖別人的財富愈速，他獲得的殘羹剩菜愈好，雇用並且引出的工人愈多，而倚賴資本的奴隸集團也可以愈加增殖。因此我們已經看見：即使工人階級處於最順利的狀況中，即使資本的增加極爲迅速，因而工人的物質生活得以改善，然工人利益與有產者的利益——即資本家的利益——間之對抗是沒有消滅的。利潤與勞動工資始終是站在相反的關係上。〔見同書三三頁。〕

可是生產資本的增加，未必就是勞動工資的增加，且有適得其反的趨勢，所以馬克思說：『資產階級社會中的生產資本如果大體增殖起來了，便有一種多方面的勞動蓄積出現。資本家的數量增加起來了。資本家的增加使他們彼此間的競爭增加。……一個資本家要以廉價出售〔他的商品，〕他才能夠將其他資本家逐出戰場，奪取其資本。他要以廉價出售〔商品〕而又不使自己破產，那他必須廉價生產，就是〔他必須〕盡量提高勞動的生產力。可是勞動生產力的提高尤在更精密的分工與各方面都應用機器，並且時常加以改良。（見同書三四頁。）『更精密的分工使一個工人做五個，十個或二十個工人的工作：因此這種分工使工人中間的競爭增加五倍，十倍或二十倍。工人不獨是彼此競爭，以廉價出賣自己；他們並且是一個人爭做五個人，十個人，或二十個人的工作；那因資本引起的並且時常增進的分工強迫工人從事這種競爭。還有一層，分工愈進步，則勞動便以同一程度愈趨於簡單。工人的特別技能沒有價值了。他將變成一種簡單和單調的生產力，這種生產力且用不着〔很大的〕身體上或精神上的伸縮力。他的工作將成爲人人可做的工作。於是一般競爭者從各方面來壓迫他，此外，我們還當記着，勞動愈簡單，愈容易學習，則勞動所需的生產費便愈少，而勞動工資也愈下降，因爲勞動工資和其他商品的價格一樣，是由生產費決定的。』（見同書三七頁。）至於『機器且以更大的規模引起同一影響，機器使不熟練的工人排擠熟練的工人，使婦女排擠男子，使小孩排擠成年人，在新應用機器的地方，則大批的手藝工人被其投閒置散，在機器改良進步的地方，則小孳的工人被其斥退了。』(見同書三八頁。)『我們總括起來說：生產資本愈增加，則分工與應用機器之事愈擴充。分工與應用機器之事愈擴充，則工人中間的競爭愈大。而他們的工資也愈下降了。』(見同書三九頁。)

然生產資本一經增加，生產規範一經擴大，不獨工人階級中的競爭日趨劇烈，而這個階級的人數也日見增加了，所以馬克思說：『此外，工人階級還從社會的各上層招致〔一批人〕：一批小企業家和收取租金的小債主降入工人階級，這些人除掉伴着工人的手臂而獻出他們的手臂外；無能爲力。因此那因要求工作而向空中伸展像樹林一樣的手臂一天增多一天，而手臂自身却一天消瘦一天。在〔產業〕戰爭中，從事於規模日趨宏大的生產——就是做大企業家，莫做小企業家——是〔成功的〕第一等條件之一，小企業家在這種戰爭中站不住腳，這是自然的。資本的數量一經增加，則資本的利息以同一的程度而下降，因此小債主不復能靠租金謀生，他自己必須投身於產業中，而入於小企業者之列，因此又使無產階級增加人數，此等事情是用不着多所說明的。』(見同書三九至四〇頁。)

可是資本主義的大規模生產所弄出來的弊端還不止此，我們再看馬克思最後的結論就知道了：『末了，資本家爲上述的運動所迫，對於業已龐大的生產工具，在更大的規模上，從事掠奪，爲着達到這種目的，又開滿信用的一切彈條，於是〔產業的〕地震便以同一程度而增加，——在這種地震之中，商業界要犧牲一部分財富，一部分生產物，甚至於一部分生產力，才能夠保持得住——總說一句，危機增加了。此等危機是愈出愈多，並且愈出愈厲害，因爲生產物的數量增加，擴充市場的慾望也依同一的程度增加，而世界市場却日見縮小，可供掠奪的新市場日見稀少，且每一次出現的危機使尚未被征服的市場或受商業掠奪尚淺的市場，都隸屬於世界貿易〔的領域〕之下。　然資本不僅只是靠勞動生活着。　一個有體面而同時又兇惡的主人把他的奴隸全隊工人的屍身——即在危機中被犧牲的——同自己一齊投入墳墓中。　因此我們看見：資本一經迅速增加，則工人中的競爭更是無限地迅速增加，這就是說，工人階級的雇傭貲料，生活貲料，以同一比例愈加減少，雖是這樣，然資本的迅速增加仍爲工貲勞動最順利的條件啦。』（見同書四〇頁。）

馬克思在德意志工人聯合會關於經濟的演講，本來很多，據一八四九年四月他在新萊因報所發表的緒論看，共分三大類：『一爲工貲勞動對於資本的關係，以及工人的奴役和資本家的統治，二爲中等階級和農民等級在現制度底下不可免的滅亡，三爲歐洲各民族受世界市場的魔王英國資產階級商業上的宰制與掠奪。』（見同書一六頁。）這本是新萊因報擬登的論文題目，但是以馬氏在德意志工人聯合會的演講詞爲藍本的。（參看同書七頁。）不幸這種演講詞才登至工資勞動與資本，新萊因報即遭封禁，而馬氏的遺稿中又不見此稿的續篇。然單是就這一部分看，我們已可窺見馬氏在二十年後所著資本論的雛形了。這種演講詞是一種極有價值的宣傳文字，所以考茨基說：『我們的通俗著作增加的很多，但至今還沒有看見一部書簡單明瞭而又具有科學的敏銳，比得上這種著作的。此書〔的出現〕雖將近六十年，然他作爲引導有思想的工人研究經濟學的媒介，是沒有〔一書〕能勝過他的。他已經供給無數無產者以一個鑰匙，使他們得打開認識資本主義生產方法和他們階級地位之門。』（見同書考氏序言五頁。）

馬克思於此次演講之後，至一八四八年一月九日復在民主協會講自由貿易。他所以忽然提出這個問題，正自有個原因。英國自一八四六年取消限制谷類入口的條例以後，歐洲大陸的谷類可以自由輸入英國。於是英國的工業資本家即到大陸來高唱自由貿易之說，並大施運動，想藉此使英國工業品得自由輸入大陸各國，於是有一八四七年九月不律塞國際大會的舉行。當時預會者有數百人之多，英，法，德，美，俄，意，比，荷，西班牙，葡萄牙，丹麥，瑞典，瑞士等國都有代表出席。馬克思也是主張自由貿易的，他於此會開會時曾親自參加，並曾列名於演說者之中；可是會中託辭演說的人數太多，不使他有發表意見的機會。因此馬氏特在民主協會宣布他的主張。

馬克思首先說明英國取消限制谷類入口條例為十九世紀自由貿易所獲的最大的勝利，而倡自由貿易論的工廠主人所標的廉價食物與高工資之說，則純是欺人之談，因為他們的眞意所在，不外藉自由貿易輸入廉價的食物，因廉價的食物而減少工人的工資，增加自己的利益。他的結論是：「總看起來，自由貿易在現社會狀況之下是什麼呢？是資本的自由。你們要是把那束縛資本自由發達的一點國家限制打破了，你們便使資本充分地活動自如。你們使工資勞動與資本的關係一日繼續存在，那麼，無論商品的交換是如何行於最順利的條件之下，總有一個掠奪階級與一個被掠奪階級的存在。一般自由貿易論者的幻想是以有利的方法應用資本，會使產業資本家與工資勞動者間的對抗消滅，他們的臆說是令人眞正難於索解的〔其實此事〕完全是相反的。此事唯一的結果是這兩個階級的對抗愈趨於明瞭。』（見馬氏哲學的貧窮附錄一八五頁。）

馬克思雖明知無論自由貿易也好，保護稅則也好，工人總是獲不到利益的，然他却贊成前者而反對後者。爲什麼呢？他說：『就大體講，現在保護稅制是保守的，而自由貿易制度則有破毀的效力。這種制度破除從前的國別，使無產階級與資產階級的對抗達到頂點。總之，自由貿易制度促進社會革命。諸君啊，我只在這種革命的意旨上才表同意於自由貿易。』（見同書一八八頁。）

馬克思贊成自由貿易唯一的理由是因其可以促進社會革命，可是他對於這一點說得很簡略，不若昂格思替他解釋的詳盡，昂氏說：『他以爲自由貿易是近世資本主義生產的經常狀況。只有在自由貿易之下，蒸汽，電力，和機器龐大的生產力才能夠充分發達出來，這種發達愈速，則其不能免的結果之出現便愈早，並且愈充分，〔所謂不可免的結果〕就是：社會分裂成爲兩個階級，此方是資本家，彼方是工資勞動者；此方是世代相傳的財富，彼方是世代相傳的貧窮，供過於求的剩餘，市場的疲敝，不足以吸收那有增無已的大量工業生產物；

於是有一種時常循環出現的興盛，過量生產，危機，恐慌，遷延的停滯，和營業的逐漸復元，這種復元不是一種長久的好現象，不過是臨近眉睫的和重新再演的過量生產及危機的一種指標罷了；總說一句，社會生產力的發展過於偉大，而加諸這種生產力的社會組織，對於這種生產力變成不能相容的桎梏，於是只剩着一種解決方法，就是：一種社會的改造使社會的生產力從舊社會制度的桎梏中解放出來，使眞正的生產者——即大多數的羣衆——從工資奴隸制中解放出來。自由貿易對於這種歷史的發達，是一種自然的和經常的氣壓，是一種經濟的媒介，而這種不可免的解決條件是以極速的步驟在這種媒介中實現出來的——馬克思贊成自由貿易，就是爲着這個緣故。』（見新時代雜誌第六年度二九〇至二九一頁，昂氏保護稅則與自由貿易。Schutzzoll und Freihandel.）

我們知道馬克思與昂格思是志同道合，見解完全一致的人，然馬氏此次演說詞是贊成自由貿易，而昂氏半年前在德文不律塞報（Deutsche Brüsseler Zeitung）上所發表的保護稅制或自由貿易制（Schutzzoll-oder Freihandelssystem）一文却贊成德國採用保護稅制，豈不是他們的意見顯然互相衝突麼？其實不然。馬昂兩氏對於這兩個問題都是從無產階級革命的觀點立論的，不過前者是就英國的情形講的，是就一般的狀況講的，後者是就德國的情形講的，是就特殊的狀況講的，所以他們的議論在表面上不一致。倘若他們易地而觀，則馬克思將贊成保護稅則，而昂格思將贊成自由貿易；我們試把昂氏的話引出一段，便可以表現他們言論的精神是完全相同的。　昂氏說：『德國的資產階級既如上文所述，需要一種保護去抵抗外國，以便剷除封建貴族中世的餘燼，和出自「天恩」的近世：〔空點處當係指王室〕，使本階級固有的本質得發展出來，而工人階級對於那扶助資產階級獲得權勢的事也有一種利益。　要等到還只剩着一個掠奪和壓迫階級——即資產階級——要等到貧窮與困苦不復能夠將那個〔貴族〕閥閱或不受限制的王室及其臣僚寫在賬簿上；於是最後決絕的爭鬥，有產者與無產者的爭鬥，資產階級與無產階級的爭鬪，才會出現。　到了那個時候，一切無用的障礙，每種使人迷途的附屬物都從戰場上除去了，兩個對敵軍隊的陣地是一目瞭然的。』（見馬克思與昂格思文匯第二卷四三一頁。）　我們看了昂氏這一段話，便知道他贊成德國採用保護稅制，正在藉此使德國資產階級早日獲得權勢，因之促進無產階級的社會革命，他的用意與馬克思的是絲毫不相背馳的。　還有一層，馬克思在講自由貿易之前，對於保護稅則曾作過一次演講，雖則此項演講稿遺失一部分，然就維德梅耶所發表的殘留部分（見新時代雜誌第十九年度一卷七九五至七九六頁，馬克思論保護稅則。Marx über den Schutzzoll）看，馬氏固說明李斯特及其學派要求德國施行保護稅則，『他們是願意資產階級的統治，特別是大工業資本家的統治，得以擴充。』（見同書七九五頁）。可見他和昂格思一樣看到保護稅則是資產階級發展的條件，他在此處雖未推出昂氏那樣的結論，然他們兩人的意見是絕對不相衝突的。

馬克思在比京組織團體，從事講演，這是他熱心於實際運動的一斑；然此等團體的人數都很少，且均於馬氏居此的最後數月才發生，故無甚實力可言。但馬氏因為最初兩年還沒有達到煽動（Agitation）的時期，所以他的視綫不集於此，却注在文字的宣傳，與國外的聯絡上面。不過他和昂格思在當時並沒有機關報，所以連文字上的宣傳，也是要寄人籬下的。他們在一八四七年以前的作品大概借德國幾種稍微接近的報紙——如威斯特華倫汽船雜誌，社會鏡等等——發表的；至一八四七年年初，波恩司特在比京創辦德文不律塞報，每星期出版兩次，他們才得就近遇着一種發表言論的機關。墨爾林謂馬克思『及其朋友於一八四七年春季逐漸據有此報，至是年年底，他們便完全將此報操在手掌之中。』（見馬克思與昂格思文匯第二卷三七六頁。）可是按之實際，墨氏的話也不盡然，因爲至一八四七年八月馬克思對於德文不律塞報的影響雖較前增加，然他却始終不能操縱此報，波恩司特不獨於九月間尙刊布海村反對馬昂兩氏的批評，並且還暗中結合一班人反對他們，（參看昂格思與馬克思書信錄第一卷六四至七〇頁，）由此可知波氏與他們並不一致，且不樂爲所用了。情形雖如此，然馬昂兩氏在此報所發表的論文却是很多的。馬克思所發表的，爲反對格林的宣言，批評萊因觀察報（Rheinische Beobachter）的共產主義，（與昂氏合作之品，）對於波蘭問題的演講詞，批評海村的一篇大文章，以及批評其他社會主義和社會主義者的作品多篇。

至於馬克思居比國時活動的成績，當推其向國外聯絡爲最可觀，而其向國外聯絡最有效果的，不在與英國民權黨人或渦文派社會主義者的親交，也不在與法國社會民主派的接近，而在與當時國際組織的共產黨結合。我們要敍述此事，必先說明共產黨起源的歷史。

第四章　共產黨的起源

『在一八三三年起事失敗逃往外國的德國亡命客卽成爲該處德意志工人第一次組織的創造者。這些小資產階級的共和主義者在巴黎眼見有一個頗爲發達的無產階級出而與資產階級及其國王作一種有覺悟的階級對抗；他們在此處遇着注重爭取政治自由與法律平等的機會。

當時在巴黎的「德意志人民聯合會」(Der Deusche Volksverein) 是從「印刷聯合會」(Pressverein) 化身出來的，他備具有激烈的政治目的，當他於一八三三年年底解散而進爲「德意志亡人同盟會」時，所有目的都是仍舊的，就是「德意志的解放與再造，人權及國民權宣言中原則的實現。」可有是二百個在巴黎的德國手藝工人隸屬於這個同盟會，會中一般領袖容易從這些會員中訓練一種可靠的隊伍，送往德國，從事運動，這是一種「徒步宣傳」，在瑞士卽刻就有這種宣傳出現。』(見新時代雜誌第十六年度一卷一五〇頁，海恩利系，施美特的亡人同盟會史料。Heinrich Schmidt: Ein Beitrag zur Geschichte des "Bundes der Geächteten")

我們從施美特上面兩段話看來，知道亡人同盟會不是憑空發生的，乃是由兩種聯合會遞嬗而來的。　至一八三六年，此會的極端派另組一個『公正同盟會』作爲亡人同盟會的左翼。　亡人同盟會約有五百會員，內中加入公正同盟會的人數達五分之四，所有殘留的會員，大概是些最不活動的份子，因此，亡人同盟會未幾便完全消滅了。

公正同盟會的會員多屬於工人階級，而尤以裁縫爲主體，因此威特靈在會中最有勢力。此外還有些居領導地位的智識份子，如學斯脫（Wilhelm Schuster）爲德國哥庭根大學的講師，歐衞柏克（Hermann Ewerbeck）爲德國的醫生，俠自爾出身於德國學生界，他們在會中都有左右羣衆的勢力。　俠氏在巴黎當排印人，在實際上他已成爲工人，昂格思稱他具有「偉大戰士的身材，意志堅決，精力過人，常願捨其生命，從事戰爭，他是一個以革命爲職業的模範人物，和他在「一八」三〇年代擔任「革命」職務所表見的一樣。　他的思想雖稍遲鈍，然他對於優美的理論上的見解並不是不能領略的，他從一普通「政客」而變成共產主義者一事，就可以證明這一點，他並且對於認定的〔主義〕是固守不變的。』（見馬克思寬恩共產黨人訴訟眞相記三〇至三一頁。Enthüllungen über den Kommunistenprozess zu Köln.）然在工人會員中，也有很能幹的人，如海恩利系、包爾(Heinrich Bauer)就是其中之一，包氏是一個德國皮匠，昂格思說他是『一個活潑的，靈敏的，和詼諧的矮子，可是在他的短小的身材中却一樣藏着許多聰明和果斷的質素。』（見書三一頁。）

法國的巴黎，和昂格思所說的一樣，『是爲革命活動的中心點，』（見同書三〇頁，）外國的亡命客以此爲革命運動的根據地，本國的革命家更是如此。當時布浪葵（Louis Auguste Blanqui）和巴爾伯(Armand Barbes)所統率的『時社』(Societe de Saisons)正在暗中飛躍，他主張以暴力實現社會革命，並且從事於政治的暗殺。至一八三九年五月十二日，時社中人在巴黎武裝暴動，但旋卽失敗，他們的兩首領且被捕，並判處死刑了。公正同盟會的性質與時社大致相同，前者受了後者很大的影響，雙方的結合也很密切，昂格思且稱『同盟會在實際上不過是法國這個祕密社的德國人支部。』（見同書三〇頁。）當五月事變，同盟會的會員也曾參加，迨失敗後，遂同及於難。俠白爾和海恩利系，包爾都被捕，經過長期的監禁，終爲法政府所放逐：他們乃亡命倫敦。

俠白爾和包爾抵倫敦後，又將法政府所拆散的公正同盟會恢復起來，此會從此遂以倫敦爲活動的中心點。他們在此處且得着一個有力的份子參加運動。會此人是誰呢？就是德國寬恩的鐘錶匠穆爾。(Josef Moll) 據昂格思告訴我們：『論精力與果斷，這個人至少也和他的兩個同志相等，論精神方面，則勝過他們兩人。他不獨是生而爲交際家，——他的無數使命的遊歷所表現的結果卽可證明這一點——他對理論上的見解也是容易領略的。』(見同書三一頁。) 他們三個人更於一八四〇年二月糾合多人組織一個『德意志工人教育聯合會』(Deutscher Arbeiterbidungsverein) 作爲同盟會的外府，因爲聯合會是公開的，而同盟會則爲祕密的，他們既有了一個公開的機關集合同志，便可由此招到有能力的會員加入祕密的同盟會中。這個公開的機關名目上雖冠有『德意志』字樣，然內中的會員却不限於德國人，因爲德語在當時的工人中頗爲通行，外國工人容易與德國人接近，而聯合會中遂漸有瑞士人，斯干的那維亞人，(Skandinavien) 荷蘭人，匈牙利人，捷克人，南斯拉夫人，俄國人，亞爾薩斯人，(Elsässer) 和英國人的加入。聯合會的會員證書上標有『人人都是同胞』一語，並且至少曾譯成二十種文字，載在上面，這句話是從博愛民主社借來的，在這兩個團體之間也有一種結合。公正同盟會所主持的德意志工人教育聯合會既帶着一種國際的性質，而同盟會本身更是如此，因爲『在實際上，所有會員是出於國籍不同的國家，在理論上，〔大家的〕意見以爲每一種革命要想獲到勝利，必須是〔一种全〕歐洲的〔革命〕。』(見同書三三頁。)

馬克思對於公正同盟會的活動，曾有一段詳細的紀載，今特介紹於下：『同盟會的活動初時是創設德意志工人教育聯合會，而瑞士，英國，比利時，和美國至今〔一八六〇年〕猶存的這一類聯合會的大部分，或是直接由同盟會創設的，或是由當時的會員發起時。因此，這種工人聯合會的會章到處都是一樣的。每星期有一天是規定爲討論〔一切問題的〕，還有一天是規定爲社交談話的。(唱歌演說等等。) 到處設有聯合會的圖書館，凡可以着手之處，就開班教授工人以初等知識。站在這種公開的聯合會後面而任指導的同盟會，在聯合會中即找着方便的地方，可以從事公開的宣傳，在他方面又可從聯合會找着最有用的會員補充到同盟會。〔同盟會〕中央局因德國手藝工人的飄流生活，〔可以傳遞消息，〕只有在少數例子中才要派遣特別代表。』（見馬氏的佛格特先生三四頁。）

當一八四三年的時候，馬克思正寄居巴黎，昂格思正寄居倫敦，馬氏與公正同盟會巴黎組的領袖歐衛柏克即有往來，昂氏與俠白爾也是如此，（俠氏且要求他入會，）但他們却沒有加入會中，因爲他們當時瞭然於資本主義底下無產階級發達的趨勢，深願爲擁護這個階級的人，而同盟會的會員多爲手藝工人，胸中懷着向來行會的成見，對於剛才橫在眼前的資本主義世界，以及自己將來的階級地位，茫無所知，而所奉的主義也是非驢非馬的，馬昂兩氏知道加入其中，必定格格不相入，所以都持一種審愼的態度。　昂格思於四十多年後追敍同盟會中份子的情形說：『會員中的工人差不多都是向來的手藝工人。　那在世界大城市中掠奪他們的人，自己大概只是一個小店主人。　現今所謂縫紉，是將手藝裁縫業變爲家庭工業，替一個大資本家作工，這種大規模的掠奪，在當時的倫敦也才發軔。　在一方面，這種手藝工人的掠奪者是一個小店主人，在他方面，這些工人都希望自己終久能變成小店主人。此外，當時的德國手藝工人尙抱着一堆遺傳的行會觀念。　他們自己尙非完全的無產階級中人，却只是一個過渡到近世無產階級之小資產階級的尾部，這個尾部對於資產階級——即對於大資本——還沒有立於直接對抗的地位，然這種手藝工人固時時能對於他們將來的發達，從本能上去加以預測，他們雖沒有充分的覺悟，然也預備組成無產階級的政黨，——這是他們一種最大的光榮。可是他們一到零零碎碎去批評現社會——這就是說，探討經濟的眞實——他們向來的手藝工人成見就時時加以阻礙，這也是不可免的事。我不相信在當時的全會中有一個人讀過一部經濟學的書。然這也不要緊；「平等」，「博愛」，和「正義」的名詞「一時蓋過每一座理論的高山。』（見寬恩共產黨人訴訟眞相記三四至三五頁。）

公正同盟會的情形既是如此不洽人意，而馬克思與昂格思又因矢志爲無產階級服務，急欲從事工人運動，且他們於一八四五年造成歷史的唯物論的學說，新式的武器既成，更躍躍欲試，他們畢竟怎樣着手呢？大家可再聽昂格思說：『我們斯時的見解並不是將新知識的結果裝在厚本的書裏單獨灌輸給「教育」界。〔我們的志願〕恰恰相反。我們兩人已深入於政治運動之中，並且在教育界中——即在西部德意志——頗有些相追從的同志，對於有組織的無產階級也有充分的接觸。將我們的見解造成科學，這是我們的義務，然使歐洲的無產階級，尤其是使德國的無產階級相信我們的主張，這也是我們視爲同樣重要的。我們自己已經弄清楚了，即開始作工。我們在不律塞組織一個德意志工人聯合會，並且運用德文不律塞報，一直到〔一八四八年〕二月革命爲止，我們即以此爲機關報。我們因哈尼（Julian Harney）而與英國民權黨人中的革命份子相結合，哈氏是這種運動中央機關報北方明星的主筆，我是此報的記者。我們又與不律塞的民主主義者（馬克思是民主協會的副會長）立於聯合的地位，並與法國的社會民主派人互相聯絡，此派的〔機關報名〕改革，我以英德兩國運動的新聞供給此報。總之，我們與急進派人以及無產階級的組織和言論機關之聯合，是完全如願相償了。』（見同書三六至三七頁。）

馬克思和昂格思於未組織德意志工人聯合會之前，即在不律塞創設一個共產主義通信委員會，藉此爲向外聯絡同志的根據。昂氏爲着此事，特於一八四六年七月前往巴黎，以便與德法黨人接洽，他尤注意公正同盟會的巴黎諸組及與這些組接近的德國工人，力謀與之聯絡。他於是年九月十六日寫信給不律塞共產主義通信委員會說：『大家對於這些工人必須以忍耐處之；第一必須趕出格林，他眞正是直接間接發生一種可怕的催眠的影響，要把〔他的〕話從他們的腦子裏拔出來，我希望才能和他們所作有爲，因爲他們都有一種求經濟知識的大衝動。』（見昂格思與馬克思書信錄第一卷三〇頁。） 過了一月，昂氏的奮鬥果然獲到勝利。 格林原來是將蒲魯東在經濟的矛盾制度中所發揮的聯合會計畫，（Assoziationsplan）向巴黎的德國工人盡力鼓吹，宣布這是他們應奉的指南針，昂氏對於這一點特和他們開會辯駁。 他於十月二十三日將開會的情形報告不律塞的委員會說：『對於蒲魯東的聯合計畫討論了三晚。 起初幾乎是全會都反對我，到了最後，只有埃色曼（Eisermann）和其餘的三個格林派反對我。 此外的主要事件是〔證明〕武力革命的必要，並且指出格林眞正的社會主義——這種主義在蒲魯東的萬應藥中又發見新的生命力——是反對無產階級的，是小資產階級的，並且是含有手藝工人行會式缺陷的。』（見同書四一頁。）『我對於共產主義者的見解所下的界說如下：一、貫徹無產者的利益，這種利益是和有產者的利益對抗的；二、以取消私有財產，代以共產，去達到上列目的；三、承認除掉武力的和民主主義的革命外，沒有其他方法徹底推行這種意見。 對於此事討論了兩晚。 在第二晚上，三個格林派中最好的一個走了，大多數人的論調顯然完全傾向我這一邊了。 其餘的兩人繼續反駁，沒有注意到這一點。 許多格林派人從不發言，他們忽開尊口，宣布完全贊成我〔的主張〕。』（見同書四二頁。）

昂格思在巴黎方面的活動既收得相當的效果，而他和馬克思在文字上的批評尤引起倫敦方面公正同盟會絕大的注意。我們再聽馬克思說：『至關於同盟會的祕密教義，這就全爲英法的社會主義與共產主義以及德國的把戲（如威特靈的幻想是）混合的變形。自一八三九年以來，社會問題之外，宗教問題也占一個最重要的位置。德國哲學自一八三九年至一八四六年所經過的各種局面，在這個工人團體中復以最活現的情形追隨其後。同盟會的祕密形態是起源於巴黎。同盟會的主要目的——在德意志工人之中從事宣傳——使以後得保持這種形態。當我初次寄居巴黎的時候，我和此會的領袖以及法國最大多數祕密工會的領袖互相往來，然我却沒有加入任何團體。基佐把我趕到不律塞，我在該處與昂格思，威廉，唯爾夫（Wilhelm Wolff）等等創設一個德意志工人教育聯合會。……同時我們又發表一批半爲排印半爲石印的小册子，對於那種構成同盟會祕密教義的法，英社會主義或共產主義，以及德國哲學的混合物，加以嚴厲的批評，並且對於資產階級社會的經濟組織，作一種科學的觀察，使之成爲唯一可靠的理論基礎，又在一種通俗的形態中解釋出來，使不致成爲促進何種烏託邦制度的東西，但對於我們眼前所經過之社會歷史的革命進程中作一種自覺的參加。〔同盟會的〕倫敦中央局因這種〔評論〕效力的結果，出來和我們通信，並於一八四六年年底派他的會員鐘錶匠人穆爾赴不律塞，要求我們加入同盟會。〔按倫敦公正同盟會給穆爾的照會，所書日期爲一八四七年一月二十日，而昂格思也說一八四七年年初穆氏赴不律塞，馬克思此處所言日期，當係誤記。參看寬恩共產黨訴訟眞相記〔一頁及三八頁。〕穆爾對於反乎這種意思的議論按下不提，他宣言中央局擬在倫敦召集一個同盟會大會，而我們所發表的批評意見書草成一種公開的宣言，作爲會中的主義，然我們親自共同活動去抵抗一般陳舊的和反動的份子，這是不可少的，但此舉和入會是有密切關係的。因此，我們就加入了。』（見馬氏佛格特先生三四至三五頁。）

馬克思與昂格思所發表的一批批評的小冊子沒有遺傳下來，因此我們不能知其內容。

至於公正同盟會以倫敦共產主義通信委員會的資格交穆爾轉致不律塞共產主義通信委員會的照會頗關重要的，今特介紹於下：『倫敦共產主義通信委員會署名〔於此照會〕的會員特授穆爾以全權及此照會，使得以署名者的名義與不律塞共產主義通信委員會接洽一切，並對於

〔本會的〕現狀作口頭上的報告。　我們同時又要求不律塞委員會將一切重要事件以及倫敦委員會當擔任的一切事務，詳細報告本會員會穆爾。』（見新時代雜誌第二十九年度二卷六六頁，墨爾林的共產黨。Der Bund der Kommunisten）署名於此照會的，爲俠白爾，包爾等七人。　我們細玩這種照會的語氣，確有墨爾林所說的一種情形，就是：『大家從此文的外交態度中容易察出一點不信任的心理，而這種心理也眞是當時雙方所同具的：在公正同盟會方面，是對於那不知道工人痛癢何在的「學者」不加信任，在馬克思與昂格思方面是對於「施諸闍濱額」，(Straubinger) 這就是說，對於支配當時工人十分強固的手工行會式的缺陷不加信任。』（見同書同頁。）　倫敦與不律塞兩方面的人雖各懷猜疑之心，然穆爾與馬克思交換意見後，復往巴黎與昂格思籌商一切，卒能獲得圓滿結果，使雙方互相結合，他眞不愧爲一個善於詞令的交際家了。

馬克思與昂格思久欲自組一個有力的無產階級的政黨，作爲工人解放運動的先鋒隊與大本營，苦於缺乏一種羣衆來作基本隊伍，現在具有多年奮鬥歷史的公正同盟會自覺其向來的主義及其陰謀詭計的行爲不足以應時勢的要求，願意改組同盟會，採納他們革命的共產主義，邀請他們入會，他們自然是樂於承認了。　馬克思自入會後，即將不律塞的共產主義通信委員會改爲同盟會的一組，而昂思格則就近與原有的巴黎三組接洽一切。　在這三組之中有兩組的會員大都爲裁縫，他們受威特靈的影響頗深，其餘一組的會員則大概爲木匠，這些人即是前此直接受了格林的影響，間接受了蒲魯東的影響，經昂氏的活動而改變趨向的。　同盟會定於一八四七年六月在倫敦開第一次改組大會，昂氏被派爲三組的代表，然當時的主席是運用反證表決的方法通過此案的，就是令反對派選昂氏往倫敦的人舉手，由此可見一般會員對於昂氏還是疑信參半的。　至於馬克思則因缺乏資斧，不能往倫敦預會，他於是請哇爾夫代表不律塞組加入會議。

昂格思和哇爾夫前往倫敦預會，責任自然是十分重大和煩難的，他們在會場中經過一場猛烈的戰爭，才獲得完全勝利。　因爲像邁耶所說的一樣，『當不久之前，在英國的德意志手藝工人和〔普通〕工人祇威特靈爲他們至高無上的指導的領袖。』（見邁耶昂格思傳第一卷二九四頁。）　其後會中的主要人物如俠白爾，包爾，穆爾，等雖因一方接受英國大工業中無產階級，覺悟和階級爭鬥的印象，他方面習聞馬昂兩氏的批評，覺得威特靈的主義頗多缺陷，他們及許多工人對於一八四四年威氏的遊英雖不復像前此的推崇備至，然有一部分無眼光無思想的會員，爲習聞和成見所拘束，尙不免盲從威氏，固守其教義，所以昂格思要想貫徹他和馬克思的新主張，『他必須在此處尙作一次長久的和激烈的辯論，去掃除那無情的拳頭對於文人的不信任。』（見同書二九七頁。）

公正同盟會第一次國際大會的議事日程如下：

『一、舊中央局的賬目報告；新選舉；規定中央局將來的地點。

二、修改法規。

三、制定一種共產主義的信條。

四、創設一個公開的正式黨務機關。

五、組織問題與宣傳問題。』（見社會主義與工人運動史叢刊第九卷二六六頁，格林伯克：倫敦共產主義雜誌及其他文書。Karl Grünberg: Die Londoner Kommunistische Zeitschrift und andere Urkunden.）

格林伯克謂『大家如認一，二，三，四，五各條爲出於馬克思與昂格思的志願，大家總不致弄錯。』（見同書同頁。） 這話雖沒有什麽左證，然以上四條自然也是他們兩人急欲確定的。 此次會議雖只是一次預備會，所有議定的條規雖還要經過各國分組的審查與第二次大會的通過，方能發生效力，然同盟會改造的基本圖樣實創自此會，故我們不妨先將其法規介紹如左。

『共產黨法規。 〔按上面專名詞本應譯作共產同盟會，因其原文爲“Der Bund der Kommunisten”不過馬克思和昂格思爲這個團體所草的宣言，原來是稱『共產黨宣言，』(Manifest der kommunistischen Partei. 後來才省稱『共產宣言』—Daskommunistische Manifest.) 他們在宣言中也屢用『共產黨』字樣，這個團體的倫敦中央局於一八四八年一月致不律塞爾部的文書也這樣稱呼，是年三月這個機關在巴黎對德國發表十七條要求，也稱爲德意志共產黨的要求。 (Forderungen der kommunistischen Partei in Deutschland) 又馬克思於一八五九年所著的政治經濟學批評及一八六〇年所著的佛格特先生中猶用『共產黨』字樣，可見當時『同盟會』與『黨』這兩個名詞可隨便應用，沒有區別。 本書爲求團體的名稱與原來宣言的名稱一致起見，特譯爲『共產黨』而拋棄『共產同盟會』的原名。

各國的無產者，聯合攏來啊！

第一章　黨

第一條　本黨的目的爲推倒資產階級，使無產階級取得統治權，消滅建築在對抗上的資產階級舊社會，創造一種無階級無私產的新社會。

等二條　黨員〔所當具〕的條件如下：

一、合於這種目的的生活方法和活動；

二、革命的精力與宣傳的熱忱；

三、信仰共產主義；

四、不得加入〔其他〕每種共產主義的，政治的或民族的團體，如須參加任何團體，由所屬的機關通知；

五、服從本黨的議決；

六、保守本黨內部一切事件的祕密；

七、被一組一致認可，方能加入。

凡不復符合此等條件的人當令其出黨。(參看第八章。)

第三條　一切黨員都平等，都是兄弟，並負有在任何種狀況中互相扶助的義務。

第四條　凡黨員應用黨稱呼。

第五條　本黨的組織分爲組，團，總團，中央局和大會。

第二章　組(Die Gemeinde)

等六條　一組的成立至少爲三個黨員，至多爲二十個黨員。

第七條　每組選舉一個組長和一個副組長，組長指導開會事宜，副組長經理出納事宜，且於組長缺席時代其行使職權。

第八條　凡收入新黨員當由組長及介紹人預先取得本組的同意。

第九條　凡各組如不相識，不必互通消息。

等十條　各組應用互相辨別的名稱。

第十一條　凡遷居的黨員當預先報告本組登記。

第三章　團(Der Kreis)

第十二條　一團至少包含兩組，至多十組。

第十三條　各組長及副組長構成團部。　團部從各職員中互選一部長。　團部與其〔所屬的〕各組及〔所隸屬的〕總團互通消息。

第十四條　團部爲所屬各組的行政主權〔機關〕。

第十五條　各零星的組或隸屬於業已成立的團，或與其他零星的組組織一個新團。

第四章　總團(Der leitende Kreis)

第十六條　一國或一省的各團隸屬於一總團之下。

第十七條　本黨各省中各團的劃分以及總團的指任由中央局提出大會取决之。

第十八條　總團爲一省中各團的行政主權〔機關〕。　總團與其〔所屬〕的各團及中央局互通消息。

第十九條　凡新起之團隸屬於最近的總團。

第二十條　總團負有臨時報告出納賬目於中央局，最後報告於大會的義務。

第五章　中央局(Die Zentralbehöde)

第二十一條　中央局爲全黨的行政主權〔機關〕，對於大會負報告出納賬目的義務。

第二十二條　中央局至少當由五個黨員而成，並且是由大會開會地點的團部選擧的。

第二十三條　中央局與各總團互通消息。中央局每於三個月中對於全黨情形作一次報告。

第六章　公共規條

第二十四條　組，團部以及中央局至少每兩星期開會一次。

第二十五條　團部及中央局的職員由選擧產出，以一年爲限，但可連選〔連任〕，並可由選擧人隨時撤回之。

第二十六條　選擧於〔每年〕九月擧行之。

第二十七條　團部須根據本黨的目的，指導各組的討論。中央局如認某些問題的討論具有普遍的和直接的利益，當令全黨對於同一問題加以討論。

第二十八條　各黨員個人至少須於每三個月內與其〔所隸屬的〕團部通信一次，各組至少須於每一個月內與其〔所隸屬的〕團部通信一次。

各團至少須於每兩個月內將其所屬區域〔情形〕報告總團，各總團至少須於每三個月內將其所屬區域〔情形〕報告中央局。

第二十九條　凡本黨各機關於本法規範圍之內，在其負責並即刻通知上級機關的條件之下，負有取圖謀本黨安全與有力活動的手段之義務。

第七章　大會

第三十條　大會爲全黨立法的主權〔機關〕。　凡一切修改法規的提議當由總團送交中央局，由中央局提交大會。

第三十一條　每團派送一代表。

第三十二條　每一個單獨團中黨員在三十人以下的，派送一個代表，在六十人以下的派送兩個代表，在九十人以下的，派送三個代表，餘此類推。　各團可以令不屬於其地的黨員代表預會。

各團在這種場所，當予其代表以一種詳細的委任狀。

第三十三條　大會定於每年八月開會。當緊急時，中央局得召集一種非常會議。

第三十四條　每次大會决定中央局於翌年應駐在的地點，並且决定下屆大會開會地點。

第三十五條　中央局得出席於大會，但無表决權。

第三十六條　大會於每次會議後，除報告外，以本黨名義發表一種宣言。

第八章　黨規的違犯

第三十七條　凡違犯黨員條件，（第二條），當按照情節輕重，或留黨察看，或驅逐出黨。一經驅逐出黨，即不得復行收入。

第三十八條　只有大會才得决定驅逐出黨事件。

第三十九條　團或單獨的組在即刻通知高級機關〔的條件〕之下，可以將各黨員留黨察看。此事最後是取决於大會。

第四十條　對於留黨察看的黨員之復行收入，須由團向中央局提出請求。

第四十一條　團部判處違反本黨的罪案，並且擔任執行判决。

第四十二條　對於留黨察看或驅逐出黨的個人以及可疑的人爲本黨利益計，須加以監視，並使其不致危害〔本黨〕。對於此等人的勾當須即刻報告所在地的組。

第九章　黨費

第四十三條　大會對於各國規定一種最小限度的黨費，這是每個黨員必須繳納的。

第四十四條　這種黨費的半數送交中央局，其他一半歸入團或組的會計處。

第四十五條　中央局款項的用途如下：

一、充通信和管理費之用；

二、充印刷和散布宣傳品之用；

三、充中央局因一定目的而派送使者之用。

第四十六條　地方機關款項的用途如下：

一、充通信費之用；

二、充印刷和散布宣傳品之用；

三、充偶然派送使者之用，

第四十七條　凡組與團不向中央局繳納捐款至六個月，中央局得將其留黨察看。

第四十八條　各團對於其〔所屬〕各組會計出納賬目至多每三個月須報告一次。中央局須將管理黨費及黨中會計處存支賬月提交大會。凡侵吞黨費之事當予以最嚴厲的處罰。

第四十九條　非常費用及大會費用由特別捐彌補之。

第十章　黨員的收入

第五十條　組長將第一條至第四十九條當着將入黨的人宣讀一遍，加以說明，並以簡單的話特別鄭重申明入黨者應負的義務，然後向他問道：「現在你是否願意加入本黨？」他如答應「願意！」組長即認其言爲誠實可靠，願意履行一個黨員的義務，宣布其爲本黨黨員，令其加入下屆組會。」（見社會主義與工人運動史叢刊第九卷三三四至三三九頁，格林柏克，倫敦共產主義雜誌及其他文書。）

上列的法規雖由同盟會第一次國際會議起草，却是用是年年底第二次大會的名義，由理事長佽白爾和祕書昂格思署名發表的。我們所以不避煩瑣，將其全文徵引出來，一因這是全世界無產階級破天荒第一次的共產黨的組織法典，其精密處至今猶可取法，二因這是經昂格思和馬克思直接間接的參加而作成的，其第一條且全爲他們的主張，三因大家翻閱全文，卽可見這個團體改組後，組織的細密，與民主主義的立法精神，由向來專憑少數人意見，從事陰謀詭計的秘密結社，一變而爲一個光明正大的宣傳機關，關於這一點，不獨是法規中表現得很明白，卽就其由公正同盟會這種含有神秘意味的名稱，而改爲共產黨一事觀察，也可知其一二了。

當公正同盟會在是年年底開第二次大會之前，還經過一件大事，就是會中毅然排斥卡伯烏託邦的共產主義，而拒絕援助其建設共產主義同居地的請求。當時從事工人運動，居領袖地位的人，除威特靈，馬克思外，卡伯也是一個鼎鼎有名的人物，因此我們於敍述他和同盟會的交涉之前，當將他的生世和主張略說一下。

卡伯於一七八八年一月一日出生於法國第戎(Dijon)一個桶匠的家庭，他的父親力圖使他受一種完善的教育，他少年得就學於有名的教師和革命家耶跨托，(Jacquatot)遂發生一種革命思想。他後來鑽研法學，『於一八一二年得法學博士，卽任律師職務，——和他自己所說的一樣——藉以保障貧者，弱者，及受壓迫者，這全是爲利他心所驅策，而爲人民爲弱者及受壓迫者服務。』（見洛克斯：卡伯與伊卡利共產主義七二頁，一八九四年出版。

H. Lux, Etienne Cabet und der Ikarische Kommunismus, Stuttgart. 1894.） 當一八三〇年七月革命的時候，他以民主主義者的資格參加活動。 自一八三四年法國叛亂後，他離法往英，而『寄居倫敦的時期爲他的精神活動最劇烈的時期。 他埋頭於「不列顛博物館」的書林中，每日讀書作文常至十八點鐘。』 （見同書八一頁。） 他又受了托馬斯，穆爾（Thomas More）和渦文很大的影響。 他的思想由是發生一種變化，他因根究向來所抱之共和的民主主義是否眞爲人民最大的幸福，旋覺得『一個眞正共和主義者不當以共和政體爲絕對的目的，但當以人民幸福爲絕對的目的。 他自問道，（見我爲什麼是一個共產主義者第三頁。 Comment je suis Communiste）「民主主義是什麼？ 共和政體是什麼？ 共和政體對於我們比君主政體好些麼？ 他將給我們以工作和麵包麼？ 他對於我們的到期支票將於半月底或一月底照付麼？ 他將使我們脫離煩惱困苦麼？ 他將使我們躋於舒展，秩序，自由，和幸福之境麼？」 他從這些問題出發，達到一種要求，就是，起初在平等的基礎上建造一種大社會的組織；「因此又使他即刻想到人民眞正的幸福及其內部生活最終的完善，只能建築在共有財產，共同勞動和共同教育上面。』 （見斯太恩從一七八九年到現代的法國社會運動史第二卷四四〇至四四一頁，一九二一年出版。Geschichte der sozialen Bewegung in Frankreich von 1789 bis auf unsere Tage, München 1921.）

卡伯既在英國發生了共產主義的思想，他於是著一書，名『伊卡利遊記』，（VoYageen Ikarie）想藉這種烏託邦爲世界上樹一種共產制度的模範。他以爲推行共產制度，不必借助於武力，只須藉討論，宣傳，信仰和輿論之力便夠了。此書是一八四〇年出版的，共兩卷，內分三部分：第一部分描寫一個大國中共產的優美狀況，第二部分表明怎樣由現在的國家狀況而轉入這種共產之中，第三部分則略述共產的原則。其第一部分描寫伊卡利共產社會各事各物的精細，甚至於令人發笑，例如他說伊卡利住宅中的桌櫈等物都係圓角，因此可免小孩子碰傷頭腦，少年男女大半同班聽講，可是男女學生的出入都有特別門戶之類。

他在此書卷首一頁所用的標語很足以表現他所倡道的伊卡利共產主義的眞面目，今特介紹如下：

全體爲個人	同胞	個人爲全體
	▲	
	愛	
團結	正義	教育
平等—自由	講互助	智慧—理性
選舉	普遍保險	道德
統一	勞動的組織	秩序
和平	人人享用機器	聯合
	力圖生產的增加	
	各種產物平均分配	
	掃除貧窮與困苦	
	不停止的改良	
基本權利：	婚姻與家庭	基本義務：
生存	永遠進步	勞動
	極豐富	
	美術	
各取所需	▼	各盡所能
	公衆的幸福	

卡伯疲精費神去描寫將來的社會，而將來社會的發展，未必如其所預期，所以這只是些空中樓閣，只是一種烏託邦。他自己也只是一個烏託邦主義者，他和前此一切烏託邦主義者不同的地方，只在他不復希冀上等階級或單個的慈善家去推行他的理想，但盼望工人自己實現其理想。但他在階級對抗日趨劇烈的資本主義社會中，偏反對武力革命，一以和平爲先務，即使他對於將來社會的理想是十分正確，然以他的方法去達他的目的，也就不免是南轅北轍了。

卡伯的共產主義既不過爾爾，我們現在再回轉去講他的活動。他於一八三九年重返巴黎，至翼年刊印伊卡利遊記。此書初版名爲卡利斯塔爾勳爵(Lord Carisdale)日記，並沒有署卡氏自己的姓名，僞託是從英文中繙譯過來的；然大家都知道這是他的作品，此書遂大受歡迎，銷行至爲迅速。『一般工人相率讀此書，討論其中所含的見解，並且親訪卡氏，恐怕在他自己發生希望之前，在共產主義中即有一個正式的卡伯派，他們是因此書而出現的，故大家根據此書，稱他們爲伊卡利共產主義者。』（見斯太恩從一七八九年到現代的法國社會運動史第二卷四四七至四四八頁。）

卡伯既因伊卡利遊記一書招致許多工人，集在他的旗幟之下，他於是更努力辦報，發行小冊子，鼓吹他的主義。至一八四七年五月，他向法國共產主義者發表一種宣言，內中說

『我們在此處既爲政府，牧師，資產階級，甚至於革命的共和主義者所包圍，所侮辱，所誣陷，我們的生存甚至於要被人踐蹋，我們的體育和德育行將掃地無存；那麼，我們就可以離開法國，前往伊卡利了。』（見社會主義與工人運動史叢刊第九卷二九三頁，格林伯克：倫敦共產主義雜誌及其他文書。）卡氏召集黨徒前往伊卡利，自然是要建設一種合於他的理想的共產社會，他遂終決定的地點爲美國的得克薩斯；（Texas）他自認有伊卡利主義者四十萬人，而預備卽時前往的有兩三萬人。他不獨是向本國人極力鼓吹此事，還向英，德，瑞士等國極力宣傳，並且將宣言寄給倫敦德意志工人教育聯合會，想鼓動會中人的聽聞，相率集諸他的旗幟之下。他雖行年六十，尙不辭勞苦，於是年九月親往倫敦作說客。倫敦的共產主義者對於卡伯的提議，經過一整個星期的討論，卒予以相拒絕。他們對於卡氏的答詞可以表現他們已經受了馬克思和昂格思的新學說不少的影響，今特徵引其全文如下：

『我們也和一切共產主義者一樣，欣然承認卡伯是以無限的熱忱與可欽可敬的堅忍性，

爲困苦的人類的事件而奮鬥，並且收得效果，他對於陰謀詭計的警告，是他對於無產階級一種無量的功績，可是據我們看來，卡伯現取了一種錯誤的途徑，雖有以上各事，也不能使我們讓他更安然前進。——我們敬仰卡伯的爲人，可是反對他的遷徙的計畫，並深信他所提議的遷徙事件一旦實現，則共產主義的原則，要受極大的損傷，一般政府就獲得勝利，而卡伯的晚年將爲悽慘的失望所籠罩。

我們的意見所根據的理由如下：

一、因爲我們相信當最腐敗的事在一國中成爲日常狀況的時候，當人民在最可鄙的方法中被壓迫和掠奪的時候，當法律和正義不復有效而社會開始呈出無政府狀態恰和現今法國一樣的時候，凡爲正義與眞理而作戰的人，必須以下列各點引爲自己的義務，就是居留在這一國中，提醒人民，以新的精神灌輸給一般意志銷沉的人，造出一種新社會組織的基礎，並堅強抵抗一般暴徒和惡漢。——如果一般忠厚正直的人以及爲着較好的將來而作戰的人對於那些反對開化的人及惡漢都願意讓出這個戰場，而超然遠引，那麽，歐洲就會滅亡，並且必定滅亡；——歐洲基於統計上和經濟上的理由，恰爲世界中最容易首先實行共產的部分……

而可憐的人類將更受一百年之久的水深火熱和困苦的試驗。

二、因爲我們深信卡伯在美國建設一種伊卡利——就是建設一種基於共產原則的同居地——的計畫，現在是不能夠貫徹的，並且是：

甲、因一般願和卡伯遷徙的人雖也許是眞抱有熱忱的共產主義者，然他們的教育究沾染現社會的弱點和成見太多，他們一入伊卡利，不能夠卽刻去掉這些毛病；

乙、因爲這個緣故，同居地起初必定就要發生爭端和衝突，而此爭端與衝突因外部有力的和懷敵意的社會以及歐洲政府的偵探〔之挑撥播弄〕，將愈擴愈大，一直到引起共產社會的解體爲止；

丙、因最大部分的遷徙者都爲手藝工人，而該處所使用的人首先爲從事開墾和耕種之有氣力的農民，一個工人要變成一個農民，是不如好些人所想像的那樣容易；

丁、因更換氣候所弄出的困苦和疾病將使許多人精神沮喪，以致退出。——現在有許多人只看見這種計畫好的方面，便熱心贊成這種計畫，可是當粗糙的實際一經出現，當各種困苦一經出現，當文明中一切小舒服——卽最窮苦的工人在歐洲尚有時能享得這種小舒服——一經消滅，於是許多人的熱忱將由最大的沮喪來作選身了；

戊、因共產主義者承認個人自由的原則，伊卡利主義者一定也是如此，而一種共產制沒有過渡的時期，並且沒有民主主義，過渡的時期，使個人的財產逐漸變爲社會的〔財產〕，這種共產制的不可能，恰和農民沒有下種而望收穫的不可能是一樣的。

三、因爲一種企圖——如卡伯所志所願的一樣——的失敗固不能壓倒共產主義的原則，或是永遠阻止這種原則實際上的推行，然却使千萬共產主義者垂頭喪氣，退出我們的版圖，甚至因此使被壓制的無產階級必須呻吟於困苦之中，延長至一世或數世之久，最後則

四、因幾百個人或幾千個人要不帶一種十足的門戶私派的性質——例如拉普（Rapp）一在美國的共產等等——是不能建設並維持共產制的。然建設一種這樣的共產制既不是我們的志願，我們希望這也不是伊卡利主義者的志願。

此外，在美國的伊卡利主義者如果願和外邊的社會接觸，或者會遇着種種侵害，差不多一定會遇着此等侵害，關於這一點我們還沒有提及。——凡願意跟卡伯到美國去的人首先當讀一讀那宗教的共產派穆穆倫人(Die Mormonen) 向來以及現在所遇侵害的報告。

我們基於這些理由，所以認卡伯遷徙的提議爲有損無益，並且向各國的共產主義者大聲叫道：兄弟們啊，讓我們留在支離破碎的舊歐洲，讓我們在此處活動和奮鬥，因爲建設共產主義的一切元素只有此處已經出現，而共產制也只有此處才會首先成立，別處是不會搶先鋒的。」（見同書二九四至二九七頁。）

卡伯不得志於倫敦共產主義者，和威特靈後先相映，反之，馬克思的新新學說却因此愈加得勢了。威卡兩氏對於共產主義的主張雖各有不同之點，而其與馬克思學說格格不相入則一；馬氏與威特靈共同活動，故不免因主義上之爭而出於決裂，他和卡伯倘少直接接觸，所以免去這種衝突，然雙方的不能接近，我們一讀昂格思一八四六年八月給馬氏信中的幾句話就知道了：『我曾到卡伯處。這位老者是很誠懇的，……可是我們的通信事〔指共產主義通信〕對於他不必提及。第一他很忙，第二很不信任。』（見昂格思與馬克思書信錄第一卷二三頁。）一八四八年前後，跟着卡伯前往美國的不滿五百人，比他當時預計的人數竟少至五，六十倍，並且他這種共產社會的建設果如倫敦共產主義者的宣言所指，旋即失敗了。上面的宣言曾發表於倫敦共產主義雜誌，對於卡伯在本國的進行計畫恐不免多少予以打擊了。

共產主義雜誌是公正同盟會的機關報，這是一八四七年同盟會第一次國際大會所決定，由俠白爾編輯，於是年九月在倫敦出版的。此報的報名下標有『各國的無產者，聯合攏來啊！』一語，邁耶謂『此報的發生恰在昂格思參預倫敦會議之後，因此我們至今雖沒有獲得文書上的證據，却可以推測這種言簡而意賅的程式是由馬克思和他造成的。』（見邁耶昂格思傳第一卷二九八頁。）格林伯克則謂『這種導火線的程式既不是出於中央局方面，復不是出於昂格思，而是『由馬克思造成的。』（見社會主義與工人運動史叢刊第九卷二七〇頁。）我們對於這個新的戰聲是出自馬克思一人，或出自馬昂兩氏一點，很難斷定，且就他們的關係講，此事原無根究的必要，可是就當時的情形看來，此語是出於他們一方面，這是無可疑惑的。既是這樣，則馬克思主義的精神實已灌注到此雜誌中去了。

共產主義雜誌受馬克思主義的影響很大，不獨是應用他的標語，尤可在言論中尋找出來。　卷上開首一篇文字是告無產者的，其中說明同盟會人所不取的各點，竟全與馬克思的見解相合，而且這種論議至今猶可為一般共產主義者所借鑑，今特錄其要點如左：

『我們不是出售〔現成〕制度的店主；我們從經驗上知道，對於將來社會的措施加以討論和思考，對於能使我們達到這種社會一切方法，反不措意，這是無意識的。一般哲學家和學者爲着將來社會的措施，可以提出種種制度，我們覺得這是好的，是有用的；可是我們這些無產者如果集精會神，對於將來共產制中工場與管理形態的措施，加以討論，對於衣服的樣式或掃除排泄物最好的方法等等，互相爭論，這只是使我們成爲笑柄的，大家時常以不切實用的夢想家的名稱加在我們的身上，我們也就是本分應得的了。我們現代的任務是將構造新建築物所需的建築材料，尋找出來，並且創造出來；後代的任務將爲構造這種建築物、我們深信將來也是不會缺乏工程師的。

我們不是要以愛去對付一切事件的共產主義者。我們並不是在月光底下對着人們的困苦，痛哭一場，於是想到黃金時代的將來，又興高彩烈，喜不自勝了。我們知道，現代正是情形嚴重的時候，正是需要人人都努力的時候，而這種愛的甘露並非別的東西，不過是自己精神上一種弱點罷了，凡具有這種弱點的人，一切精力都不適用了。〔按此即指馬克思等所攻擊之奢談博愛的格力克。〕

正當敵人到處準備戰鬥的時候，我們不是現在就宣傳永久和平的人。我們很知道，我們如不先以武力爭得我們在政治上的權利，便不能在何處——除掉英國和美國——得到一個較好的世界。現在雖或有人因此斥責我們，罵我們爲革命家，然我們是不措意的。我們至少是要使人民的眼睛不爲沙塵所蒙蔽，要向他們說出眞話，使他們注意於近在咫尺的暴風雨，庶幾可以取預防的手段。——我們不是從事於陰謀詭計的人，要在一定日期中開始一種革命，或行刺王公大人，然我們也不是一味忍耐的羊，忍氣吞聲，任人宰殺。我們深知在貴族分子與民主主義分子間，必定發生爭鬥，——即我們的敵人也知道這一點，並且正在磨勵以須；因此須先備戰，使自己不致爲敵所乘，自取滅亡，這是每個人的義務。——將來還有一種最後的和嚴重的戰爭，我們的黨如果戰勝了，於是干戈永息的時代才會出現。

我們不是相信於戰爭勝利後像用魔術一樣即刻就可以推行共產制的共產主義者，我們知道人類是不會跑的，只是一步一步向前進行的。我們不能夠在一晚間就從一個不協和的社會進到一個協和的社會；這裏是因情形的不同而需要一個或長或短的過渡時期的。私有財產是只能逐漸變爲社會財產的。

我們不是願意殲滅個人自由，將世界造成一個大兵營或大工作場的共產主義者。本來有許多共產主義者，爲圖方便起見，要否認並且取消個人自由——據他們的意思，這種自由有礙於協和；可是我們沒有犧牲自由去購買平等的意思。我們深信——並且在〔本報〕以後各期中當證明——沒有一種社會中個人的自由能夠大於建築在共產上面的社會中〔個人的自由〕。』（見同書二八七至二八九頁。）

共產主義雜誌說要在以下各期中證明建築在共產制上面的社會中個人的自由大於任何社會中個人的自由，可惜此報自第一期後，即沒有繼續出版。他在發刊詞中本來說過：『千百種報章雜誌印行〔於世，〕一切政黨，一切教派都有其代表，只有無產階級，只有無產業的大羣衆至今還沒有獲得一種長久存在的機關，專門擁護其利益，特別作爲工人奮鬥中的準繩。』（見同書二八三頁。）他的志願本在作爲無產階級這樣的『一種長久存在的機關，』而他的任務本在『爲無產階級的解放而活動，並且爲使這種解放早日出現起見，爲一切被壓迫者的聯合而鼓吹。』（見同書二八七頁。）可是人事蹉跎，他竟如曇花一現，遽爾消滅了。

公正同盟會的機關報雖不能繼續出版，然此會的活動却沒有停頓，觀其於一八四七年十一月三十日開第二次國際大會可以知道了。馬克思與昂格思都親自參加此次會議，我們在上面一章曾紀述馬氏於是年十一月赴倫敦，參預博愛民主社的波蘭革命慶祝會，其實那只是他赴英的任務之一，而其主要任務尙在參加公正同盟會的改組會議。當開會的第一日，主席提議變更議事日程，請昂格思和馬克思等報告歐洲大陸工人運動情形，經大衆一致贊成。昂氏以爲演講當時的政治運動是多餘的，所以他特轉一個向，講哥倫布(Columbus)發見美洲的事。

昂格思首先說明自哥倫布發見美洲，又找出往東印度的新航路，因此歐洲貿易的局勢爲之大變，意大利和德意志的貿易完全衰歇，西歐各國起而代之，而英國尤居首位。『歐洲人從美洲所獲的無限寶藏，以及商業所得的利益，使舊貴族衰落而資產階級勃興。還有一件和發見美洲相關連的事，就是機器的出現，因此我們現在所從事的爭鬥——卽無產者反抗有產者的爭鬥——就成爲必要的了。』（見社會主義與工人運動史叢刊第八卷三九五至三九六頁，列特闢馬克思雜錄。）並且自機器出現後，機器生產品驅逐手工業品，『前此工人的地位因此完全改變了，而向來站在四至六個不同的階級上面之全人類社會，此時分爲兩個互懷敵意和互相對峙的階級。』（見同書三九六頁。） 自英國人操縱世界貿易，資產階級獲得政權以來，他們挾着商品，侵略亞洲，印度人的生計受其壓迫，工人轉徙於外，貴族全就式微，而人民中間也一樣地互相爭鬥起來了。 『中國自一千多年以來，對於發達和 切歷史是曾經呈出反抗的，我們旋看見英國人怎樣藉機器的力量將其推翻，並且將其拖入文明中了。』（見同書三九六頁。）奧大利是歐洲的中國，法蘭西革命不能搖動他的內部的制度，就是拿破崙對於他也無可如何，然他却抵抗不住蒸汽，他已經因機器而忽然大改舊觀了。意大利的工業也同樣發展。 『所以因美洲的發見，而全社會分爲兩個階級，倘若沒有世界市場的出現，則這種現象是不會發生的。 全世界的工人到處具有相同的利益，各種不同的階級到處消滅了，而各種不同的利益到處歸於烏有了。 因此當一國的革命一經爆發，他一定回響到其餘各國，要到現在，一種眞正的解放才能夠出現。』（見同書三九七頁。）

昂格思講完以後，馬克思繼之，他首先報告比國的工人運動情形，繼則談論路易勃郎的著作，終乃對於宗教作長篇演說。 他說：『德國哲學所成就的事業尤以宗教的批評爲最重要；然這種批評不是從社會發達出發的。凡向來反對基督教的一切著作只限於證明這種宗教是建設在僞扁的基礎上面的，例如一般著作家曾經人云亦云的一樣；可是大家向來還沒有探討過的，就是基督教實際的崇拜。我們知道在基督教中至高無上的事是以人充作犧牲。道麥（G. F. Daumer）在一本出版不久的書中證明基督教徒眞正將人殺死，並且在聖餐（Abendmahl, Lord's Supper）中吃人肉，飲人血。他由這一樁事去說明那對於一切教派能夠容忍的羅馬人徽對基督教徒，以及後來基督教徒銷燬那反對基督教的全體異教著作的原因。保羅（Paulus）且責罵大家不該准沒有完全知道祕密的人參加聖餐。例如那一萬一千處女等等的遺骸從何而來，現在也是一樣容易說明的；中世紀有一種正式文書，說法蘭西一個修道院中的女教徒與禮拜堂結下一種契約，如沒有取得大家的同意，不得復尋找遺骸。……大家把在這一方面所出現的一切事件看做牧師的一種欺騙，然大家因此對於他們所加的一種聰明與智慧，是超越他們所生息的時代很遠的。以人作犧牲是一樁神聖事業，在實際上是曾經出現的。……像道麥書中所敍述的這樣歷史，予基督教以一種最後的打擊；現在要問此事對於我們有什麼意義。此事給我們一種保證，就是舊社會到了末日的，而欺騙和成見的建築物一齊倒塌了。』（見同書三九八頁。）

馬克思所講道麥的書，名基督教古代的祕密，(Die Geheimn.sse des christlichen Altertums）共分兩卷，係一八四七年在德國漢堡出版的。此書從聖經上，事實上，傳說上，小說上，古來遺傳的圖畫上，和彌撒祭(Messe，Mass）的字義上，證明古代的基督教於聖餐時或其他時節祕密殺戮小孩或處女等，祭祀上帝，並且分食其肉，飲其血，視此為莊嚴神聖的大典禮。他在結論中說：『我們調查，發見和證明的結果如下：基督教古代的宗教和崇拜是極端殘忍可怖的，在基督教的形象和發展中，就文化和慈愛的意義上講，對於人類不是一種勝利，不是一種向好的方面的進步，而是純粹相反的，是粗鹵和苦難的危崖中最悲慘的崩潰，因為他將猶太人和異教徒業經改進的思想方法及狀況又完全回轉到古摩洛芝(Moloch按此為神名，他的際品是以人充犧牲。）的否定自然與生命上去了；聖餐禮和彌撒祭的儀式為這種宗教最重要的部分。就此儀式最初實在的形態講，是起於吃人肉的崇拜行為，教會滿足他的特別固有的慾望，即他對於至今未為歷史所陳述並認識的祕密崇拜行為的殺害之慾望，以及他對於公然的和週知的強迫舉動及野蠻行為之慾望，特別將無數完全真正的人充作犧牲，一次殺害小孩子以及其他人等至以百數計算，這種不能以言語形容的野蠻狀態，不能以任意原恕的方法，說這不是基督教所固有的，不足深責：這只是基於墮落，腐敗和異教的混合物，〔其實〕這椿事要看做基於純粹原則的，在〔此宗教的〕創立和開端卽含在其中，並且因內部的必然性而發展出來的。』（見道麥基督教古代的祕密一九九頁，一九二三年版。）我們看見這種結論，可以知道基督教原來是一種什麼東西，『從前的基督教徒流血的犧牲祭儀是從古希伯來人的墮落之祭儀轉變來的，而新近基督教的代表向廣大的羣衆宣傳準備犧牲，就是要因此使他們以及他們的現世友朋〔卽指帝國主義者〕能夠安富尊榮。』（見同書序言第三頁。）　馬克思當時對於道麥的書旣表示很大同情，所以他在大會中特作一次演講，藉此引起羣衆的注意。　大會旋也一致承認去搜羅此書，但以後毫無影響，是否因書被查禁，（此書出版未久卽被查禁，直至一九二三年才再版。）購取困難，抑有其他原因，我們此時實無從查考了。

公正同盟會第二次大會自開會日起，至少經過十天的長期會議，才宣告閉會。所有上次大會所草就的法規均由會中通過，而前此借用博愛民主社那句『人人都是同胞』的標語，此時特改為『各國的無產者，聯合攏來啊！』洛特施台（Th Rothstein）謂『博愛民主社的、「人」字只是指「無產者」講的。』（見洛氏：國際黨前史七頁，一九一三年出版。Ausder Vorgeschichte der Internationale）這句話固然不錯；可是那種標語究不免帶着當時小資產階級社會主義博愛的意味，至馬克思的新標語便和昂格思所說的一樣，『是明白宣布「無產階級」爭鬥的國際性。』（見馬氏寬恩共產黨人訴訟眞相記四〇頁。）這是一種號召全世界無產者互相團結努力奮鬥的戰聲，這是和那富於催眠性並軟弱無力的舊標語完全不同的。可是這次會中最可紀述的事還在討論馬昂兩氏的新學說，他們向會中提出一種草案作為共產黨宣言的張本，會中經過劇烈的爭論後，大多數人卒贊成他們的主張，所以昂格思說：『一切抗議與懷疑畢竟都廓清了，大家一致採納各種新原則，並委託馬克思和我起草宣言。』（見同書四〇頁。）

馬昂兩氏自受大會委託之後，即於十二月中旬同返不律塞，共同籌議起草宣言。可是馬克思歸後，因繼續從事宣傳運動並演講，費去許多時間，至一八四八年一月下旬，他還沒有將宣言弄妥，因此倫敦中央局對於他又復發生一種猜疑之心了。中央局竟於是年一月二十四日通過一種致不律塞團部的公文，其內容如下：『中央局令不律塞團部通知馬克思，他在上次大會中所擔任起草的共產黨宣言如果至星期二日——卽二月一日——還不能送到倫敦，則將有更進一步的手段對付他。倘若馬克思沒有起草宣言，中央局要求將大會給予他的文書暫時送還。』（見新時代雜誌第二十九年度第二卷六六頁，墨爾林的共產黨。）但馬氏旋卽將他的任務完成，將稿件寄往倫敦，未幾，那大名鼎鼎的共產黨宣言便出現於世了。

第五章 共產黨宣言

馬克思與昂格思自出國變成共產主義者後，他們對於這種主義集精會神，作學理上的探討與事實上的徵驗，歷時數載，乃得發見歷史發達的定律，形成一種新學說，昭示世人，此即現今膾炙人口之科學的共產主義，而以共產黨宣言開其端，所以墨爾林稱這種宣言爲『近世科學的共產主義之旗幟。』（見墨氏德國社會民主黨史第一卷三五四頁。） 我們現在於招展這種鮮明的旗幟之先，還須將和他有關係的事略講一下。

昂格思晚年嘗向人述及，他和馬克思於同作共產黨宣言之前，他們各草一文，表示他們的意見。 現在就馬昂兩氏已經刊布的，或尚未刊布而爲人所知道的著作講，未嘗發見馬氏此項文稿，只有昂氏一文名共產主義的基本原則，（Grundsätze des Kommunismus） 至今猶存在。 昂氏於參預公正同盟會第二次大會的前數日，寫信給馬克思說：『你把那「同盟會共產主義」信條思索一下。 我相信我們最好去掉那問答體裁，將「我們的」作品稱爲共產黨宣言。因爲有多少歷史必須說明出來，所以向來的體裁絲毫不能適用。我將我所作的東西帶去，這是簡單敍述出來的，並且是在倉忙急劇之中，胡亂編成的。我首先問共產主義是什麼？接着就講無產階級及其起源的歷史，他和從前工人不同之點，無產階級與有產階級對抗的發展，和危機，要求等等。中間連帶說及一切附屬事件，最後則講共產黨人在公衆面前的政策。』（見昂格見與馬克思書信錄第一卷八四頁。）昂氏此處所述的，即其共產主義的基本原則之內容，他雖主張他和馬氏以後合作之品不用問答體裁，然他自己獨作的仍是沿用同盟會共產主義信條的問答式，全文計二十五問，除三問外，他一一作出答覆。至於馬克思方面，他既沒有作品遺傳下來，後人遂多揣測之詞，我們現在也不必去憑空議論；然他和昂格思於參預第二次大會之前，商議共同提出一種草案於大會，作爲共產黨宣言的張本，這是必然無疑的。迨他們的草案經會中通過，不到兩個月，他們那前無古人，後無來者的傑作就呱呱墮地了。

考茨基說：『世人稱馬克思的「資本論」爲工人階級的聖經。大家既要應用這種頗偏於教會的用語，那麼，此語便更適合于共產黨宣言。馬克思和昂格思後來的著作是更精深，更廣大；此等著作討論某種對象是十分透徹的；但此等著作中的每一種所討論的，只是近世工人運動基礎上的某幾方面。　共產黨宣言却總括這種基礎的全部。　此書是社會主義的眞精華。』(見新時代雜誌第九年度一卷三三一頁，考氏昂格思七十生晨。 F. Engels, zu seinem Siebzigsten Geburtstag.)　共產黨宣言對於近世工人運動既是一種最重要的基本著作，我們便當加以極大的注意，尤當尋出全書的關鍵。　拉不利阿拉(A. Labriola)說得對：『這種著作的要點，精華和特質，都含在新的歷史觀中，這種歷史觀貫徹全書，有一部分是說明並且發揮出來的。』(見拉氏唯物史觀論英文譯本一六頁，芝加哥出版。——Essays on the Materialistic Conception of History)　可是昂格思說得更具體並更明瞭：『這種宣言透徹的根本思想是：每個歷史時期中經濟的生產以及由這種生產必然跟着發生的社會組織構成這個時期政治史和思想史的基礎；(自上古土地公有制消滅以後)〔人類的〕全部歷史是一部階級爭鬥史，在社會發達不同的步驟中，被掠奪階級與掠奪階級互相爭鬥，受治階級與統治階級互相爭鬥；可是這種爭鬥現在已到了一種〔緊要〕關頭，如果被掠奪和受壓迫的階級(即無產階級)不同時將全社會從掠奪，壓迫，和階級爭鬥中總解放出來，他便不能夠脫離掠奪和壓迫階級（卽資產階級）的羈絆。』（見考茨基校的共產黨宣言一八至一九頁，一九二一年第八版。）

共產黨宣言的根本思想建築在歷史的唯物論上面，旣如上所言，我們現在且進而述其內容。『一個妖怪。徘徊歐洲——這就是共產主義的妖怪。舊歐洲的一切勢力，如羅馬教皇與俄皇，梅特涅與基佐，法蘭西的急進派人與德意志的警察，已經結成一種神聖的狩獵〔同盟〕，來對付這個妖怪了。』（見同書二五頁。） 這就是共產黨宣言於緒論開首一段話，其立言奇特，其詞旨幽遠，其語氣雄壯，其譏諷深刻。 此寥寥數語已足表現這是一種非凡的作品了。

共產黨宣言於緒論之外，共分四章，第一章論有產者與無產者，其劈頭一句爲『向來一切社會的歷史是一部階級爭鬪史。』 接着就舉出些例子來：『自由民與奴隸，貴族與平民，領主與農奴，行東與傭工——總說一句，壓迫者與被壓迫者，時常立於對抗的地位，明爭暗鬥，沒有止境，而每次爭鬪的結果，不是全社會達到一種革命的改造，就是交戰的階級同歸於盡。』（見同書二五至二六頁。）

馬昂兩氏所謂向來一切社會的歷史是一部階級爭鬥史，這是指上古土地公有制消滅以後的歷史事實講的；至於上面所舉的各種爭鬭是屬於古代和中古時代的，一到近世，封建制度崩潰，資本主義勃興，向來的六，七個階級，漸次變爲兩大階級。『我們的時代爲資產階級的時代，他所表現的特點是，他把階級的對抗弄簡單了。全社會漸次分裂成爲兩個互相敵視的大營寨，兩個直接對抗的大階級：卽資產階級與無產階級。』（見同書二六頁。）

然資產階級到底是怎樣出現的呢？『從中古時代的農奴中發生一種最初城市的市民；從這種市民中又發生資產階級最初的種子。美洲的發見與非洲的航行，予新興的資產階級以一種新領域。東印度與中國的市場，美洲的殖民，殖民地的貿易，交換工具與商品的增加，予商業，航業和工業以一種前此所未有的刺戟，因此在頹廢的封建社會中革命的種子便有一種迅速的發展。向來封建的或行會的工業營業方法不復能應付那因新市場〔的開發〕而增加不已的需要。工廠手工業(Manufaktur)遂起而代之。行會的主人爲工業的中等閥閱(Mittelstand)所排擠；而各種組合業彼此的分工也被單個工場中的分工代替了。可是市場不斷的擴大，需要也不斷的增加。工廠手工業也不復能應付了。於是蒸汽和機器出來革工業生產的命。近世大工業遂起而代替工廠手工業，工業的大財主，全產業軍的首領——即近世有產者——遂起而代替工業的中等階閥。』（見同書二六至二七頁）。

近世資產階級自出現以後，是表演一種革命的任務的，他不獨是跟着生產方法及交換方法的發達，而一步一步攫取政權，直使國家的主權機關變成他的公共事務的委員會，他並且將向來一切社會制度都打破了。『在資產階級得權之處，一切封建的，家長的，和眞摯的關係都被破壞了。資產階級把那結合世人及其生來的長上的封建維繫物盡情撕破了，在人與人之間，除掉赤條條的利益，除掉無情的「現金支付」以外，再也沒有留着別的維繫物。他把那虔誠的熱心，義俠的氣概，和人生的憂患所有神聖的表現，都淹在利害計較的冰水中了。他把人的體面斷送於交換價値之中，而以一種放縱的貿易自由去代替無數特許的和正當取的自由。總說一句，他是以一種公然的，無恥的，直接的，和強硬的掠奪，去代替那隱藏在宗教及政治幻想中的掠奪。他已經把向來一切有名譽的和受人誠心敬仰的事業神聖的外表毀滅了。他已經使醫生，法律家，牧師，詩人，和科學家，都變成他的工資勞動者了。他已經把家庭關係中慈祥愷悌的面帕扯破，而使之成爲一種純粹金錢關係了。』（見同書二七至二八頁。）

資產階級不獨是將資本主義發達的國家中向來的一切社會制度，打破了，他並且把全世界一切資本主義不發達的國家以及野蠻的國家都次第征服，收爲附庸了。『資產階級因一切生產工具迅速的改良，與各項交通工具無限的方便，遂把一切民族拖入文明之中連最野蠻的也在其內。 他的廉價的商品就是些大炮，他挾着這種利器將中國的一切城壁都掃平了，把野蠻人最頑強的排外心都壓倒了， 他強迫一切不願滅亡的民族採用資產階級的生產方法：他強迫他們輸入所謂文明，這就是說，變成有產者。 總之，他依照自己的模型造成一個世界。 他使鄉村屈服於城市的支配之下。 他建設許多偉大的城市，使城市人口數目的繁殖遠超過於鄉村人口的數目，因此一大部分人口脫離了質樸的田園生活。 他既使鄉村附屬於城市之下，又同樣使野蠻的及半開化的國家附屬於文明國家之下，使農業人民附屬於工業人民之下，使東洋附屬於西洋之下。』（見同書二九至三〇頁。）

資產階級自出世以來，打破了一切社會制度，征服了全世界，使生產工具集中，使財產積集在少數人之手，他的統治不到一百年，他所創造的生產力比過去一切時代所創造的生產力之總和，還更偉大。可是生產力過於偉大，便有尾大不掉之勢，因此遂足以制他的死命了。『資產階級的生產關係和交換關係，資產階級的財產關係，造成如此偉大生產工具和交換工具的近世有產階級社會，像術士一樣，召出魔鬼，不復有鎮壓的能力了。近數十年中的工商史就只是近世生產力對於近世生產關係，對於資產階級及其統治的生存條件所託命的財產關係謀叛的歷史。〔要證明這一點〕，只須舉出商業上的危機就夠了，此等危機隔若干時出現一次，愈演愈烈，而全資產階級社會的生存遂發生問題了。在這些商業危機中，不獨是一大部分生產物將被正式銷毀，並且還有一大部分現成的生產力也要遭受同一的命運。當着這種危機的時候，即發生一種社會的流行病，這是一切過去時代認爲荒謬絕倫的—這就是生產過剩的流行病。社會驟然表現回到一種野蠻的狀態中；彷彿遇着一種饑荒，遇着一種大屠殺戰爭，所有生活資料，都被斷絕；工商業似乎要被破壞，爲什麼弄到這個樣子呢？因爲社會的文明過度，生活品過多，工商業過盛的緣故。可供社會指揮的生產力不復能促成資產階級財產關係的進步；反之，此等生產力過於偉大，非這種財產關係所能包容，並且將受其阻礙；當此等生產力一經打破這種阻礙，他們便使全資產階級社會流於紛亂，使資產階級財產的生存發生危險。 資產階級的制度過於狹小，不足以包含此等生產力所產的財富。——資產階級怎樣逃出這種危機呢？〔他不外〕一方面強迫毀棄一部分生產力；他方面開闢新市場，與盡量掠奪舊市場，〔他到底是〕怎樣逃出來的呢？〔他的逃脫的方法，使他〕預備些更普遍和更兇猛的危機，而減少防止危機的方法。』（見同書三〇至三一頁。）

『資產階級顛覆封建制度所用的武器，現在向着他自身了。 他不獨是鑄成了致自己死命的武器；並且培植了使用此等武器的人——即近世工人，即無產者。 資產階級——這就是說，資本——日趨發達，而無產階級——即近世工人階級——也以同一比例，日趨發達，這些工人要找得工作，才能夠生存，他們的勞動要使資本蕃殖，他們才能夠找得工作。 此等工人須將自己零星出賣，他們是一種商品，和其他商品一樣，免不了一切競爭的變遷，與行情的起跌』（見同書三一至三二頁。）

近世無產階級與資產階級雖同因工業革命而長成壯大，然兩者的利害是完全相反的，所以他們自始至終不得不作劇烈的爭鬭，然無產階級在這種爭鬭中是一天一天進步的。 『無產階級是曾經經過各種不同的發達階段的。 他和資產階級的爭鬭是從他的生存時開始的。

起初是單個的工人與直接掠奪他們的單個的有產者爭鬥，次則爲一個工廠中的工人與之爭鬬，再次則爲一地方同業中的工人與之爭鬬』(見同書三三頁。) 到了後來，他們因大多數人常團集在一處，漸次感覺自己是一種勢力，於是更互相組織去抵抗資產階級。『工人雖時時獲得勝利，但這只是暫時的。他們在爭鬬中眞正的結果不在即時的效能，而在工人的團結繼續擴大。這種團結是由大工業所產生之進步的交通機關促成的，各處地方的工人因此得互相聯合。然將許多性質相同的地方爭鬥集中成爲一種全國的爭鬥，成爲一種階級爭鬥，是有賴於這種聯合的。但每一種階級爭鬥是一種政治的爭鬥。……無產者這樣組成階級，並且因此組成政黨，却因工人自己互相競爭而時時復行破裂。然這種組織總是會復活的，[一經復活]，並且是愈加強健，愈加鞏固，愈加有力的。』(見同書三四頁。)

無產階級的組織既是日趨強固，則他的解放是遲早要實現的，不過他的解放運動的大目標是什麼呢，並且怎樣着手呢？『從前一切階級一旦奪取了統治權，便力求鞏固他們既經獲得的的生存地位，使全社會屈服於他們的利益的條件之下。無產者要把他們自己向來的收入方法(Aneignungsweise)以及向來全部的收入方法推翻，他們才能夠宰制社會的生產力。無產者自己沒有什麼東西要防護的，他們是要破毀向來一切私有產業的防護和保險。向來一切運動是少數人的運動，或是爲着少數人的利益的運動。無產階級的運動是最大多數人爲着最大多數人利益的獨立的運動。無產階級是現社會中最下的一層，他若不把那構成正式社會的上幾層全部建築物抛入天空之中，他就不能夠翻身，不能夠抬頭。無產階級對於有產階級的爭鬥，起初是一種國內的爭鬥，此事在實質上本不是這樣，然在形式上却是這樣的。每一國的無產階級自然必須首先了結他本國的有產階級。我們考察無產階級發達的大勢，便看見一種隱隱約約的內亂，直到這種內亂爆發成爲一種公然的革命，無產階級以武力推倒有產階級，造成他自己的統治。」（見同書三六頁），

共產黨宣言的第二章論無產者與共產黨人。「共產黨人是什麼呢？是無產階級的先鋒隊與理論家。「共產黨人並不是對抗其他工人的特別黨。他們除掉全無產階級的利益，沒有別的利益。他們並有樹立特別的原則，要以此作爲無產階級運動的模範。共產黨人和無產階級其他黨派不同之處「只有兩點：」在一方面，他們在各國無產者的爭鬥中注重那超越國界的全體無產階級共同的利益，並且使之實現，在他方面，他們在無產階級與有產階

級爭鬥所經歷的各種發達步驟中時時代表〔無階產級〕全部運動的利益。　因此在實際上，共產黨人是各國工黨中最決切的和永遠向前進步的部分；在理論上，　他們勝過無產階級其餘的羣衆，具有了解無產階級運動中的條件，過程，和一般結果的見識。』（見同書三七至三八頁）。

共產黨人在實行上和理論上既是領導無產階級作階級爭鬥的，他們的策略和理論是怎樣的呢？　『共產黨人最初的目的和無產階級其他一切政黨一樣，就在使無產階級組成一個階級，顛覆有產階級的統治，由無產階級奪取政權。　共產黨人理論的旨趣並不是建築在這個或那個世界改革家所發明的或發見的理想和原則上的。　這些旨趣只是一種已經存在的階級爭鬥實際狀況中一般的表現，只是出現於我們眼前的歷史運動一般的表現。　取消向來的財產關係並不是共產主義固有的特徵。……　例如法國革命爲着擁護有產階級的財產，即取消了封建的財產。　共產主義的特徵不在取消財產，但在取消有產階級的財產』。（見同書三八頁。）

共產黨人爲什麽要取消有產階級的財產呢？　因爲向來個人因一己勞動而獲得的私有財

產——如小資產階級的和小農民的財產——因工業的發達，大半爲資產階級所吸收，現社會中人十分之九沒有財產，而資產階級的財產不復是由自己的勞動得來的，但是由掠奪無產階級得來的。『工資勞動——即無產者的勞動——替他自己創造財產麼？ 沒有。 工資勞動所創造的是資本，即是掠奪工資勞動的財產，這種財產可以在下列條件之下蕃殖的，就是他爲着從新掠奪工錢勞動起見；產出一種新的工資勞動。 在現今形態中的財產是站在資本與工資勞動對抗上面的。 我們且把這種對抗的兩方面考察一下。 做一個資本家，這不獨是在生產中取得一種純粹個人的地位，並且還取得一種社會的地位。 資本是一種共同的產物，他只有藉社會中許多人的共同活動才能夠起作用的，並且他終久只有藉社會中一切人的共同活動，才能夠起作用的。 所以資本不是一種個人的勢力，乃是一種社會的勢力。 如果將資本變爲屬於社會全體人的公有財產，這並不是個人的財產變爲社會的財產。 只是財產的社會性發生了變化。 這種財產的社會性失去他的階級性了。 我們現在來講工資勞動：工資勞動的平均價格是最小限度的勞動工資，就是維持工人生命所必需的生活品的總和。因此工資勞動者以他的活動所收入的東西僅足以綿自己的赤條條的生命。 我們對於這種個人取得勞動產物去綿延直接生命的收入並不願意取消，這種收入未嘗剩有純利，是以造出支配他人勞動的勢力。　這種收入含有一種悲慘的性質，使工人僅爲着增殖資本而生活，僅爲着統治階級的利益而生活，這種悲慘的性質，我們是要剷除的。』（見同書三八至三九頁。）

共產黨宣言於說明共產黨人主張取消資產階級的私有財產的理由之後，復對於資產階級加於他們的種種讕言——如共產黨人蔑視人格，消滅自由，妨礙教育，破壞家庭以實行公妻等等——予以駁斥。　關於最後這一點，宣言上說：『全資產階級齊聲向我們叫道，你們共產主義者要創設公妻制。　有產者視他的妻子僅爲一種生產工具。　他一聽見各種生產工具要被奪去，作爲公有，他自然不能不想到公妻的命運是將同時出現的。　他想不到正在要把婦女當作生產工具的狀況消滅下去。　此外，我們的有產者對於所謂共產黨人的正式公妻，唱起道德的高調，加以貶責，世間沒有較此更爲可笑的事。　共產黨人用不着創設公妻制，這種制度差不多是時常存在的。　我們的有產者遊娼宿妓是不消說得的，他們任意支配無產者的妻女，尚不滿足，還要以互相引誘他們自己的妻子爲主要的行樂之事。　資產階級的婚姻在實際上是公妻制的。大家至多也只能責備共產黨人是要用一種正式的公然的公妻制去代替一種虛僞的隱藏的公妻制。〔其實〕現有的生產關係一經消滅，那由此等關係中發生的公妻制——即正式的和非正式的賣淫——也就跟着消滅，這是自然的。』（見同書四二頁。）

此外，共產黨人又受指摘，說他們是要消滅祖國。『工人沒有祖國。大家不能夠從他們取去他們所沒有的東西。無產階級必須首先奪取政權，升爲國民階級，（Nationale Klasse）並且使自己組成國民，當無產階級自己還是帶着國民性的時候，那也和資產階級心目中〔所謂國民〕不相同了。』（見同書四二頁。）這一段話的第一句是最被世人誤解的。有些人以爲工人沒有祖國這句話是馬克思和昂格思的『新發明』，與事實不符，因爲明明白白有所謂日本的工人，英國的工人，和美國法國的工人等等，何能說他們沒有祖國。其實一般工人不過是住在日本，英國，美國，和法國等等，至於此等國內的國家機關都爲資產階級所盤據，藉以宰制工人，所以在實際上資本主義國家的工人是沒有擁護自身利益的祖國的。又有些人以爲所謂工人沒有祖國就是工人不要祖國，就是馬克思要工人講國際主義。

其實馬氏所謂工人沒有祖國只是陳述一種事實，絕不含有工人不要祖國的意思，反之，他還要工人創造一個祖國，所以他接着就告訴工人要奪取政權，升為國民階級。至於工人組織國家，和講國際主義並不衝突，因為工人組織國家的目的是在擁護本階級的利益，鎮壓資產階級的反叛，他們講國際主義的目的，在政治方面的理由，也是在聯合全世界的無產階級及其聯盟者，與資產階級作戰，使後者容易顛覆，所以兩者是互相補助的。

末了，宣言上於鄭重聲明無產階級要謀自身的解放必須奪取政權外，又注意到奪取政權後所應取的手段。關於這一點，他以為當按照各國的情形因時制宜，但最先進的各國可以沒收土地的產業，徵收累進稅，創辦國家銀行，改革生產方法，和實行強迫勞動等等。迨行之既久人人有同等發達的機會，階級的等差消滅淨盡，於是『有一種協作〔社會〕起而代替這種有階級和階級對抗的資產階級舊社會，至於在協作〔社會〕之中，每個人的自由發達就是一切人自由發達的條件。』（見同書四五頁。）

共產黨宣言第三章論社會主義與共產主義的著作。其中共分三大類，第一類為反動的社會主義，第二類為保守的或資產階級的社會主義，第三類為批評的烏託邦的社會主義與共產主義。第一類又分三項，第一項為封建的社會主義，這是英法貴族於失勢之後，報復敵人的頑意兒。他們雖假裝不計較自身的利益，專為被掠奪的無產階級彈劾資產階級，然他們總免不了要露出自己的眞面目來。『他們在批評之中，很少隱藏那種反動的性質，他們彈劾資產階級的要點恰為：在這個階級統治之下，發達一個行將推翻全部舊社會制度的階級。他們責備資產階級造出一個革命的無產階級，甚於責備他造出一個無產階級。』（見同書四六與四七頁。）

與封建的社會主義沆瀣一氣的，有所謂基督教的社會主義。『牧師與封建貴族既是攜手同行的，所以牧師的社會主義便與封建的社會主義〔結成伴侶〕。在基督教的禁慾主義（Asketismus）上加上一種社會主義的彩色，原來是再容易也沒有的事。基督教不是也曾反對過私有財產，反對過婚姻，反對過國家麼？他不是曾經宣傳過慈善，乞丐生涯，獨身，制慾，出家生活和教會去代替上列各項麼？基督教社會主義不過是牧師平息貴族怒火的聖水罷了。』（見同書四七頁。）

共產黨宣言批評基督教社會主義雖不過寥寥數語，然他不曾是牛渚燃犀，將基督教社會主義牽強附會和趨奉權貴的醜態，窮形盡相照耀出來了。 基督教所崇拜的是什麼『上帝』，是什麼『天國』：他原來就不注意人世間的事，他的教義中沒有社會主義的影子。 學伯特（Hans von Schubert）說得對『基督教對於適當的社會及經濟制度全沒有關係，他只對於與上帝相連的適當制度發生關係，因此他和一種外部的有形的事業沒有關係，只和一種內部的精神的事業有關係。「我的領域不在斯世」，這句話對於政治方面有效，對於經濟方面也有效。「你們不當疲精費神去追問：我們將吃什麼，喝什麼，穿什麼？」此處所垂教的是［注重］內部［生活］的人對於一切外部生活完全不關心，和完全獨立。……』（見學氏的基督教與共產主義一七頁，一九一九年出版。Christentum und Kommuuismus, Tubingen.）還有一層，基督教所遵守的十誡中第八誡是勿盜，第十誡是勿貪鄰家的一切所有物，這明明是承認私有財產的神聖不可侵犯。 後來基督教中重要人物如教皇克力門第一，（Pope Clement I.）教監督米蘭（Bishop Ambrosius Milan）和教皇大格列格里，（Pope Gragary the Great）等等倡言世界上一切物品都是『上帝』創造的，或由土地生長的，應爲大家所公有，不當私於個人，這好像是一種社會主義，然他們說這種話的動機只是由於他們自己及一般教徒不事生產，須仰給於人，故也來反對私產，藉便私圖。　這至多只是考茨基所稱的『享樂品的共產主義』，即享樂品分配和共同消耗的共產主義。』（見考氏基督教的起源三六三頁，一九二三年柏林出版。Der Ursprung des Christentums）在原始的基督教中已充滿這種共產主義。　『然在實際上這種共產主義的出路是，將一切生產工具變爲享樂資料，以之分配於窮人：這就是說，當〔此事一經〕普遍推行，一切生產都告終了。』（見考茨基新社會主義的先驅第一卷四〇頁，一九二〇年第五版。— Vorläufer des neueren Sozialismus.）　這種只願消費不顧生產的共產主義和現今無產階級的共產主義便如風馬牛不相及了。　不獨是這樣。

基督教的社會原則總是幫助統治階級來鉗制被壓迫階級的，關於這一點，馬克思與昂格思在萊因觀察報的共產主義（Der Kommunismus des Rheinischen Beobachters）一文中說得很詳細：『基督教的社會原則曾經承認古代的奴隸制，讚美中古的農奴制，並且當必要時，此等原則對於壓迫無產階級一事，雖也要擺出幾分憂愁的面孔，然却會一樣加以辯護。　基督教的社會原則宣傳一個統治階級與一個壓迫階級的必要，他們不過是具有一種虔誠的志願，要前者對於後者加一點恩惠。……　基督教的社會原則解釋壓制者對於被壓制者的卑劣行爲爲原有罪過（Erbsünde）及其他罪過正當的處罰，或造物主以其聰明睿智加於待拯救者的試驗。　基督教的社會原則宣傳怯懦，自賤，卑屈，服從，馴良，總說一句，〔宣傳〕無賴者的一切特質，而不願意〔別人〕以無賴者相期待的無產階級視他的正氣，他的自信，他的豪爽，和他的獨立，其重要之度，尚遠過於他的麵包。　基督教的社會原則是僞善的，而無產階級是革命的。」（見馬克思與昂格思文匯第二卷四四二至四四三頁。）　由此看來，基督教與社會主義是不相容的，基督教即掛上社會主義的招牌，終久是一個假面具，對於無產階級有損無益的。　在一八四八年以前，基督教的社會主義是平息貴族怒火的聖水，到了現在，他就變成資產階級的護身符了，因爲現在一般基督教徒大概是受資產階級的豢養，所以基督教社會主義者也就摭拾些動聽的門面話，僞裝着關心民瘼的樣子，滲雜在勞動運動中去催眠無產者，使他們入於昏睡的狀態中，藉此延長資產階級的運命。　共產黨宣言將基督教社會主義列入反動的社會主義之中，便是明正其罪了。

反動的社會主義中其餘二項爲小資產階級的社會主義，與德意志或『眞正的』社會主義。　小資產階級的社會主義『分析近世生產關係中的許多矛盾點，非常精密。　他暴露一般經濟學者僞善的飾詞。　他確切證明機械和分工破壞的影響，以及資本和地產的集中，生產過剩，危機，小有產者和農民的必然滅亡，無產階級的困苦，生產的紛亂，財富分配的極不平等，各氏族間毀滅一切的產業戰爭，舊道德，舊家庭關係和舊國粹的解紐。　可是依這種社會主義積極的內容講，他是要恢復舊的生產方法和交通方法，並且因此恢復舊的財產關係和舊社會，或是要將近世生產方法和交通方法強迫裝在舊財產關係的殼子裏面，至於此等殼子或是已被新方法撞破了的，或是必定要被撞破的。　在這兩種場所，他都是反動的，同時又是烏託邦的。』（見同書四八頁）。　至于『眞正的』社會主義是德國的特產，我們在本篇第三章中已經講過，茲不再贅了。

保守的或有產階級的社會主義是有志於改革社會的弊端，藉保有產階級社會的安全，然在口頭上却處處唱着利他主義。　『自由貿易呀！是爲着勞動階級的利益；保護稅則呀！是爲着勞動階級的利益；劃分小房間的監獄呀！　是爲着勞動階級的利益：這是有產階級社會主義最後的話，這也是他的唯一正經的話。　有產階級社會主義的主張就在：有產者爲着勞動階級的利益，才做有產者。』（見同書五二頁）。

批評的烏託邦的社會主義與共產主義是指聖西門，傅立葉和渦文等所倡的學說。他們這些人『固然看見現社會中階級的對抗與分離分子的活動。可是他們祇無產階級方面，沒有歷史的獨立性，沒有自己的政治運動。階級對抗的發達與產業的發達同其步驟，他們却未嘗看見無產階級的解放具有物質的條件，他們力求找出一種社會科學，找出社會定律，去創造此等條件。於是他們私人所發明的行動必須出而代替社會的行動，種種幻想的解放條件必須出而代替歷史的解放條件，一種特別創造的社會組織必須出而代替無產階級逐漸發達成為階級的組織。他們以為將來的世界史就在宣傳並且實行他們的社會計畫中解決了。』（見同書五三頁。）

這些烏託邦社會主義者雖一味憑他們的腦子，發明些玄妙的計畫，硬加在社會的身上，以為社會發展的模範，然他們的批評的著作是很有價值的。此等著作『攻擊現社會的一切基礎。因此他們對於啓發工人供給些最有價值的材料。』（見同書五四頁。）這些社會主義者以和平改革為志幟，不贊成革命的行動，然他們在許多地方尚具有革命的精神；一到他們的信徒，便變本加厲，成為反動派了。此等信徒『固守陳舊的師說，反對無產階級歷史的發達。他們力求和緩階級爭鬥，並調和對抗。……他們拚命反對工人的一切政治運動，以爲這種運動只是由於不信任〔他們的〕新福音才能夠發生的。』（見同書五四至五五頁。）

我們統觀上列各節馬克思和昂格思對於社會主義與共產主義的批評，便知道歐洲各先進國在一八四八年法國二月革命以前，社會主義的派別繁多，可說是應有盡有；而究其實際，都是與無產階級的解放運動相背馳的。馬昂兩氏爲無產階級的政黨作宣言，特將這許多派的虛僞，幻想，和弱點，盡情暴露出來，使各國工人不致再受其愚弄和欺騙。自二月革命爆發，風聲傳播於中歐和西歐各部，無產階級到處幫助資產階級革命，迨革命成功，無產階級到處受資產階級的壓迫，到處爲資產階級所屈服。於是『一八四八年對於一般有思想的工人已經將那種在他們和資產階級之間只存有些誤會的幻想消滅了。階級爭鬥在歐洲全部陣綫上都爆發了。那和平的與非政治的社會主義不復有立足之地，工人階級政治行動的問題不復是學者的問題，而是生活上的問題了。』（見考茨基：昂格思生平，活動與著作三五頁。）這種事實可以證明無產階級已經逐漸覺悟反動的，保守的，以及烏託邦的社會主義與共產主義都不是他的救星，而馬昂兩氏所指示的途徑乃是他們應遵循的唯一無二的軌道了。

共產黨宣言的第四章論共產黨人對於對峙各黨所處的地位。『他們是爲着達到工人階級眼前直接的目的和利益而爭鬭，可是他們在現在的運動中同時代表將來的運動。共產黨人在法則和社會民主黨（Die sozialistisch-demokratische Partei）聯合，反抗保守的和急進的資產階級，然〔他們〕對於批評〔這一黨〕從革命遺傳下來的空話和幻想之權，却沒有拋棄。他們在瑞士則幫助急進黨，然〔他們〕却不否認這一黨是由法國意義中的社會民主主義者與急進的有產者兩種反對分子成立的。共產黨人在波蘭則幫助那以農業革命爲民族解放條件並於一八四六年引起克拉高（Krakau）叛亂的政黨。共產黨在德國則待資產階級表現革命的〔態度〕。即與之共同協作，去反抗專制的君政，封建的土地產業，和小資產階級。可是他一刻也不忘記努力使工人明白覺悟資產階級與無產階級敵視的對抗，因此使德國工人對於資產階級當權後必然造成的社會條件和政治條件，可以即刻轉用作抵抗資產階級的武器，因此〔使他們〕於推翻德國的反動階級以後，即刻開始和資產階級爭鬥。……總之，共產黨人無論在何處，總是幫助每種反抗現今的社會狀況和政治狀況的革命運動的。……末了，共產黨人是到處盡力替各國民主主義的黨派謀團結和一致的。』（見考茨基校的共產黨宣言五五至五六頁。）

上面一大段文字是極重要的，因爲這是共產黨在國民革命沒有成功的國家中實施方略所表現的地方。凡不了解共產黨策略的人以爲共產黨所幹的革命必爲共產主義的革命，即無產階級專政的革命。若掛起共產黨的招牌，去幹別種革命運動，（如國民革命之類，）那不是背叛主義，就是降格相從。其實共產黨所抱的最終目的固在於實行共產主義，而實行共產黨主義入手的方法固在於無產階級專政，然當社會的狀況與客觀的環境還沒有達到這種程度時，以從事實際運動爲幟志的共產黨人自然不能夠閒着等待，他們必須設法使社會向前進步。在貴族與資產階級並存的地方，他們便聯合革命的資產階級去和貴族爭鬥，迨貴族被推翻，資產階級掌握統治權，他們然後轉而與資產階級爭鬥，以圖最後的勝利。這就是昂格思所謂『共產主義者的利益在乎幫助資產者立得統治權，庶可以迅速復行推倒他們。』（見昂氏共產主義的基本原則三四頁。）因爲『除掉資產階級與人民聯合外，貴族是不能夠被推倒的，在貴族與有產階級仍然並存之處，講人民的掌權是一種純粹無意識的話。』（見馬克思與昂格思文匯第二卷四四四頁。）所以共產主義者幫助有產階級革貴族的命，其用意是在替無產階級減少一種仇敵，縮短他的解放時期，他們這樣幫助每種革命的階級和黨派去反抗一切反動的或保守的階級和黨派的策略，是一種最賢明的策略，是一種最有利於無產階級解放運動的策略。馬昂兩氏於一八七二年替共產黨宣言作序，猶聲明關於共產黨人對於對峙各黨所處地位的評論在根本要點上仍是對的，（參看考茨基校的共產黨宣言一八頁。）而現今第三國際及其所屬的全世界共產黨在實際運動中仍是奉馬昂兩氏所讚設的策略爲圭臬的。

共產黨宣言於說明共產黨人對於對峙的各黨派所取的態度後，乃用一段光明磊落，武勇雄壯，莊嚴沉重和痛快淋漓的話，作全文的結局：『共產黨人最鄙薄將他們的見解和目的隱藏起來。他們公然宣布，只有以武力打倒向來一切社會制度，才能夠達到他們的目的。讓各統治階級在一種共產主義革命的面前去發抖。無產者在這種革命中除掉他們的鎖鍊子外，毫無所失。他們所要獲得的却是一個世界。各國的無產者，聯合攏來啊！』（見同書五六頁。）

共產黨宣言爲古今來所僅見的傑作，現已無人能夠否認。波士德格特（R.W.Postgate）說得對：『共產黨宣言不僅是使一種不相聯繫的運動」這種運動的綱領不適宜之處，自身不容易感覺得到——變成一種具有綱領——這是一個完善的工具——的運動：他不僅是使社會主義從祕密的陰謀詭計的途徑轉入公然宣傳的道路；他並且使社會主義獲得自身在歷史上的地位。他打破了政黨「道德的」舊分野，以便對於他們作一種新的和眞正歷史的評價。他指明資產階級不是一種怪物的聚合，但是因歷史的必然而產生的一個階級，這個階級將來是要讓位於無產階級的；他指明資本主義不是基督之敵（Antichrist）的統治，但是各種偉大勢力的解放，而此等勢力將來是要達到共產主義的。因此他永遠掃除了烏託邦創造者的領域，使社會主義成爲一種具有世界意義的東西。不像布浪葵所說的一樣，是在「地球一隅所孵的一個雞蛋。」所以他給共產主義以一種威儀，這是此主義前此所未嘗有的，他使共產主義出現於光天化日之下，一洗祕密結社的遺傳——即陰謀詭計與不斷的暴行。馬克思固然不反對武力革命。但共產主義者現在是打開眼睛的！他們能夠看時機的表徵，能夠等待並且擇取他們的時機：他們沒有何種口實，相信四十八點鐘的變亂立卽使全世界變成社會主義的〔世界〕。』（見波氏編的從一七八九年到一九〇六年的革命一三九頁，一九二〇年倫敦出版。Revolution from 1789 to 1906.）

共產黨宣言既具有如此偉大的價值，所以李卜克內西說：『卽使馬克思和昂格思〔除這種宣言外〕再無所表現，卽使他們限身於〔一八四八年的〕革命之中，……他們也名垂不朽了。』（見李氏馬克思紀念英文譯本二六頁。）這是絲毫不錯的。『這種宣言現在是全體社會主義著作中流行最廣的和最富於國際性的作品，是各國——從西伯利亞（Sibirien）到加里福尼亞（Kalifornien）——千百萬工人在他們階級解放的大爭鬥中自願奉爲共同綱領的。』（見墨爾林德國社會民主黨史第一卷三七一頁。）可是當這種宣言於一八四八年二月初次發布之時，流行有限，他固然是受少數黨人熱烈的歡迎，然著作界中人以及一般羣衆大概沒有和他會過面，所以李卜克內西說：『在當時德國知道他的，迨不滿三打人。』（見李氏三月革命的五十週年紀念七〇頁，一八九八年柏林出版。Zum Jubeljahr der Märzrevolution.）迨是年六月法國無產階級變亂大失敗，反動勢力逐漸彌漫全歐，共產黨宣言遂因此銷聲匿跡了。所以這種轟轟烈烈，如火如荼的名著在當時並沒有發生什麼大影響。共產黨宣言是用德文著成，在倫敦出版的。法文譯本出現於一八四八年六月變亂之前，英文譯本出現於一八五〇年。俄文譯本出現於一八六三年。此外，這種宣言又前後被譯成各種文字。當一八八七年的時候，有人將共產黨宣言譯成阿摩尼(Armonien)文，向一個書店出售，店主看見上面署有馬克思的大名，望而生畏，要求譯者改作著者，署上自己的姓名，而譯者復不肯承認。昂格思述及此事，引為奇談。（參看考茨基校的共產黨宣言二一頁。）我們於此又不禁想起布洛斯所說的一樁事，（參看鐘聲週刊第四年度一卷一五九頁，）就是馬克思有一次參加諸勒斯登一個工人宴會，克格爾(Max Kegel)作一首詩詠他道：

『奏樂的場所，
坐着一個社會主義的列斯托，(Nestor)
〔這就是〕馬克思，他的聲名
已經使每個良家子弟

聞之發抖。』

世人對於馬克思時有種種妄相揣測之詞，他們總好『蒙馬以虎皮』，而又『談虎變色』，因此馬克思的名字在有產者的耳鼓中遂變成一種恐怖的影響了。

我們對於共產黨宣言的歷史，內容，和批評等等，都說過了，現在特將共產主義與社會主義這兩個名詞在歷史上的沿革和學理上的區別講一下，一則可以表明共產黨及其宣言命名的由來，一則可以寫出馬克思與昂格思對於此等主義的界說及後來的變遷等等。我們且先徵引時人區別這兩種主義的學說數項如左。

斯巴哥說及共產黨的名稱道：『為現代讀者（容易了解起見），必須說明（當時）為什麼採用這個名稱，為什麼不决定稱這種組織為「社會黨，」當時「共產主義」和「社會主義」的用語和現在所指的恰恰相反。我們現在指傅立葉主義和渦文主義這樣烏託邦的形態為「共產主義』，但在當時却稱為「社會主義」。在他方面，當時的工人運動是有缺陷的，並且是在卡柏，威特靈，和馬克思之下分裂成為幾派的，當時只認這種運動為「共產主義」。社會主義在當時是指聖西門主義，傅立葉主義，和渦文主義，他們都只是些固守門戶之見的私派，（Sekten）他們那些荒謬糊塗的行動引起大家的不信任。因此要使用「社會主義」這個名詞，便不能不弄出些無謂的反對和誤會。」（見斯氏馬克思的生平及其言行德文譯本八一至八二頁。）

卡特萊恩（Viktor Cathrein）說：『共產主義比社會主義具有一種更廣泛的意義。每種推行共產或公有經濟的制度都包含在最廣義的共產主義之中。』（見卡氏的社會主義一頁，一九二〇年第十二及十三版。Der Sozialismus. Eine Untersuchung seiner Grundlagen und seiner Durchfuhrbarkeit.）『社會主義（即社會主義的共產主義）要將一切生產物作爲社會的（國家的）公有，並且由國家將生產以及生產物的分配，依照計畫，加以組織。』（見同書六頁。）『馬克思是近世社會主義主要的開創者，他常自稱爲共產主義的信徒，這是對的，因爲類（Gattung）字的意義（共產主義）總是包括種（Art）字的意義（社會主義）的。每一匹馬是一種動物，然每一種動物不限是一匹馬。因此每一個社會主義者是一個共產主義，然每一個共產主義者，不限是一個社會主義者。』（見同書一〇頁。）

布浪額說：「社會主義在財產中所看見的制度是在共同活動的社會中生長出來的，並且在根本上是倚賴社會的一定意志的，恰因這種主義要成爲科學，所以他沒有一種純粹偏執的計畫反對特有的財產。　共產主義絲毫不顧及財產，要直達到平等和共有制。　例如馬克思主義就是社會主義與共產主義一種暗昧的混合物，這是很顯明的。〔他的〕社會主義具有步驟正確的和明敏的指導，這是藉他那社會學說及經濟學說中深遠的思想體系形成的。〔他的〕偏執的共產主義具有烈火般的短絡，(Kurzschluss, Short circuit)這是由他的政治方面〔的學說〕形成的。」（見　氏校的啻澤爾社會主義與共產主義史料索隱一三頁，一九二〇年出版。—— Heinrich Dietzel: Beiträge zur Geschichte des Sozialismus und Kommunismus)

此外，世人對於共產主義與社會主義的區別，各逞臆說，不勝枚舉，也不必枚舉；我們所以提出上面三說，不是因爲他們特別好，足以代表其餘的學說，也不是因爲他們特別壞，遠遜於其餘的學說，只因他們對於這兩種主義，有講沿革的，也有講學理的，而又都涉及馬克思的學說，頗值得我們的特別注意，並且批評他們的當否，可以除去世間許多誤解，找出這兩種主義的沿革和異同等等。　照斯巴哥的說法，一八四〇年代的共產主義即現今的社會主義，現今的共產主義即當時的社會主義；照卡特萊恩的說法，則共產主義包含社會主義在內；照伯浪額的說法，則社會主義是溫和的，演進的而共產主義是橫暴的，躁進的。可是我們一考近世社會運動的實際情形及一般通行的學說，便知道他們三人的話都是不對的。今試分別證明如下。

當十九世紀初葉，共產主義與社會主義在使用上大概同視爲反對私有財產的學說，而不加區別。例如一八二七年溫文派的協作雜誌(The Co-operative Magazine)十一月分一期中有『近世政治經濟學者(穆勒，和馬爾查士)與共產主義者或社會主義者間的主要問題』(見原書五〇九頁)一語，是卽這兩種名詞不加區別的明證。又昂格思於一八四四年著英國工人階級的狀況一書，對於這兩個名詞，亦復隨便應用：他對於英國民權黨的領袖有時稱他們差不多都是社會主義者，有時又稱他們大半是共產主義者。(參看英國工人階級的狀況二四〇頁及三〇〇頁。)

可是歷時不久，共產主義和社會主義在實際運動中就發生差別了。倫敦博愛民主社於一八四七年二月向各國同志發出一道通告書，提出三個問題，請他們答覆，第一個問題爲：共產主義是什麼，共產主義者所志所願的是什麼？第二個問題爲：社會主義是什麼，社會主義者所志所願的是什麼？　通告書附加說明如下：『你們知道共產主義是一種制度，按照這種制度，地球是一切人的公有物，每個人當各盡他的能力作工—即「生產」—各按他的力量享樂——即「消費」——因此共產主義要打破全部舊社會組織，而代以一種完全新的「社會組織」，　社會主義的名稱是從拉丁文"Socialis"——「社會的」——借來的，他所從事的，就和他的名稱所表示的一樣，是社會的措施，是人與人的關係；可是他沒有提出何種新制度，他的事業首在修補舊建築物，塡好那因時代「久遠」而起的罅隙，掩一掩「世人的」眼睛，至多也只能像傅立葉主義者一樣，在陳朽的基礎——即稱爲資本的——上造一層新建築物，所有創造監獄，改良所，貧民院，病院和會食堂的人都可以算作社會主義者；因爲社會主義這個名詞本來就沒有固定的意義，他可以說是無所不備，也可以說是一無所備，一切淺薄的人，一切沉溺於博愛的人，一切喜歡有所作爲而又缺乏實行做事的勇氣的人都集在他的旗幟之下，並且對於不復從事修補舊物，但願造一種完全新建築物的共產主義者，加以謾罵。　可是修補並且粉飾這種完全腐敗的社會制度，徒然虛耗時日，這是每個有理性的人容易看出來的。　因此我們必須竭力保持共產主義這個名詞，並且斷然將他寫在我們的旗幟上面，然後聚以示那些集在同一旗幟下面的爭鬥者；如果有人說——像近來所常見的一樣——共產主義與社會主義在根本上完全相同，要求我們將共產主義者這個名詞——還有些心志暗弱的人攻擊這個名詞——和社會主義者的名詞更換，我們不可自安緘默，但當對於這種無意識的話加以有力的抗議。』(見新時代雜誌第三十七年度二卷一三七至一三八頁，德拉恩共產黨宣言及工人國際前史。Ernst Drahn: Zur Vorgeschichte des kommunistischen Manifests und Arbeiterinternationale)

我們看了博愛民主社上面一段話，可以知道當時共產主義與社會主義的區別何在。昂格思於一八八八年替英文共產黨宣言作序，一八九〇年替德文共產黨宣言作序，對於這種區別復先後加以聲明。他說，當共產黨宣言出現之際，我們沒有稱他爲社會黨宣言。當一八四七年的時候，社會主義者是指兩種人講的。一方面是各種烏託邦制度的信徒，尤其是英國的渦文主義者與法國的傅立葉主義者，他們在當時已經變成逐漸消滅的私派了。在他方面是些極龐雜的社會庸醫，他們要用各種萬應藥方及補綴細工去消滅社會的弊端，使資本和利潤不受絲毫痛苦。這兩方面的人都是站在工人運動以外的，他們倘向有教育的，各階級請求幫助。反之，工人中相信單靠政治革命必不濟事而要求社會須有根本改革的部分，在當時自稱是共產主義的。這只是一種粗笨的，本能的，和未成熟的共產主義；但他却具有充足的力量，產出兩種烏託邦共產主義的體系，在法國是卡伯的伊卡利〔共產主義〕，在德國是威特靈的〔共產主義〕。當一八四七年的時候，社會主義是指一種資產階級的運動，共產主義是指一種工人運動。社會主義是有體面的，共產主義適得其反，至少在〔歐洲〕大陸是這樣的。我們在當時已有確切的見解，知道「工人的解放必爲工人階級自身的事業，」所以我們對於這兩種名詞選擇那一個，心中沒有絲毫疑義了。（見考茨基校的共產黨宣言二三至二四頁。）

此外，邁耶和斯太恩兩人對於共產主義與社會主義區別上的說明，尚足以補上面兩說的不足。邁氏說：『照德文的用語，當時所謂社會主義是指一種對於社會狀況和平革新的志願，而這種志願多少具一種矜炫的形態，多少帶一點急進的彩色，當時所謂共產主義是指一種破壞社會的勢力，而無產者的祕密結合，就是擔負這種任務的。』斯太恩所加的區別是：社會主義是要完全藉他標出的眞理的勢力去構造一種社會，共產主義是要藉羣衆的勢力，並且要藉革命和破壞推翻現社會。』（見邁耶昂格思傳第一卷一一九頁。）

統觀上面三大段話，可以知道一八四七年那個時期所謂共產主義與社會主義，很少學理上的區別，集在這兩種主義下的人所以彼疆此界，只因他們所代表的階級不同，和所用的方法各異罷了。　斯巴哥對於這個異點，一字不提，徒製造一種曲說，以亂世人耳目。　他說：『我們現在指傳立葉主義和渦文主義這樣烏託邦的形態爲「共產主義」。』　按其語氣，似乎是認現在的共產主義爲烏託邦的形態，這已經是毫無根據，卽退一步，承認他的話是對的，然卡伯和威特靈的主義同具有烏託邦的形態，何以他又要將他們排在現今的社會主義之列呢？　況且他認聖西門主義，傳立葉主義，和渦文主義爲共產主義，這不是世界著名的學者所公認的。　卡斯天於一九一八年十二月在柏林演講社會主義，他說：『渦文及其黨徒，和聖西門及其黨徒都是社會改良家，他們的提案有多少激烈之處。　但他們却不是共產主義者，他們並且還反對共產主義，他們尤爲反對階級爭鬥的人。』（見卡氏社會主義是什麼？四頁。Was ist Sozialismus?）　阿白海默（Franz Oppenheimer）也說：『馬克思意思中的「烏託邦」社會主義不都是共產主義。　如僅把最著名的人名指出來，那麼，傳立葉，蒲魯東，和杜靈格（Dühring）的確是社會主義者，非共產主義者。傅立葉是一個協作社會主義者，要是照謝富勒（Schäffle）所造的一個好名詞講，他便是一個協作主義者（Assozialist）。』（見阿氏資本主義，共產主義與科學的社會主義四五頁，一九一九年出版。——Kapitalismus, Kommunismus, wissenschaftlicher Sozialismus.）上列兩說足以反證斯巴哥所說的無稽了。

卡特萊恩認共產主義包括社會主義在內，這也不是一般學者所能承認的。格林伯克說：『［世人］硬要使社會主義與共產主義的意義互相分離，並且在他們的中間劃出一條顯明的界綫——然却沒有成功。』（見國民經濟辭書第二卷八二八頁，一九一一年第三版。Worterbuch der Volkswirtschaft）就大體講，格氏的話，未嘗不對，然我們仍可依現今多數學者共同的學說，與普通工人的見解，來說明這兩種主義的異同。他們的學說和見解怎樣呢？就是認社會主義與共產主義爲兩種不相統攝而互相銜接的主義。曾爾（Karl Diehl）說：『共產主義比社會主義更進一步，因爲共產主義不獨是要取消私人支配生產的事，他還要取消私人支配消費資料的事。在社會主義的國家中私人不能有生產的財產，就是不能有土地和工廠等等。然私人可獲得消費的財產，他可以自由處分他的勞動的產物，可以用這種勞動的產物——例如用他所服務的勞動時間——去交換他所願得的貨物。在共產主義的共同生活團體中就不相同。在此處不獨是土地工具等等是歸公有，即各人所得的養料衣服等等也是由公家規定的。換句話說：社會主義只要剷除關於勞動工具的私有財產，而共產主義却還要剷除關於勞動生產物的私有財產。〔見曾氏社會主義，共產主義，與無政府主義八頁，一九二〇年第三版。über Sozialismus, Kommunismus, und Anarchismus）利夫曼（R. Liefmann）說：『〔共產主義與社會主義的〕區別不在向來所聚訟的生產與消費兩者物質上的對峙，也不在外表的生活形態，而在分配的原則上。當生產工具既爲公有財產的時候，生產物——無論是半製品或全製品——自然也是公有財產。可是此等物品用那種原則來分配，這就是〔共產主義與社會主義〕一個不同之點。大家如果認各人所得的分子當相等，那麽，共產主義就出現了。此事和現今〔一般人〕對於〔共產主義所認識的〕意義相符。反之，許多社會主義者對於分配的方法雖也曾參加，然社會主義還沒有談及這一點，這是他的特點。……所以共產主義較之社會主義是一種較高的勢力。〔見利氏社會主義的歷史與批評一〇頁，一九二二年出版。Geschichte und Kritik des Sozialismus, Leipzig)利氏的話比較奮氏的更爲妥當，因爲現今所謂共產主義不獨比社會主義更進一步，要求消費資料的公有，他對於分配問題，是主張各取所需的，至少也是要平等的。墨廷(Metin)於二十年前說過，他在馬爾波(Malbourne)問一個工人，社會主義是什麼？工人回答道：『十個先令一天。』作者在佛郎克佛(Frankfurt am main)問一個機器工人，共產主義是什麼：他的答案是：『我有兩件衣，分一件給沒有衣的人穿。』這兩個工人的話雖不足以代表完全的學理，然由此可以證明普通一般人所謂社會主義在分配上是要取得充分的報酬，所謂共產主義在分配上是要平等，他們的見解和許多學者的主張是相符合的。由此看來，卡特萊恩謂共產主義包括社會主義而馬克思僅爲近世社會主義的開創者，此說實無足取了。

布浪額左袒社會主義，力排共產主義，而認馬克思主義爲兩者『一種暗昧的混合物，』尤屬奇談。布氏所稱的共產主義是向來一種平等的共產主義，(Gleichheitskommunismus)即昂格思所謂『粗笨的本能的和未成熟的共產主義』，這是馬昂兩氏早已排斥過的，布氏認馬克思主義中含有這種主義，殊屬非是。在馬克思之世，社會主義與共產主義很少原則上的區別，而馬昂兩氏所主張的共產主義尤非如布氏所想像的，爲一種固執的教義。　關於這一點，不獨是共產黨宣言上已經聲明共產主義理論上的旨趣不是建築在空泛的理想上，任何原則上的；而是階級爭鬥中事實關係的表現，不獨共產主義的基本原則上劈一句即說明『共產主義爲無產階級解放條件的學說，』（見原書八頁，一九二一年版），　而昂氏於一八四七年與海村(Karl Heinzen)辯論，說得尤爲明瞭：『海村若幻想共產主義是由一定的理論原則爲中心點而推演出來的一種教條。　海村却弄錯了。　共產主義不是一種教條，而是一種運動；他不是從何種原則出發的，而是從事實出發的。　共產主義者沒有這種或那種哲理，凡向來的全部歷史，尤其是各文明國中這種歷史現今事實上的結果，就是〔他們的〕前提。共產主義的出現，是由於大工業及其結果，由於世界市場的成立，由於因世界市場成立而起的無限制的競爭，由於愈出愈兇猛，愈演愈普遍的商業危機——這種危機現已完全成爲世界市場的危機——由於無產階級的產生，及資本的集中，由於因此而發生的無產階級與資產階級的階級爭鬪。　共產主義所謂理論，就是將無產階級在這種爭鬥中所處的地位用理論表現出來，就是將無產階級的解放條件用理論總括起來』，（見爭鬥雜誌第七卷五一七頁，昂氏共產主義者與海村。Die Kommunisten und Karl Heinzen）至於馬克思對於分配問題的意見，更有一定的步驟，他並沒有主張於無產階級社會革命之後，卽『直達到平等和共有制。』他在一八七五年德國社會民主黨哥達（Gothaer）黨綱的批評中，將共產主義的社會分作兩期，在共產社會的第一期中，他主張工人取得與其勞動相等的物品，（除去公共必需的費用和儲蓄。）在共產社會的更高期中，他以爲因個人的平均發達，和生產力的提高，更不必平均分配，社會且可以在其旗幟上大書特書各盡所能，各取所需了。（參看經濟學研究選刊第十二卷一四四至一四六頁，馬氏社會民主黨黨綱批評。Zur Kritik des sozial-demokratischen Parteiprogramms: Ausgewählte Lesest cke zum Studium der poitischen Oekonomie 12. Band）我們參照馬昂兩氏對於共產主義的意見，可以知道布浪頟對於馬克思主義和共產主義的批評是極不正確的。

還有一層是應當聲明的。馬克思在哥達黨綱批評中雖標出共產主義社會的第一期與共產主義社會的更高期等名目，然他在同一文中仍有應用社會主義這個名詞之處，他自己並沒有以分配原則的異同去區分這兩種主義。列甯（Lenin）謂『通常指爲社會主義的，馬克思則稱爲共產主義的第一期。』(見列寧國家與革命德文譯本八四頁。Staat und Revolution)這是以後起的意義去解釋馬氏的用語，自然不錯。　反之，皐爾德斯（Bela Földes）說：『有些著作家將一切反對現社會制度的組織，總歸入社會主義之下，而共產主義則除去不計，因爲沒有社會主義，則共產主義粗形的實現只是一種幻想。　還有些著作家將一切〔反對現社會制度的〕社會制度都歸入共產主義之下，因爲照他們的見解，一切社會主義的制度終久是要達到共產主義的。　因此我們便看見馬克思稱他〔所主張的學說〕體系爲共產主義。』(見皐氏社會主義思想界中的主要潮流八頁，一九二三年出版。Die Hauptströmmungen des sozialistischen Gedankenwelt）　這便是對馬克思妄加揣測了，後起的著作家對於社會主義與共產主義的命名，或許如皐氏所言，至於馬氏當時使用共產主義這個名詞，以及稱他和昂格思所草的宣言爲共產黨宣言，純是由於當時共產主義爲無產階級所崇奉的主義，純是因『共產主義這個名詞明白昭示那爲自身解放而從事於革命爭鬬的無產階級的目標。』(引考茨基語，見倫理與唯物史觀七九頁，一九二〇年出版。Ethik und materialistische Geschichtsauffassung)　馬克思決沒有皐氏所想像的那種意思存在心中，這是可以斷言的。

馬克思和昂格思對於共產主義意義上的解釋，以及他們應用這個名詞的原因，我們已經詳細說明了，現在再回轉去談他的沿革。自共產黨宣言發布至一八八八年昂格作思序四十年之間，共產主義與社會主義的區別又復曖昧起來了。這兩個名詞又漸次變爲異名同義的名詞了。昂格思於一八七八年發表一種著作，名杜靈格的科學革命，他在這種著作中稱他們的主義爲社會主義。他後來從此書中抽出三章，稍加修改，另成一個小册子，題爲『從烏託邦到科學的社會主義之發達，』他所謂烏託邦社會主義就是指聖西門，傅立葉，和渦文等的主義，所謂科學的社會主義即指他們自己的主義。自一八八八年昂氏作序，至一九一七年三十年之間，這兩個名詞在應用上更少彼疆此界的鴻溝。所以密設斯(Ludwig Mises)說：『「共產主義」的標語所指的和「社會主義」所指的沒有什麼不同。近幾十年來這兩個名詞的使用，在意義上已經是屢屢互相交換的，然社會主義者和共產主義者區別之點，總只是策略的問題。』(見密氏公有經濟制一二四頁，一九二二年出版。Die Gemeinwirtschaft, Untersuchungen über den Sozialismus) 近數十年來，有些人稱馬昂兩氏所創造的主義爲科學的社會主義，又有些人稱爲科學的共產主義，其實只是異名同義的稱呼。墨爾林的著作對於他們的主義有時稱爲科學的社會主義，有時又稱爲科學的共產主義，他並且認『資產階級的經濟學者對於社會主義與共產主義意義上的區別，作精深的探討，是無聊的毫髮之辨。』（見墨氏德國社會民主黨史第一卷二頁。）當時不注重這種區別已可概見。

可是保羅夫婦說得對：『自（一九一七年十一月）俄國一種工人階級的經濟革命自稱爲「共產主義的」，隨後一年（一九一八年十一月）德國一種大半爲中等階級（所操縱）的政治革命自稱爲「社會主義的」，於是社會主義與共產主義的區別又復顯著起來。第三國際於一九一九年三月成立於莫斯科（Moscow），這種區別便於斯時注定了。自此以後，全世界共產主義的左派和社會主義的中央派以及右派互相分離，已經愈加顯明。現在「社會主義」是淡紅色的，半資產階級的，並且是有體面的。「共產主義」是深紅色的，無產階級的，沒有體面的，並且是布爾希維克的。』（見保氏創造的革命一七至一八頁，一九二〇年出版。Creative Revolution. A Study of communist Ergatocracy.）因此現在的共產主義與社會主義這兩個名詞又有恢復一八四七年代舊觀的趨勢了。不僅是這樣。列甯在一九一七年四月十日即已說過：『人類從資本主義只能直接過渡到社會主義，這就是說，過渡到生產工具的公有和依照各人的勞務分配生產物。我們的黨更看到社會主義必不可免地逐漸發展到共產主義，而後者的旗幟上所書的是：「各盡所能，各取所需。」』（見列寧全集—Lenin Sämtliche Werke—德文本第二十卷一册一七八頁）可見這兩種主義在理論上的區別，他是早就承認了。

然一般著作家大概仍沿着向來的習慣，不措意于這兩個名詞的區別。例如柏爾于一九二四年刊佈他的『社會主義與社會爭鬥通史』（Allgemeine Geschichte des Sozialismus und der sozialen Kämpfe），在序言中卽聲明『這裏到處視社會主義與共產主義爲具有同樣的意義。』（見原書第一册八頁）施浪德（Erhard Sehlund）於一九二二年刊佈他的『共產主義的哲學問題』（Die philosophischen Probleme des Kommunismus），也說：『社會主義與共產主義已經和日用品——他們現在確已成爲這樣的日用品——享有同一的命運，就是，他們恰因日常使用，退了光，喪失了鋒銳的輪廓。』（見原書一〇頁）所以社會主義與共產主義在沿革上和學理上雖有上面所述的各種區別，但在應用上仍是很少以此爲標準的。我們對于兩者的敍述，不厭求詳，用意也不過是藉此供讀者的參考罷了。

第六章　一八四八年歐洲各國的革命

自共產黨宣言發布後，法國的二月革命即爆發了；由是而牽動歐洲半壁，使之轉入渦漩，演成世界史上一種階級爭鬥的大觀。這種革命是資產階級反抗封建制度的革命，是他們反抗列國君主維也納條約所處分的事件的革命，也是無產階級初次出現於歷史舞台，共同參預國政的革命。然革命只是一種結果，一八四八年歐洲各國的革命並不是憑空而起的，乃是歷許多年月醞釀而成的。當一八四七年的時候，這種醞釀已經達到成熟的時期，大有一觸即發之勢。我們要講一八四八年歐洲革命的經過，最好先從昂格思一八四七年的運動（Die Bewegung von 1847.）一文中抽出三段簡單明瞭的話，藉以表見革命前一年的情形。

『一八四七年確為最多事之秋，這樣相同的情形是許多年以前我們才遇見過的。在普魯士則有憲法與聯合國會〔的運動〕，在意大利則政治生活發達的迅速，迥非意料所及，而對於奧大利且有普遍的武裝對抗，在瑞士則有內亂的發生，在英國則有帶激烈彩色的新國會，在法國則有誹謗的言論及改革宴會，…　這是一批變化和運動，　這是近幾年來所未曾有的。』（見爭鬥雜誌第六卷二〇七頁。）

『一八四七年沒有什麽決絕的分勝負的舉動，可是無論在何處都有壁壘森嚴的對峙的黨派；在這一年中固沒有確切解決什麽問題，然一切問題都提出來了，現在非解決不可。』見同書二〇八頁。

『我們隨便向何處一望，都看見資產階級有了極大的進步。　他抬頭起來，髮指皆裂般向他的仇敵挑戰。　他期望決切的勝利，而他的期望是不會失敗的。　他要照他的標準去處置全世界，關於這一點，他在地球上一大部分中是會成功的。』（見同書二一二頁。）

昂格思描寫一八四七年歐洲各國的運動，斷定資產階級的革命及其勝利，迫在眉睫，他這篇文字發表不到一個月，（原文見一八四八年一月二十七日的德文不律塞報，）二月革命果然霹震一聲，驚動全歐了。　我們現在且述其起源及經過如下：

法王路易，非力普（Louis Philipp）自一八三〇年卽位後，極力交歡國中的大財閥，與之朋比爲奸，經營投機事業，大爲新興的工業資產階級所不滿，因爲『在路易非力普之下擔統治權的、不是法國的〔全〕資產階級，而是這個階級中的一部分，卽銀行家，交易所大王，鐵路大王，煤鐵鑛主以及一部分和此等人有聯絡的地主——卽所謂財政貴族。 這個貴族包圍君主，他在國會中制定法律，他操縱國家各種位置，自內閣起一直到煙草部爲止。 眞正工業的資產階級構成反對的一部分，就是，他在國會中的代表只是少數。 當財政貴族獨霸的趨勢愈加純粹，當他自己於一八三二年，一八三四年，以及一八三九年血肉橫飛般鎮壓工人階級的騷動後，愈加覺得足以宰制工人階級，他〔對於財政貴族〕的反抗便愈加决切。」（見馬克思法蘭西的階級爭鬥二四至二五頁，一九二〇年出版。 Die Klassenkämphe in Frankreich）

法國的財政貴族既握有政治上和經濟上的大權，暴戾恣睢，橫行無忌，所以工業的資產階級以及小資產階級和無產階級對之無不怒目相視，欲得而甘心；又加以一八四〇年代的以後幾年，國內國外發生兩大經濟的變端，影響所及，更足以促進革命的風潮。 第一種經濟的大變端就是一八四五年和一八四六年的馬鈴薯腐爛與歉收，因此『增進了人民乖離的心理。一八四七年〔物價的〕騰貴使法國國內和〔歐洲〕大陸別處一樣引起流血的衝突。 人民爲着必需的生活品而爭鬥，與財政貴族無恥的轟飲遙遙相對！在不參色（Buzancais）則因饑荒而騷動的人横遭殺戮，在巴黎則縱飲的無聊醉漢倚賴王家的勢力而逃開法網！促成革命爆發的第二種經濟的大變端是英國一種普遍的工商業危機；當一八四五年的秋季，鐵路股票投機者的大失敗已經替這種危機報信了，至一八四六年因許多偶然的事，如取消谷米稅之類，得維持暫時的現狀，到了一八四七年的秋季，這種危機畢竟在倫敦殖民地商品的大商人破產中發動了，而各農業銀行的破產，與英國工業區域中各工廠的倒閉，遂接踵而起。當二月革命爆發時，這種危機對於〔歐洲〕大陸的影響還沒有衰歇。』（見同書二七至二八頁。）

二月革命的遠因既如上所述，今再述其近因。法國資產階級的急進派憤財政貴族的專横，想擴充選舉權，從議會方面着手改革，於是有所謂選舉改革宴會的發生。當這種宴會舉行之初，政府尚未十分注意，迨一八四八年二月二十一日巴黎宣布異日舉行同樣的宴會，預計與宴者有巴黎的有產者一千五百人，巴黎十二市區的代表九十七人，於是政府忽加以禁止。政府這種舉動就無異火上加油！到了二十二日，巴黎的工人、學生，和市民等相率游街示威，唱革命歌，並大呼打倒基佐，和改革萬歲等口號；當時的警察已無力制止羣衆的行動了。『到了異日，政府爲鎮壓這種騷動起見，召出他的主要的兵力。〔然人民的〕抵抗也以同一程度而增加起來了；堡壘出現〔於街道上〕，並且爲供給羣衆以武裝起見，各軍器店也被搶刧了。國防軍不肯動作，或是暗中幫助騷動者。這種爭鬥愈趨激烈，畢竟使路易，菲力普那隻老狐驚慌失措，罷免他所信任的基佐，而命任麻勒（Molé）組織內閣，這却是無關重要的。然資產階級對於這種〔結果〕興高彩烈，羣相慶幸，而一般人民對之却毫不措意，仍守着堡壘不動。當那個殘暴武夫步若（Bugeaud）將軍被任爲軍隊的總司令時，羣衆的怒火又從新燃燒起來了。大家看出這就是一種指標，表明壓服騷動後，將實行一種流血的反動。同時在基佐的官署前又發生了革命中所常起的「誤會」，演成人民與軍隊間一種衝突；羣衆中放了一手槍，而陸軍發一排槍，以致羣衆的死傷至十五人以上。羣衆於是狂呼大叫，奔入各街道中，而一般共和主義的領袖則作激烈的演說，要求復仇。當有產者的區域結彩誌慶的時候，羣衆區域就移去街道上所鋪的磚石，和魔術一般從地中生出許多堡壘，發生一種可怕的大巷戰，通夜不輟。那橫暴的步若也不能克服這種變亂，並且常備軍也不完全可靠。　路易菲力普那種卑鄙心胸還沒有懂清楚這種變亂是反抗他自身和他的一制度，」他以爲命退耳（Thiers）組織一個「自由」內閣，這種把戲就可以和緩變亂。可是人民對於這種內閣毫不注意，只是繼續戰爭。　到了這個時候，路易菲力普才垂頭喪氣，宣布退位，令他的孫巴黎伯爵（Graf von Paris）承統，以新王的母親奧爾良公爵夫人（Herzogin von Orleans）攝政。　這位交易所大王遂於可憐可憫之中，從他那十八年腐敗政府的舞台上滾下來了。』（見布洛斯一八四八年至一八四九年的德意志革命七六頁，一九二三年出版。　Die Deutsche Revolution von 1848bis 1849.）

自路易菲力普讓位於巴黎伯爵的詔書發出後，有產階級的自由派便躊躇滿志，而一般人民尚不肯承認此舉，於是更向法王的宮殿進攻，搗毀宮中的什物，但未嘗發生刧奪之事。他們又相率闖入國會，驅逐那藏身於此的奧爾良公爵夫人母子，要求宣布法蘭西爲共和國，並且即刻組織臨時政府。　至二十五日午間，臨時政府雖已組成，但法蘭西還沒有宣布爲共和國。　一般工人對於宣布共和一事，堅持到底，如不達到目的，他們誓以武力解决。　儒拉斯培（Kaspail）以工人資格前往臨時政府的辦公處。　『他以巴黎無產階級的名義命令臨時政府宣布共和；在兩點之內，如不履行人民這種命令，他將率領二十萬人迅轉去。〔當時〕死難者的屍身幾乎還沒有冷，堡壘還沒有除去，工人的武裝也沒有解除，而能和他們對抗的唯一武力只是國防軍。在這種情形之下，臨時政府政治的懷疑與法律的顧慮，忽然消滅了。兩點鐘的時間沒有過完，巴黎的一切牆壁上已經現出〔下列〕歷史的偉詞名語了，就是：法蘭西共和國！自由，平等，博愛！』（見馬克思的法蘭西的階級爭鬥二九頁。）

自此以後，法國各處都聞風響應，次第歸入臨時政府統治之下了。

可是臨時政府中的分子大部分爲有產階級和小有產階級的代表，至於無產階級的代表只有著名的社會主義者路易勃郎和一個工人亞爾柏特。（Albert）在這一次戰爭中出力最多的是工人，但巴黎於受過工商業危機的影響之後，復經變亂，百業停滯，工人無以爲生，而臨時政府復沒有議及具體的救濟方法。他們於二十五日早晨羣集於政府所在地，由一個工人馬士（Marche）代表向政府要求勞動權。馬士拿着實彈的手槍，以決切的言詞，向政府中人說道：『人民不信任臨時政府的意思，人民如果得不到一道命令宣布以工作保障他們的生存，他們是不會散去的。』（見李卜克內西的三月十八日及其同類事件一七頁，一八九八年出版。Züm 18. März und Verwandtes, Nürnberg）當時政府的主腦是有名的共和主義的詩人拉馬丁。他以種種溫詞軟語去和緩馬士，馬氏氣勢洶洶地打斷他的話，說道：『不要說空話啊！這種政治的把戲也儘夠了！人民是主人翁，他們命你們這些公僕以命令宣布勞動權，不要遷延啦！』（見同書同頁。）當馬，拉兩氏正在爭論之際，路易勃郎等已擬就一道命令，由政府大員全體署名，其文如下：

『法蘭西共和國政府當以工作保障工人的生活；

他當爲一切國民籌備工作；

他承認工人有聯合之權，藉以取得他們工作合法的利益；

臨時政府是屬於工人的，他從平民所得的百萬〔佛郎〕轉給工人。』（見波士德格特編的從一七八九年到一九〇六年的革命一九一頁。）

然臨時政府自下了這道命令以後，又寂無動作。『幾天之後，他已經將他所允許的事件忘記了，他的心目中也似乎沒有無產階級〔的影子〕了，於是有二萬工人羣衆列隊到市政廳，(Hotel de Ville)大呼：勞動的組織！造成自己的勞動內閣！臨時政府經過一次長久的爭辯後，任命一個永久的特別委員會，令其研究改善工人階級的方法。這個委員會是由巴黎各手藝工人團體的代表組織成的，而以路易勃郎和亞爾柏特爲領袖。盧森堡宮（Das Luxemburg）被指定爲他的會議所。於是工人階級的代表被逐出臨時政府，而內中資產階級的分子握得國家的實權了。』（見馬克思法蘭西的階級爭鬥三〇頁。）

法國的工人羣衆爲資產階級所欺騙，他們當時還沒有覺得，他們以爲既有政府的命令保障『勞動權，』復有一種特別委員會去籌畫經營，旋又設立國家工廠，他們從此總可以脫離資本主義的掠奪，獲得一種優美的生活了。可是李卜克內西說得對：『「勞動權」在當時被視爲一種社會主義的要求，其實這只是一種烏託邦，因爲在社會主義的社會中，勞動是每一個有工作能力的人的義務，而在資本主義的社會中，要替一切人都找得工作，簡直是不可能的，因爲資本主義的生產是以一種賦閒工人的預備隊爲生存條件的。』（見李氏三月革命的五十週年紀念三五頁。）法國工人在資本主義的制度之下相信什麼『勞動權，』本是涉於幻想，然假令主持國家工廠的人能夠有計畫地實心任事，也未嘗不可保障工人的生活至若干時期之久；不意負此項工廠主要要責任的人恰爲仇視社會主義的內閣閣員馬利，（Marie）則此事的無良好結果更可想而知了。

當馬利經營國家工廠之時，他不獨不肯實心籌畫，力圖整理，並且故意將其弄壞，在一方面可以藉此歸咎於社會主義，在他方面又可以挾工廠工人做反對社會主義工人的利器。自盧森堡宮工人委員會成立後，共有工人代表（每種職業派代表三人，）三，四百人，此機關旋成爲社會主義煽動的中心，引起法國資產階級，小資產階級和政府的驚慌與恐懼，他們遂聯合來對付工人階級。他們除掉聯合一切反動派組織所謂秩序黨(Party of Order)外，擬以國家工廠的工人爲他們的預備隊。（參看波士德格特編的從一七八九年到一九〇六年的革命一七〇至一七一頁。）馬利於是年五月向國家工廠的領袖托馬斯（Thomas）說：『國家工廠的工人數目增加，你不要害怕，只是你當預先拿定，要能夠支配他們。就這一點講，人數不能太多。你要努力保持工人，不可省錢，當必要時，有人允給你以祕密款項。你相信給款的人可以命令這種〔工〕人麽？我們應用工人在街道上「作戰」之期恐怕不遠了。你留心將他們配上武裝。』（見李卜克內西三月十八日及其同類事件一六頁。）可是國家工廠的十一萬多工人不獨不能如主持工廠者所預期的一樣，可以用作攻擊社會主義工人的工具，他們自己大概傾向社會主義，成爲資產階級的敵人了。臨時政府察出這種現象，又因困於財力，遂決計停辦國家工廠。六月十五日財政總長哥學（Goudchaux）在國會中宣言國家工廠必須立予消滅，至二十一日政府下令，命國家工廠的工人投入軍營中當兵，或到索倫涅（Sologne）去開墾。異日有一千五百工人在薄雀爾（Pujol）指導之下，前往行政委員會。薄氏入見馬利，詳陳工人反對二十一日命令的理由，馬氏答道：『我知道啊，可是你要注意，不願意當兵的工人，復不肯到外省去，那我們會用武力強迫他們去。運用武力啦。你知道麼？』（見同書二〇頁。）薄雀爾聽了這些話，即出外告訴羣衆。大家知受了政府的欺騙，個個憤憤不平，怒不可遏了。

可是巴黎的工人階級斯時已處於極困難的地位。論內部既沒有能負重任的領袖人才主持大計，更沒有一個有力的政黨從事組織與訓練，藉此增加他們的作戰能力。論外部，他們不能與農民聯合，共同作戰，因爲當時的農民本來不傾向革命，又加以秩序黨的教士付鄉村中散布謠言，說城市中的工人不肯作工，坐耗農民以繳納的租稅，而二月革命爆發後，農產物的價格忽然下降，於是農民對於城市的工人階級不獨不表同情，並且發生一種仇視的心理了。巴黎的工人正陷在此孤立無援之際，忽得到薄雀爾所傳播的消息，他們知道他們受宰割的日子到了，不得不從事抵抗，於是有六月戰爭的爆發，這是法國資產階級及其政府所逼成的一種戰爭，無可避免的。卡斯天偏謂『沒有人將以爲一八四八年的六月戰爭是一種歷史上的必要。』（見卡氏一種革命怎樣失敗一五頁，一九二一年司徒嘉德出版。Wie eine Revolu tion Zugrunde ging.）這無異說當時的巴黎工人應當俯首帖耳，忍受資產階級的宰割，而他們的反抗是爲多事了！

巴黎的工人驟遭橫逆，既不甘坐以待斃，至六月二十三日早晨已有萬人集合，在薄雀爾指揮之下刼得軍器，在工人區域和軍事上佔重要位置的各街道上建築堡壘，與便和政府的軍隊作戰。至於他們的全部作戰計畫是由儒拉斯培的朋友克考西（Kerkausie）規定的，他將參戰者分作四個縱隊，擬一齊向市政廳集中。但這種計劃沒有成功，因爲工人方面參戰的，不過四，五萬人，而軍務總長卡汾雅克（Cavaignac）所統率的軍隊多至四倍，並且運用大炮，手榴彈，發火機等等的猛烈武器去攻擊街道上的堡壘和房屋，這是前此的巷戰中從未用過的。有了這兩個大原因，工人方面雖拚命力戰，但延至二十六日卻完全失敗了。昂格思於詳細描寫此戰爭的軍事形勢之後，總括起來說道：『巴黎工人的作戰是何等勇敢，何等有紀律，何等巧妙。他們四萬人和一種四倍的優勢軍隊相持至四日之久，而他們的勝利只差一髮。他們在巴黎的中央站住脚，取得市政廳；佔據臨時政府，使他們的人數增加一倍，……只差一髮。……克考西被捕，此時且已槍斃了。有產者是可以槍斃他的，但他爲第一個組織巷戰的人，他們就不能剝奪他這種榮譽。他們是可以槍斃他的，但世間沒有一種力量能夠阻止他的發明爲將來一切巷戰所利用。他們是可以槍斃他的，但沒有法子使他的名字不永遠留在歷史上，成爲第一個巷戰將軍。』（見一八四八年工人讀本四九至五〇頁，昂格思的巴黎六月戰爭。—Die Pariser Junischlacht.）

法國的資產階級於軍隊勝利之後，不獨是槍斃了克考西，並且對於戰敗的無產階級，大肆淫威，實行屠殺。工人在戰爭中不過死四，五百人，他們於戰後被捕爲國防軍所槍斃的，足有二，三千人，而俘虜的數目且達一萬五千以至兩萬人。（參看李卜克內西三月十八日及其同類事件二二頁。）當俘虜的人數太多，無處收容的時候國防軍常得到一種口號，就是：『我們再沒有地方了，讓他們吃點空氣罷……』(Nous n'avons plus de place,donnez leur de l'air!）後面這句話就是屠殺他們的暗號，因此許多人沒有經過審問，卽冤枉將生命斷送了！　此外，一般俘虜被幽禁在黑暗而又不通氣的地下室，除饑渴交攻，病痛叢生外，又時常被看守的兵士任意虐殺。　他們一旦離開這種地面上的地獄，登時又會入地下的地獄，所以看守的兵士直向他們說：『你們對於你們所處的惡劣地位叫苦，可是我們將你們放出來，你們都會被國防軍槍斃啊！』（見同書二五至二六頁。）　法國資產階級處置無產階級的俘虜，眞算是極人世間慘酷的能事了！

馬克思自得到六月戰爭的消息後，他在是月二十八日新萊因報上說道：『巴黎的工人是被武力壓倒了，但他們沒有投降於武力之下。　他們是受打擊了，但他們的敵人却被克服。橫暴武力目前的勝利是用下列的東西換來的，就是：二月革命的一切幻想消滅了，整個舊共和黨解紐了，法蘭西國民分爲有產國民與勞工國民兩種了。…　同胞的情誼，對抗階級——在此等對抗階級中是一階級掠奪他階級——的博愛，這是二月間在巴黎前面，在每個監牢前，在每個營舍前用大字寫出來的——這種博愛眞正的和實在的表現只是內亂，只是形態最兇猛的內亂，只是勞動和資本的戰爭。　當資產階級的巴黎於六月二十五日晚上燃燈的時候，這種博愛在巴黎所有窗戶前發光，同時無產階級的巴黎是焚燒，流血，和受辱。：二月革命是優美的革命，是普遍同情的革命，因爲在革命中反抗王室所發露的種種對抗還沒有發達，還一致相伴睡着，而構成革命基礎的社會爭鬥也還只是飄空的，只是存在空話中的，六月革命是憎恨的革命，是衝擊的革命，因爲事實代替了空話，而共和國把怪物所帶的冠打下了，將怪物的頭暴露出來了。』（見馬克思與昂格思文匯第三卷一一七至一一八頁。）

巴黎的六月戰爭是階級對抗發展的結果，這種戰爭在世界史上是佔極重要位置的，因爲這是世界上無產階級以階級的意志與資產階級交鋒對壘的第一次大戰爭。 此次戰爭不獨使法國的無產階級一蹶不振至數十年之久，而當時歐洲的革命運動也因此受一大打擊，以致逐漸慘淡無光。 我們對於這一點且按下不提，先講二月革命及於歐洲各國的影響。

喬治維伯(Georg Weber）說：『如果〔一八三〇年的法國〕七月革命曾有充足的力量，產生一種歐洲的運動，那麼，論激動力和反抗力，則二月革命的影響便愈加深遠。 在意大利，德意志，波蘭，愛爾蘭，和瑞士發生猛烈的黨派競爭，激昂的意見爭執，和如火如荼的民族感情！』（見維氏世界通史第十五卷第二部三〇二頁，一八八九年第二版。 Allgemeine

Weltgeschichte)此外，如英格蘭，比利時，匈牙利丹麥等等無不被波及，總說一句，歐洲除俄羅斯外，鮮有不感受二月革命的潮流而多少發生騷動的。我們對於歐洲各國革命運動，勢不能一一紀述，特將其中與本書有密切關係的德意志革命概括說明如下：

『奥大利與普魯士是德意志的兩個主要聯邦，維也納或柏林每一種决切的革命的勝利是以影響全部德意志。』（見馬克思的革命與反革命五二頁，一九二〇年倫敦第八版。Revolution and Counter-revolution or Germeny in 1848.）因此我們現在只提綱絜領，敍述奥普兩邦的革命運動。在兩者之中，受着二月革命影響而首先發動的是維也納。梅特涅在奥大利政府中操縱外交內政，厲行專制主義，垂四十年；呻吟於專制淫威之下的維也納人民對於梅氏久已含恨次骨。迨二月革命的消息傳來，他們漸漸有發動之勢，至三月初旬，即有打倒梅特涅的呼聲出現；當時人心浮動，警察已失去平日的威風，而慣用壓制手段的梅氏也無可如何，只自寬自鮮道：『讓他們叫喊着罷！』可是這種呼聲一起，便將沉淪在地獄中的維也納羣衆——學生，工人和市民——引入運動中來了。就中尤以學生的加入，是一枝最有力的生力軍。『這些忠實的少年富於豪壯之氣與犧牲之心，他們是愈爭鬥而愈勇敢，並且具有一種優美的理想。…　青年豪壯的學生之加入便予麻木的維也納市民以一種有力的激勵，使全部運動挾着武力向他的最切近的目標走，即打倒梅特湼的制度。』（見布洛斯一八四八年至一八四九年的德意志革命一〇八頁。）

到了三月十三日，一般議會代表在議院中開會，不久即有無數市民和學生前來，大呼『出版自由！』『立憲！』和『責任內閣！』並且請議員向奧王代達民意。這種舉動算是很和平的。但旋有一個學生忽然想起向羣衆宣讀匈牙利革命家噶蘇士（Ludwig Kossuth）於三月一日在匈牙利國會的演說詞，因此激動羣衆的熱情，異口同聲叫道：『驅逐梅特湼！』羣衆擁入議院中，看見外面有軍隊來到，即用各種器具從窗戶內向之投擲。當一個軍官被擊之後，即有一排槍向着窗戶射來，但沒有傷人。可是當統率軍隊的亞爾伯列施特大公（Erzherzog Albrecht）親自被擊之後，連接就有兩排槍向着毫無武器的羣衆射擊，結果有五人立時殞命。羣衆於受創之後，拚命向四處亂竄，而政府軍則在後面追逐，因此發生許多流血的巷戰。至是日下午，羣衆乃作武裝的集合，並派代表向奧皇要求撤退軍隊，同時一般熱血滿腔的學生請維也納大學校長向奧皇要求武器，組織學生軍，而各議員也派了些代表前往皇宮，——他們都要求梅特涅引退，但沒有結果。人民的代表團因他們的目的不能達到，便開始退出，然他們却被邀回，梅特涅親自來接談。老奸巨猾，欺詐性成的梅氏到了四面楚歌的時候，還自欺欺人地向一個代表說道：『國民和軍隊聯合攏來，不能戰勝一種街市上的騷擾，這却是一種恥辱。』（見布洛斯一八四八年至一八四九年的德意志革命一一二頁。）那個代表答道：『這不是一種街市上的騷擾，但是一種革命啦。』（見同書同頁。）梅氏叫道：『不對，鼓動人民的，不過是些猶太人，波蘭人，意大利人和瑞士人能了。』（見同書同頁。）人民代表爾因談話不得要領，又開始退出，但他們又被邀回了。梅氏卒因人心激昂，催他去位的新代表團接踵而至，與皇左右又有力謀去他的人，他受此內外夾攻，知道大勢已去，遂卽時引退，繼着那穿婦人衣服逃亡的法國內閣大臣基佐前往倫敦作寓公了。

自梅特涅逃遁的消息傳播後，全城歡聲雷動，十三晚上，大家都懸燈誌慶，樂不可支。從此人民所要求的集會權，結社權，言論自由，國民軍，和憲法等等都被准許了。可是當此各階級共同革命之日，階級的對抗也就同時發生了。當十三日住在前城的工人聽說城中發生戰爭，他們即出大隊來城中應戰，然住在城內的資產階級卻閉門不納。工人們於忿怒之餘，遂有焚燒他們所痛恨的工廠和搗毀機器的舉動。資產階級的國民軍出而鎮壓這種騷動，逮捕工人至數百人之多。然學生軍卻不肯參加這種勾當，因此學生與工人間遂發生一種良好的感情了。

我們現在再進而講普魯士的革命。柏林的市民因受了二月革命的影響，在三月初旬即開始活動。柏林市議員於十四日攜着請願書去見普王威廉第四，頗受他慇懃的款待，並允於四月二十七日召集聯合國會，解決一切事件。至是日晚上維也納消息傳播後，柏林的羣衆逐漸做起遊街的示威運動來了。十六日發生軍民衝突之事，人民方面死十餘人，傷百餘人。至十八日寬恩的代表團和柏林市議員的代表團先後進見普王，提出人民的要求，都被允許。一般市民得到這種消息，便如醉如癡般手舞足蹈起來了。普王的宮前集有數千人在那裏歡呼，普王出現於露台上，本要向羣衆演說，未果，站在他旁邊的市長大聲叫道：『君王要實現言論自由；君王要即刻召集國會；君王要有一種基於極自由意志原則的憲法，含蓋全德意志的國家；君王要有一種德意志國旗飄揚空際；君王要除去德意志一切稅關；君王要普魯士站在此等運動的頂點上。』（見布洛斯一八四八年至一八四九年的德意志革命一三五頁。）　羣衆聽見這些話，歡聲雷動，對於普王給予他們的自由，是十二分感激的。其實這只是有產階級所需要的自由，對於無產階級是很少直接利益的。所以當司法大臣薩維格尼向一個工人說普王的允許多於人民的要求之際，那個工人張開眼睛向他望一望，回答道：『老先生，你不懂得；一點東西也沒有允許啊。』（見同書同頁。）

與高彩烈的羣衆於普王入宮後，猶站在王宮面前歡呼，不肯散去。可是到了下午兩點鐘後，這種歡呼聲就變爲忿怒聲，恐怖聲，哭聲，和呼痛聲，終則成爲戰鬥聲了！　因爲當時的宮門爲那數日前槍殺人民，特別兇惡的第一衞隊所駐守，人民看見這種軍隊，心中不免懷恨，有些人叫道：『軍隊走開！　君王當由人民保護！』　旋卽有一隊龍騎兵手中拿着指揮刀從宮禁區域向人叢中衝來，於是婦女的恐怖聲和男子的忿怒聲雜然並作。　不意一波未平，一波又起，宮禁中忽然又有一隊前鋒兵拿着上刺刀的槍向羣衆殺來，並且發槍兩響。　人民於驚慌恐怖之中，聽見槍聲，便大呼『我們被騙了！——拿軍器呀！——復仇呀！——築堡壘呀！』　這種呼聲把全柏林都風動了。『人民武裝起來了，並且在街道上築起堡壘。

無數堡壘在不可思議的速度之中造成了，並且常是聯絡到屋頂上去的。街上所舖的磚石都被拔去，且掘壕溝，阻止馬隊的通過；屋頂上的瓦也被撤起來，充作投擲的武器。並且劫奪軍器店，熔鑄子彈，把槍都裝上彈丸。急欲復仇的人民帶起鈎刀，竿子，斧子，刀，舊軍刀以及叉子等等到堡壘裏去。一般學生終久也疲於那「企業家的用人」的勾當，〔按柏林學生原和市民組有一個保安委員會，維持治安，「企業家的用人」是他們所得的混名。〕他們擁至前城〔工人所在地〕，召號人民從事戰鬥。各高塔上的鐘聲怒號，這種鐘聲一傳到各鄉村，有武裝的鄉人便奔來應戰。柏林預備要成戰場了。』（見同書一三七至一三八頁。）

柏林政府有步兵一萬二千人，合近城步兵一起計算約二萬人，又有騎兵三聯隊，還有砲兵及衛隊等等。他們於十八日下午三四點鐘開始向人民進攻，他們雖因訓練週到，武器精良的緣故，勝多敗少，然人民方面所築的堡壘非常之多，後者即或失去一個堡壘，仍可退到後面的堡壘中與敵人相持。還有一層，政府的軍隊人數既有限，又不能隨時補充，反之，民衆方面的數目是愈來愈多，又有全城的人作後盾，當作戰之際，不獨是商店沒有閉門，而婦女們且攜帶各種飲食，送給他們，並且看護傷亡小孩子們就在堡壘後面替他們熔鑄子彈，因爲當時所用的子彈係用鐵水熔鑄的圓子，製造是極簡單的。有了這些原因，所以政府軍隊和他們相持至十九日清晨，還不能戰勝他們。是日晨七點鐘，普王向柏林人民發出一道宣言，命他們首先離開戰場，他就將軍隊撤退，但他們不肯遵從，仍然繼續作戰。普王迫不得已，乃下令命軍隊退出柏林，最後的勝利畢竟歸人民方面了。

然人民方面的犧牲却也不小，計當時戰死的和後來因傷喪命的，共二百三十八，內中十分之九是屬於無產階級的。當停戰之日，柏林人民痛惜死難者，將其屍身一起抬至王宮前，羣衆屢呼『君王當出來！』普王卒偕王后出現於露台上，憑弔死難者，羣衆又呼『下來！』普王於是親自從露台上下來，撫視死者，又有人呼『脫帽！』普生乃脫帽致敬。當時的柏林市民在他們的君王面前算是占盡上風了！　可是李卜克內西說得對：『三月革命是勝利了，三月革命是失敗了。勝利的地方是：軍隊被擊敗，貴族黨被打破，政府被推翻，君王爲人民的勢力所制服。失敗的地方是：人民制勝了他的仇敵，但沒有毀滅他們的武裝，沒有驅逐他們，離開巢穴，致使他們有轉敗爲勝的可能。…　三月十八日是三月革命的關頭。

德意志的真心當時已經是在普魯士及其首都柏林。』（見李氏三月革命的五十週年紀念六三頁。）

柏林人民於勝利之後，不能掃除舊勢力，日後反爲敵所乘，這實在是因他們自行分裂的緣故。他們的兵器方才離手，他們的死難者還沒有入土，而他們中間的階級對抗就表現出來了。戰前安居於柏林前城的無產者此時爲失業和饑荒所驅，時常出現於富豪所居的區域，資產階級的人不免望而生畏。二十一日卽有人請求召回曾經撤退的軍隊來鎭壓他們兩日前共同作戰的苦同胞，至二十七日更有一萬四千所謂良民署名書面，請求普王召回此項軍隊。資產階級的人爲防備無產階級起見，不惜卽刻反轉去倚賴曾經槍殺他們的仇敵保護，可見這兩個階級的裂口已經很深了。所以柏林彩嗣哈列（Die Berliner Zeitungshalle）報的主筆約里阿斯（G. Julius）於二十三日的社論上就指摘一般鼓吹和平及調和的人，說道：『實在的情形是因爲在我們國內也和英，法兩國一樣，有產階級與工人階級間的分裂已經完成了。戰爭之點不在乎君主國與共和國，而在資產者與那僅有勞動力的被壓迫者。我們的有產者對於這一點感覺得很淸楚，因此，他們於我們的光榮革命幾天之後，就挾着全力向後退了。』（見新時代雜誌第三年度三〇頁，施呂特一八四八年的社會史料。——H. Schlüter, Beiträge zur sozialen Geschichte des Jahres 1848.）

資產階級對付無產階級雖如此心靈手敏，但當時無產階級的階級覺悟却不發達。後者尚不知團結一致與前者相抗。　三月二十六日的柏林國民大會，無產者預會的雖在一萬人以上，然大會所提出的要求不過是『一．由雇主與工人合組一個勞動內閣。　二．減少常備軍。三．國民教育。　四．保護有病的工人。　五．合理的政府。　六．由具有普通選舉與被選舉權的人選舉新國會。』（見布洛斯一八四八年至一八四九年的德意志革命二二一頁。）此外，工人在演說中也有提議減時增薪的，也有提議限制機器與取消婦女勞動的，然社會主義或共產主義的名詞却沒有人道及，由此可見當時工人運動程度的幼稚了。

一八四八年歐洲各國的革命運動，我們雖不能一一敍述出來，然就上面所舉的事實看，已可窺見一班了。　當這種革命運動發動之初，無論在何處都是無產階級與資產階級互相攜手，共策進行；在戰爭之中，無論在何處，都是無產階級的犧牲最大；到了戰事告終，無論在何處都是資產階級馬上開始用陰謀詭計抽制無產階級，甚至於公然壓迫無產階級，務必使之俯就羈絆，不能仰首伸眉。　當革命潮流最高之時，資產階級的行動已經是如此，迨法國六月大屠殺後，革命潮流一落千丈，於是各國資產階級聞風響應，對於無產階級大肆其屠殺的淫威。　關於這一點，我們將在下面一章便帶敍出，至於本章所述奧，普兩國資產階級與無產階級間一點對抗的痕跡，不過是表示『履霜堅冰』的意思罷了。

第七章　革命中的活動

比利時與法蘭西土壤相接，自巴黎至不律塞是朝發夕至，故二月革命的影響首先及於比京。可是比王里阿坡爾德第一（Leopold I.）比他的岳父法王路易菲力普較爲機警奸詐，善於處變；自不律塞的人民感受革命潮流，正要發動的時候，他就向他的臣民宣言，如果國人的公意都要求他退位，他願遵從民意。一般指導羣衆運動的領袖一時爲他的甘言所惑，拋棄武力革命的計畫，與高彩烈，召集國民大會，籌議和平改革的方針。然霹靂一聲，這種國民大會竟被比王的兵士驅逐得煙消雲散了！因爲當比王揚言預備退位之時，他暗中已命各處的軍隊向京城進發，迨他的布置既妥，兵力既足，他就馬上拋開假面具，和他的人民武力相見了。

比王不獨是濫用武力壓制本國的人民，並且還令偵騎四出，搜捕亡命京都的外國人。馬克思在這些亡命客中本是一個領袖人物，他又於二月革命爆發後，出一己的私財，使不律塞的工人武裝起來，他的活動既沒有停止，遂被逮捕，這原是不足怪的。　可是他的夫人也被捉到官裏去，並且與娼妓同幽禁在一處，至一夜之久。　比京人士對於馬氏夫婦橫遭非法的逮捕，非常憤激，他們開會演說，慷慨陳辭，要將此事訴諸法律。　後來不律塞市政當局迫不得已將那應負責任的警官革退，藉平衆憤。　至於馬氏夫婦雖於異日被放釋，不致久羈囹圄，然他們却受了驅逐出境的處分。

可是比政府對於馬克思方下逐客令，而法國革命政府歡迎他的信便來了，　革命政府中的要人夫洛康（Flocon）原是馬克思的老友，他於三月一日寫信給馬氏說：『勇敢和親愛的馬克思：法蘭西共和國的土地是一切爲自由而戰的朋友們的避難所。　專制政治已經放逐你了，自由的法國就開門迎接你——迎接你及所有爲一切民衆神聖的事業，友愛的事業而戰的人們。　法國政府中的每個官吏是要在這種意義上履行他的職務的。』（見馬克思的佛格特先生一八七頁。）　馬克思因受比國的壓迫，本來要到法國去活動，他自接到夫氏此信後，遂於四日攜帶家眷逕返巴黎了。

當二月革命爆發後，共產黨的倫敦中央局爲便於在歐洲大陸活動起見，特將中央的權力付予不律塞的總團，可是該處的黨人因受軍警嚴密的監視，已失去行動上的自由，乃於三月三日議決予馬克思以全權，令他在巴黎組織一個新中央局。馬氏抵巴黎後，即糾合同志組織一個委員會，計委員六人，即不律塞支部的馬克思，昂格思，哇爾夫，和倫敦支部的包爾，穆爾，狹白爾。馬昂兩氏被舉爲委員長，狹白爾則被舉爲秘書。委員會對德國發表一道由全體委員署名的文書，這就是德意志共產黨的要求，共計十七條，其內容如下

『一、宣布全部德意志爲唯一不可分離的共和國。

二、凡年滿二十一歲的德國人如未受刑事懲罰，都有選舉權和被選舉權。

三、人民代表是有償的，庶幾工人也可以加入德國人民的國會中。

四、普遍的國民武裝。將來的軍隊同時就是工人的隊伍，因此此項軍隊不和從前一樣，僅只消費，他並且還能生產，他所生產的且多於他的生活費。

此外，這也是勞動組織的一種方法。

五、司法事務不收費用。

六、向來加於農民的一切封建的負擔，賦稅，力役，以及什一稅等等一律取消，不給補

償。

七、凡貴族的及其他封建的地產，礦山等等都變作國家的產業。　在此等地產上的農業當借助於最新的科學方法，從全體的利益着眼，大規模地經營起來。

八、宣布農業地的抵押爲國有財產。　農民當以此等抵押的利息納於國家。

九、在租地制發達的地方，其地租或定錢（Kaufschilling）當作爲稅金納於國家。

在六、七、八、九各條中所取的手段是在減輕農民和小佃農公的或他項負擔，而又不使影響於支給國課的必須之費，並危及於生產自身。

原來的地主既非農民，又非佃戶，他在生產中絲毫沒有參加。　因此他的消費全是一種浪費。

十、以一種國家銀行代替一切私有銀行，其紙幣有一法定的行市。

這種方法可以爲全體人民的利益而調節信用制度，並且因此壓倒大金融家的操縱。這種方法逐漸使紙幣代替金銀，使國民交通上不可少的工具！卽一般的交換工具——廉價，並且使金銀得向外面流通。爲鞏固保守的資產階級對於革命的利益起見，這種方法畢竟是必要的。

十一、一切運輸工具，如鐵路，運河，汽船，和道路等等都歸入國家的手中。此等工具當變爲國有財產，並且對於貧窮階級，准其無償的應用。

十二、國家一切官吏的報酬不分等級，惟有家眷的官吏需要較沒有家眷的爲多：故薪水也較高。

十三、教堂與國家完全分離。　各種職位的牧師只由自願供給他們的團體予以報酬。

十四、限制承繼權。

十五、推行高度的累進稅，取消消費稅。

十六、創辦國家工廠。　國家保證一切工人的生存，並且維持一般無工作能力的人〔的生活〕。

十七、普遍的免費教育。

德國無產階級，小資產階級和農民階級的利益在以全力推行上列方法。　因爲只有使此等方法實現，然後德國向來受少數人掠奪的——此等少數人並且更求鞏固這種壓迫——千百萬人可以獲得他們的權利，可以取得那引致一切財富所需要的權力，』(見社會主義與工人運動史叢刊第九卷三三九至三四頁，格林伯克，倫敦共產主義雜誌及其他文書。)

當馬克思盡力團結共產黨分子，並且注全力於德意志革命運動之際，巴黎已有一種異軍突起，與之相抗。原來『當時的巴黎爲革命志願軍的狂熱所支配，西班牙人，意大利人，比利時人，荷蘭人，波蘭人，和德意志人爲着圖謀他們的祖國之解放，都成羣結隊地活動。德意志軍是由黑維，波恩斯特，伯恩斯台，所領導的。』(見馬克思寬恩共產黨人訴訟眞相記四一至四二頁。) 黑維等受了當時潮流的暗示，以爲召集旅法德人組織成軍，闖入德國，即可收得革命的效果。然三月六日他們開大會討論此事時，馬克思極力反對此舉，因他以爲『當德意志〔的革命〕正在醞釀之時，要藉一種侵入〔的行動〕使革命從外面強迫輸入，這就叫做使德國革命自身倒塌，爲政府助威，並且將此項志願兵自身……毫無抵抗地交給德國軍隊之手。』(見同書四二頁。) 可是法國的臨時政府却贊成此舉。因爲當時正是工商業停滯之際，法國工人失業的極多，他想設法使外國工人離開法國，免其和本國人競爭，所以他對於黑維的志願兵予以維持，每兵日給五十生丁，(Centime)一直到出境爲止。黑維統率此項軍隊闖入德國的巴登，至四月二十七日被擊得紛紛四散，而黑氏自己僅以身免。

至於馬克思在當時不單是從消極方面反對黑維的舉動，並且在積極方面進行他的計畫。他除掉出其所有供給同志們作遄返德國參加革命之費外，並和昂格思等替旅居法國的德國工人，籌措款項。令其返國。昂格思說：『我們組織一個德意志共產俱樂部，勸告其中的工人勿加入志願軍，但零星遄返本國，從事活動。我們的老友夫洛康奉職臨時政府，他對於我們派遣工人所籌的貲斧，和曾經允許那些志願兵的數目是相等的。因此我們得送三，四百工人返德國，而其中的大部分是共產黨員。』(見同書四二頁。)

共產黨員返德國後，雖因人數不多，不能使時局發生絕大的變化，然他們却是革命運動中的醱酵母，凡他們活動之地，都有很好的成績。『在萊因則新萊因報爲其中堅，在拿騷(Nassau)和萊因黑生(Rheinhessen)等處則共產黨員無不站在極端民主主義運動的頂點上。在漢堡也是如此。在南部德意志則小資產階級的民主主義盛極一時。在布列斯勞則威廉哇爾夫的活動一直到一八四八年夏季爲止，收得很大的效果；他並且還受有施列西的委任狀，做佛蘭克佛國會的代表。　在柏林則排印工人施特芬邦恩（Stephan Born）——他前在不律塞和巴黎以共產黨員的資格而活動——畢竟創設一個「工人友誼會，」(Arbeiterverbrüderung）此會傳播頗廣，至一八五〇年猶存在。』(見同書四三頁。)

昂格思謂新萊因報是萊因地方的中堅。其實還不止此，當一八四八年至一八四九年，德國約有五十種報章和雜誌出現，而以新萊因報爲最有名，今特分述其歷史如次。　我們在前面已經說過，昂格思因爲謀共產黨的發達起見，常留在巴黎。　可是他於一八四八年一月二九日爲法國當局所放逐，因此亡命不律塞。　迨二月革命爆發，馬克思返端巴黎，昂氏因旅費無着，不能同行，至三月底才趕到該處。　當時德國的革命運動已經是到處蓬蓬勃勃起來了。　馬昂兩氏的老友楊恩寫信勸他們各回居利與巴門去運動當選爲柏林國會議員。　可是他們不納此議，打定主意，回國辦報，鼓吹革命。　他們於四月初旬返德，而其目的地並不在普魯士首都的柏林，却在萊因省會的寬恩。　這是什麼緣故呢？　昂格思說：『我們必須往寬恩而不往柏林。　第一，寬恩是萊因省的中心，萊因省是受過法國革命的洗禮的，是在拿破崙法典中保障着近世法律觀的，並且是最重要的大工業發達的地方，就每一方面講，萊因省是當時德國最進步的部分。　至於柏林，我們由自己的觀察，知道得很深，他的資產階級是幾乎沒有興起的，他的小資產階級是口頭傲慢，實際懦弱和卑屈的，他的勞動者是完全不發達的，他的官僚，貴族無賴，和宮庭無賴是很多的，他的全部特質只是一種「居留所。」然最重要的還是：柏林爲那糟糕的普魯士習慣法所支配，政治的訴訟受審於專業的裁判官之前；萊因則奉行拿破崙法典，此法典不承認什麼出版訴訟，因爲這種訴訟是以檢查爲前提的，如不犯政治上的罪，僅犯了通常罪，則受審於陪審官之前；革命以後，一個少年施勒伏爾(Schloefell)　在柏林因一點小事而受一年監禁的處分。　我們在萊因則有無限制的出版自由，我們也利用這種自由到最後的一點一滴了。』(見一八四八年工人讀本七六至七七頁，昂格思的馬克思與『新萊因報』，一九二三年柏林出版。 Marx und die "neue Rheinische Zeitung", 1848, Ein Lesebuch für Arbeiter.)

馬昂兩氏既擇定富於法治精神的寬恩爲辦報地點，他們的計劃馬上就成功了。　昂格思說：『當我們來到寬恩時，那略帶共產主義的民主主義方面正在預備辦一種大報。　有人要將此報作爲純粹寬恩地方的報，把我們趕到柏林去。但我們——特別是藉馬克思的力量——於月二十四點鐘之內，即將這種地盤奪到手中了，此報變成我們的報，我們相對地讓步的地方就在請撥爾格斯（Heinrich Bürgers）加入編輯部。他做過一篇社論，（在第二號報上，）再也沒有第二篇了。』（見同書七六頁。）

這種報就是新萊因報，他是一八四八年六月一日出版的。報館的主筆爲馬克思。昂格思說：『編輯部的措施統由馬克思專政。一種大報必須在一定的時刻完事，這不是用別種措施所能保障一致態度的。可是馬克思在此還是專政者，這自然是我們欣然承認，毫無爭持的。此報所以成爲革命時代中最著名的德文報，第一是由於他的眼光明瞭，和態度堅定。』（見同書七七頁。）

我們提及馬克思主持新萊因報一人專政而爲同事所心悅誠服一事，不能不連帶介紹拉花爾格和李卜克內西的兩段話，藉以表現馬氏的性格，和此報於艱難困頓中猶能支持不敝的原因。拉氏說：『當一八四八年革命之際，「萊因報」復活，昂格思總是從旁贊助馬克思，當馬氏必須他往之時，昂氏便代他主持此報。昂氏在精神方面雖有超越別人之處，然他却不能和馬克思一樣，對於一般同事取得同一的命令權，這些同事都係青年，是以具有才幹，革命精神，和奮鬥勇氣著名的。　馬克思告訴我說，他自維也納遊歷回來後，編輯部中因互相爭鬪而致於破裂，昂格思不能爲之解決；〔他們的〕對抗，形勢非常嚴重，大家相信只有假手於格鬥，方能了結；他要藉敏捷的手段，才能恢復和平。　馬氏是生成的一個領袖！凡和他交接的人，都要受他的影響　首先看出這一點的是昂格思，昂氏時常對我說，馬克思自最早的幼年起，即因性情的公正和堅實，感動世人，他是一個眞正的首領，一切人都充分信賴他。」（見新時代雜誌第二十三年度，二卷五五七頁，拉氏回憶馬克思。）　李氏說：「馬克思是人類中一個藹然可親的人，他在交際中是歡樂的，溫和的。　昂格思便嚴峻得多。　昂氏具有一點軍人的嚴厲決切的態度，因此引起反抗，而馬克思在交接中却使人心悅誠服。當馬氏在「新萊因報」編輯部時，一切事情都進行順利。　迨交給昂格思代理，便即刻發生衝突，——這是德浪克（Dronke），斐迪南·哇爾夫，和威廉·哇爾夫告訴我的，就是昂格思自己後來有時也捲起嘴上的髭子，帶着笑容，以此相告。」（見李氏馬克思紀念册德文原本一一〇頁。）

新萊因報得馬克思這樣槃槃大才爲之規畫經營，自然能措置裕如，不過此報始終困於財用，而創辦人因此備嘗艱苦。　報館的資本原來是靠股分的收入，可是一般人對於這種革命報的投資，都不踴躍。　昂格思於一八四八年四月二十五日從巴門寫信給馬克思說：『此處的股分可算是少極了。……　此處急進的有產者認我們爲他們將來主要的敵人，故他們不願意授我們以武器，爲將來反抗他們之用。　從我的父親處也完全弄不到一點東西。　自他看來，寃恩報就已經是一個搗亂的榜樣，他與其給我們一千達列，毋甯向我們的頸上發一千彈子。』（見昂格思與馬克思書信錄第一卷九六頁。）　到了五月九日，昂氏只招得十四股。自此以後，也不能令人樂觀，所以他說：『我們以一種爲數有限的股分資本，於一八四八年六月一日開始營業，當時付股的很少，而一般股東更是靠不住。　自第一號報出現後，股東人數即去掉一半，至是月底，簡直不復有股東了。』（見一八四八年工人讀本七七頁。）　新萊因報的股分既是寥寥無幾，所以馬克思不得不極力設法維持此報的生命。　他不獨具因此於一八四九年四月親往漢堡去籌款，他自己並且早已傾囊相濟了。　索爾格說：『馬克思於一八四八年至一八四九年間，爲着此報及革命的活動，約費去七千達列，其中一部分是出於他自己的和他夫人的財產中的現金，一部分是出於他應得的遺產部分的「法定契據」』。（見新時代雜誌二十一年度第一卷七二〇頁，索氏紀念三月十四日。Zum 14. März.）由此可見馬氏所費的精神與財力是至多且鉅了。

新萊因報自稱爲民主黨的機關報，因爲馬克思和昂格思等自返德國後都加入這一黨。這一黨是一八四八年六月由德國八十八個民主聯合會所派代表在佛郎克佛開大會組織的，他在德國各處都甚軟弱，但在寬恩却很有力量。他『在他的「寬恩人民選舉綱領」中標出人民主權的原則，要求德意志立憲國會對於決定德意志將來的國家形態，以及普魯士立憲議會對於決定普魯士將來的國家形態，當以佛郎克佛國會所示的限制爲根據。除掉此等普通的要求外，還有下列的特別要求：凡未經法律裁制而被宣告喪失國民權的成年國民享有普通選舉權和被選舉權；直接選舉；當選人的委任狀限期一年；國民代表的俸給制；國民代表的不可侵犯。無限制的集會與結社權。無條件的言論自由與出版自由。將常備軍改爲自選首領的國民軍；德意志一致的軍隊編制。行政的簡捷和公平：人民社團處理內部事務，當完全獨立。教會與國家完全分離。由國家創辦一種爲一切人民階級及職業所需要的免費教育制度——對於教學自由，不加限制。一致的德意志立法；取消特權的裁判權；訴訟須公開並准由口頭陳述；在刑事中特別是關於政治罪和出版罪，用陪審官制。司法獨立以及對於司法否決的保證。人身自由的保障和家宅權的不可侵犯。普遍的德意志祖國權。取消單個等級一切優先權和取消一切特權；停止勳章，頭銜以及所謂品級的給予。取消一切間接稅和負擔；以累進的所得稅為唯一的課稅法，免除生活必需品的一切稅金。由國家替手藝工人，工業和農業創設一種釐正的信用制度。保護勞動。由國家極力設法保證每個人最需要的生活品。創設一種特別的勞動內閣。立刻取消德意志各邦中一切稅關界限，推行同一的度量衡及同一的貨幣。取消職務上的宣誓』。（見漢斯施台，寬恩工人聯合會三三至三四頁，一九二一年寬恩出版。Hans Stein, Cer Kölner Arbeiterverein（1848 1849）.）

統觀民主黨的政治主張，他還只是資產階級自由派的一個政黨。馬克思和昂格思既是純粹代表無產階級的共產黨員，為什麼要加入代表資產階級的民主黨，而他們的新萊因報又為什麼要作為這一黨的機關報呢？昂格思說：『德意志的資產階級才開始創造他的大工業，他對於爭取國家絕對的統治權一事，旣沒有力量，又沒有勇氣，也沒有制勝的強制力。至於無產階級情形正同，他是在完全精神的束縛中生長出來的，是沒有發達的，是沒有組織的，並且還不適宜於獨立的組織，他對於資產階級只具一種深刻利益對抗的朦朧感覺。所以就事實講，他雖是資產階級倔強的敵人，然在另一方面，他却成爲資產階級政治的附屬品。資產階級所怕的，不是德意志無產階級的現在狀況，而是後者行將變化的將來，而是法國無產階級現成的樣子，他以爲自救之道，只有和君主制及貴族妥協，雖至卑屈，亦所不辭。

無產階級還沒有認淸自己歷史的使命，他的大羣衆起初必須擔負有產階級極左派的任務。德意志的工人首先要爭取他們獨立組成一個階級黨（Klassenpartei）所不可少的權利，即出版，結社，和集會的自由——這些權利本是資產階級爲他自己統治的利益計必須爭取的，但現在他自己在驚慌恐懼之中，對於此等權利和工人爭執起來了。至於幾百個共產黨員在這種忽然投入運動漩渦的大羣衆中，就看不見了。所以德國無產階級起初出現於政治舞台，是爲極端的民主黨。因此我們在德國創辦一種大報，自然就有了這種旗幟。他只能是一種民主主義的旗幟，但是這種民主主義到處都把無產階級的特別性質——這種性質還不能一次就標在旗幟上面——零碎標明出來了。我們如果不願意這樣做，我們如果不願意就這種現成的，最進步的和實際為無產階級的一端而抓住這種運動，更促其前進，那麼，我們除掉在一種小報中宣傳共產主義和捨棄一個行動的大黨而組成一小的私派外，實別無他法。可是我們不要陷在荒野中做宣傳者，我們看見一般烏託邦主義者幹此事也夠了。此外，我們沒有提出我們的計畫。』（見一八四八年工人讀本七五至七六頁。）昂氏這一段話將馬克思和他加入民主黨及新萊因報為民主黨機關報的原因都表明出來了。

新萊因報的組織及其派別已如上所述，今再進而介紹此報的主張。昂格思說：『「新萊因報」的政治綱領是由兩個主要點而成的。即統一的民主主義的德意志共和國與對俄戰爭，而以波蘭復興附入其中。當時小資產階級的民主主義分為兩派。北德意志派歡喜一個民主主義的普魯士皇帝，南德意志派——當時幾全為巴登派——願意依照瑞士的模樣，使德意志成為一個聯邦共和國。我們對於二者都必須反抗。無產階級的利益是在阻止德意志的普魯士化，與「德意志」長久分成小邦，是在使德意志終久聯合為一種民族，然後那掃除了原來一切小障礙的戰場才能夠出現，以為無產階級和資產階級比武之地。可是無產階級的利益也一樣是在阻止普魯士構成一個頂點；普魯士國家及其全部組織，沿襲，和朝代，恰爲內部唯一重要的敵人，這個敵人是德意志的革命應當打倒的，並且普魯士要使德意志分裂，將德意志的奧大利除外，他才能統一德意志。普魯士的敗亡，奧大利的傾覆，德意志眞正聯合成爲一個共和國，〔這就是我們革命的綱領〕——其他革命的綱領，我們是不能夠要的——並且只有與俄國一戰才能夠貫徹這種綱領。』〔見同書七七至七八頁。〕『從二月二十四日起，我們就明白看出革命只有一個眞正可怕的仇敵，卽是俄國，當〔革命〕運動愈加蔓延到歐洲各處，這個仇敵便愈被逼迫而加入戰爭中。維也納，梅蘭德，（Mailand）柏林的事變必定延緩了俄國的進攻。可是當革命愈趨近俄國，後者的終久前進愈加確定了。然如能使德意志與俄國宣戰，則哈布斯堡朝與霍亨索倫朝（Hohenzollern）都會告終，而革命在全部戰線上都勝利了。這種政策出現於新萊因報的每一號中，直至俄人闖入匈牙利之時爲止，此時我們的先見完全驗了，而革命的失敗也決定了。』〔見同書八〇至八一頁。〕

新萊因報本其政治綱領，發爲言論，一面宣傳其積極的主張，一面對於當時舊派和新派的詭計與幻想，大肆譏評。昂格思說：『我們盡遇些可鄙的敵人，我們對待他們的方法是一致加以極端的鄙視。　那陰謀詭計的王室，那些王黨，貴族，那科洛慈報，(Kreuzzeitung)以及那爲世俗人所惱的全體反動派，我們對之都只加以譏評和非笑，可是我們對待那些由革命中出來的新的僞神聖—如三月〔革命後的〕大臣，(Märzminister)，佛郎克佛和柏林兩國會的左右派——也無不如此。　〔新萊因報〕第一號的社論就是譏誚佛郎克佛國會的空虛，及其冗長的演說之無濟於事，其怯懦的議決案之適成贅疣。　此文使我們失去一半股東。　佛郎克佛國會還算不得一個討論部，因爲此處差不多毫無討論，大概只有通過現成的學院式論文，和那激動德國庸俗人的議案，至於別種人是不措意於這種議決案的。柏林國會較有價值，他是和一種實際的勢力對峙，他所討論和議決的，不是站在空地上，也不是藏在佛郎克佛的杜鵑巢中。　因此對待他也要更詳細一點。　可是該處的左派代表，如舒爾慈代立池(Schulze-Delitzsch)伯蘭斯，(Behrens)亞爾斯勒，(Elsnes)和施台等等也和佛郎克佛的議員受同樣嚴厲的批評，〔我們對於〕他們的優柔寡斷，怯懦，和孜孜計較，盡情揭破出來，並且證明他們是一步一步地背叛革命。　此舉自然使那些方才製造此等新的僞神聖以爲己用的民主主義小有產者發生恐慌。這種恐慌就是我們成功的指標。　當時的小資產階級傳播一種幻想，就是革命以三月諸日爲收束期，現在只須收穫結果了，我們對於這種幻想也是同樣排斥的。我們以爲二月和三月要不是〔革命的〕收束，而是一種長久革命運動的出發點，他們才能夠具有眞正革命的意義，而在這種長久革命運動中和在法國大革命中一樣，一般人民因自己的爭鬥，向前發展，各黨派的分離愈趨愈甚，一直到他們和資產階級，小資產階級，和無產階級這幾個大階級完全一致，而無產階級單個的地位是可以於一批戰爭中奪取來的。因此我們對於民主主義的小資產階級也是到處與之對抗的，他和緩他對於無產階級階級對抗的甘言是：願意大家都是一樣，一切差異僅出於誤會。可是我們愈不准小資產階級和我們無產階級的民主主義混同，他對於我們便愈柔和些。我們對於他愈加厲害，愈加決切，他便愈加屈伏，並且對於工黨愈加讓步。這是我們親自看見的。』（見同書七八至七九頁。）

馬克思主持新萊因報，抨擊他人反革命或假革命的主張，不遺餘力，因此結怨於人，爲他後半生受人毀謗的主要原因之一。新時代雜誌編輯部述及此事，說道：『他是一個具有熱忱和合於邏輯的革命家，凡朋友與仇敵所認爲革命的事，他從不〔隨聲附和〕，受其欺騙，他對當時的革命和革命家所下的批評，其嚴厲的程度，迨不減於他對待當時的反革命和反革命家。他把一般革命的僞神聖所佩帶的革命金章剝奪下來，將他們破敗的庸俗淺見暴露於公衆之前，使成爲笑柄，後來他們內中有些人就造出這種或那種惡意的新聞，按時傳達於德國及外國的報章上以圖報復，這種新聞描寫馬克思是一個極端攬權的並且和冰樣冷酷的奸雄，他是沒有心肝的，他的血管中所藏的不是血，而是強水，他只有一個目的，就是抬高自己，壓倒別人』（見新時代雜誌第一年度四四四頁。）

新萊因報的歷史及大政方針，我們已經講過了，現在將按照時間的次序，進而敍述馬克思其他活動及時局變化的情形，和他在此報上所發表的意見。『馬克思以「新萊因報」主筆「的資格」於一八四八年八月來到維也納。他到此的確切日期不可得而知。然必緊接在一八四八年八月十八至二十三日的風潮時期之後，當此時期的最後一天，資產階級的國防軍對於那心懷不滿的土工（Erdarbeiter）大肆一場殺戮。此事的起因就在沒有武器的工人對於勞動大臣施蛙截(Schwarzer)所規定的減少工資，作一種遊行示威運動。工人與資產階級的階級對抗在維也納也表現得淸淸楚楚了。馬克思也許以爲向維也納工人活動，予以鮮明的印象是可能的。他和德國民主主義者佛煖柏爾（Fröbel）於八月二十八日參加「民主聯合會」的大會，於八月三十日和九月一日參加「第一總工人聯合會」（Erster allgemeine Arbeiterverein）的兩次大會。他在三次會中都有演說。他在第三次會中並且演講「工資勞動與資本。」然馬克思對於當時維也納的工人當沒有發生很大的影響。因爲當時缺乏一切前提。工人卽或參加政治運動，然他們還完全是在資產階級精神的卵育之下的。馬克思大概至九月半間尙在維也納。（見丹列柏格馬克思——其人及其事業一三頁。）

但是當馬克思從維也納遄返寬恩之日，正是此處多事之秋了。這次風潮是由德意志和丹麥對於施列斯衛芝（Schleswig）及霍爾斯台（Holstein）問題的糾紛引起的。施列斯衛芝和霍爾斯台是兩個間於德丹之間的公爵國，前者的北部多隸屬於丹麥，而後者則爲德意志的領域。此兩國的公爵自數百年以來卽與丹麥王室爲姻亞，到了十九世紀上半期，丹麥便抱有併吞兩國的企圖，丹麥本來是一向盛行德意志化的，但他此時竭力抵制德國文化，並創造一種斯干的那維亞主義，（Skandinavismus）以爲國魂。至一八四七年丹王格立斯提第八（Christian VIII.）公然用書面宣布施列斯衛芝公國「全部」以及霍爾斯台公國一部分爲組成丹麥國的分子，至一八四八年一月，他的兒子佛利德利系第七(Friedrich VII.)繼位，預備爲丹麥和此二公國創造一種自由的憲法。但法國二月革命爆發，影響及於北歐，兩國得乘機脫離丹麥羈絆，在屹爾(Kiel)組織一個臨時政府。貴族在臨時政府中握有實權，他們爲保持封建特權起見，遂與反動的普魯士政府勾結，求其保護。普政府正想向丹麥耀武揚威，乃令胡蘭吉(Wrangel)將軍用德意志邦聯的名義，率軍與丹麥軍宣戰，並擊敗丹麥軍隊。然丹麥引英俄兩國爲後援，干涉德國的行動，柏林政府迫不得已於五月底令胡蘭吉將軍隊撤回本國，並不顧佛郎克佛國會的意志及其所舉的德意志邦聯政務大臣的條件如何，突於八月二十五日與丹麥訂立休戰條約，而條約的內容對於德國和兩個公國又是很不利益的。當休戰條約的消息傳到德國，全國大嘩，佛郎克佛國會於九月五日議決毀約，佛城且發生一次巷戰；柏林內閣因佛城國會的議決提出辭職，而胡蘭吉的軍隊五萬人於九月半向着柏林附近集合了。風聲所播，寬恩也響應起來了。

寬恩的民主黨於九月七日號召羣衆作示威運動，並致電佛郎克佛國會，要求他否認柏林政府的休戰，爲保護施列斯衛芝，和霍爾斯台的革命起見，卽引起一種歐戰的危險，亦所不覇，並且要求他對於普魯士的現政府勿再委以德意志外交的談判；電末且聲明德意志並不強迫用丹麥語的施列斯衛芝北部加入德意志邦聯中。至十三日民主社又召集羣衆大會，威廉哇爾夫提議組織一個保安委員會，昂格思等贊成其議，此事遂告成功。保安委員會共有委員三十人，馬克思，昂格思，哇爾夫等都在委員之列。十七日民主社人又在寬恩下發開羣衆大會，由昂格思擬就致佛郎克佛國會的電稿一通，聲明如因普魯士政府違反國會和中央權力機關的議決，引起普魯士與德意志的衝突，參加大會的國民願以人力和財力贊助德意志。至二十五日晨，民衆的領袖俠白爾和倍克被捕，民衆於是日下午集會要求放釋兩人，到晚上又有示威運動，他們是非常激昂的。忽傳軍隊要來解散大會，羣衆怒不可遏，即向軍器店刦得軍械，在街道上造成堡壘，以備抵抗政府的軍隊，但是晚軍隊沒有向他們進攻，他們也於夜靜深更時各自散去了。寬恩的軍事當局乃於二十六日宣布戒嚴，解散國民軍，並查禁新萊因報館等等。新萊因報的編輯多在被通緝之列，於是昂格思和德浪克逃往比國，哇爾夫逃往普法爾次。(Pfalz)至十月三日軍事當局爲內外情勢所迫，取消戒嚴令，新萊因報才於十二日繼續出版。

昂格思自逃亡比國，旋由法國轉入瑞士，至一八四九年一月初旬，他猶在瑞士的柏恩，因此，新萊因報恢復後，一切工作都堆集在馬克思的身上，同時馬氏還要擔任寬恩工人聯合會會長的職務，所以他當時眞是加倍忙起來了。工人聯合會是寬恩一個醫生哥特韶爾克（Andreis Gottschalk）於一八四八年四月中旬發起的，哥氏被舉爲會長，會務非常發達，至五月八日已有會員五千人，並辦有一種定期刊物，（起初是每週出版一次，後來是每三天出版一次。）名『工人聯合會報』。（Zeitung des Arbeitervereins）而報上的一句標語爲『自由，博愛，勞動，』至一八四九年一月報名改爲『自由與勞動。』（Freiheit, Arbeit）可是在一八四八年七月初間，哥特韶爾克卽被捕，旋卽推舉穆爾爲會長，自九月底寬恩宣布戒嚴，遠捕黨人，穆氏逃往倫敦，會務無人主持，會中乃於十月中旬議決請馬克思擔任一會長的職務。馬氏親自出席是月十六日的委員會議，他表明：『他在寬恩的地位是不穩固的。他從前任長官吹爾活脫（Kühlwetter）對於他回復國籍的請求所得的答案就無異於一種隱藏着的驅逐命令。然他對於此事將向國會提出抗議。在另一方面，他因一種所謂出版罪要到法庭對審。此外，他因「新萊因報」編輯委員會一時星散，工作倍加忙碌。雖是這樣，他仍預備勉副工人的期望，臨時擔任職務，至哥特留爾克博士釋放爲止。必須使政府和有產階級相信，不管他們怎樣迫害，總找得着人，預備供工人們的驅策。』（見滿斯，施台寬恩工人聯合會七七至七八頁。）

寬恩工人聯合會在哥特留爾克及其同志的領導之下，原來是反對民主黨和新萊因報的，自馬克思任會長職務後，聯合會漸唯他的馬首是瞻，而哥氏的影響一天一天減少了。統觀聯合會對於選舉所持的態度即可以表見這一點。因爲聯合會因受了哥氏的影響，不參加選舉，至一八四九年一月十五日開委員會時，馬克思認聯合會雖不能提出自己的代表，也當和民主黨聯合，幫助後者，使其在選舉中獲得勝利。他以爲：『就目前的情形看，談不到依主義的意旨做事，但在反對政府，專制主義，和封建的統治；可是單純的民主主義者，與所謂自由主義者也就夠得上做這一着，因爲他們是一樣很不滿意現政府的。事實是怎麼樣，大家便必須予以承認。當自己主義上的見解不能夠貫徹，爲防止絕對〔專制的〕王室勝利起見，必須和一個同樣立於反對地位的政黨聯合——要懂得這一點，已經是需要健全的理解力。』（見同書四九頁。）委員會在馬氏這一段話的印象之下，遂決定參加選舉，並與民主黨密切結合。

可是寬恩工人聯合會中哥特詔爾克一派不以馬克思的策略爲然，他們以爲馬氏是存心幫助有產階級，而哥氏也自巴黎（他自一八四八年年底被釋放後，前往巴黎寄居。）著論寄給『自由與勞動』發表，反對馬氏。　聯合會雖於一八四九年二月有正式議決，擁護馬克思的聯合政策，並且指摘哥氏的錯誤，然哥氏黨徒後來因馬克思等宣言退出民主聯合會的委員會，和工人聯合會宣言退出德意志民主黨，遂於四月二十六日致書哥氏，聲明退出工人聯合會，另組新會，推他爲會長，這個新會的名稱是『求一切人的自由與幸福聯合會。』（Verein zur Erlangung von Freiheitund Wohlstand für alle.）　至於原來的工人聯合會因受分裂的影響，一般會員對於會務，漠不關心，也不到會，而警察復施壓迫，漸至於無聲無臭。馬克思等雖竭力支持，於四月二十六日發出宣言，聲明一切工人聯合會密切結合的必要，並由寬恩工人聯合會組織一個委員會，籌備於五月初六日開一個萊因省與威斯特華倫一切聯合會的總會議，但考查當時的紀載，此事沒有下文，或者是因警察的壓迫，不能實現。　馬克思即於五月被驅逐，寬恩工人聯合會雖繼續存在，然至是年十月便改名爲教育聯合會了。

我們現在再回轉來敘述一八四八年德意志反革命的運動。　維也納自經過八月慘殺後，資產階級與無產階級的裂口愈弄愈寬，而反革命的勢力也日積日厚。　至九月二五日奧皇斐迪南第一(Ferdinand I.)任命蘭伯克(Lamberg)將軍爲匈牙利總司令，預備壓迫匈牙利的民族運動。　匈牙利國會宣布奧皇的命令爲無效，迨蘭氏出現於白斯特(Pest)，即被忿怒的匈牙利民衆殺死了。　奧皇於是於十月四日下令解散匈牙利國會，並任命南斯拉窩尼亞(Slavonia)反動派領袖節拉契芝(Ban Jellachich)爲匈牙利軍民總監，因此引起維也納民衆的大憤激，因爲這就是一種對於三月革命的威嚇舉動。維也納的學生軍，民軍，以及持戈矛長桿的工人和市民等等爲阻止守備隊開拔去壓迫匈牙利起見，羣集於火車站，及其他要害處。　布勒地(Bredy)將軍率兵首先開釁，學生軍與民軍起而應戰，遂將布氏殺死了。　軍務大臣拉圖(Latour)也於是日騷動中被羣衆擊斃了。　奧皇於是出奔至屬於半斯拉窩尼亞領城的阿里木次，(Olmütz)任命衞狄施格列次(Windischgrätz)將軍爲總司令，從各處調動軍隊向維也納進攻。　當節拉契芝在匈牙利被革命的將軍白澤爾(Perczel)擊敗之後，他率領軍隊逃至維也納附近，此時衞氏和他聯合，兵力愈加雄厚了。　至於民衆方面於勝利之後，情形非常紛亂。資產階級與無產階級互相猜忌，『國民軍有一部分決定不應戰，有一部分態度猶豫，只有一極小的部分預備動作；無產階級的羣衆數量雖很多，但缺乏領袖，缺乏政治教育。甚至於無緣無故，即驚惶失措，忿怒無常，且易為謠言所蠱惑，他們雖很願意爭鬥，但沒有武裝——至少起初是這樣的——即有武裝也不完全，當他們後來去應戰時，他們的組織是很簡陋的。』（見馬克思的革命與反革命八一頁。）只有『三，四千學生軍訓練與紀律都有可觀，並且勇敢，熱心，就軍事上講，這是唯一可用的隊伍。』（見同書八三頁）至於何牙利的革命軍不能及早赴援，以至坐失事機。因有以上種種原因，所以從二十四日起開戰至三十一日止，民衆的軍隊雖勇敢應戰，畢竟被衛氏的軍隊打敗了。此次民衆方面犧牲的人數在三千以上。衛氏自戰勝後，即在維也納宣布戒嚴，解散學生軍和國民軍，禁止集會結社，檢查報紙，總之，民衆的自由被他剝奪淨盡了。

當維也納變亂之際，德國民主黨第二次大會正在柏林開會，這個會發出一種很長的宣言，激昂慷慨地要求德意志政府迅速救援維也納，認此為政府最神聖的義務，又空空洞洞地要求民衆犧牲一切，去拯救維也納。馬克思以為德意志的各政府都是一丘之貉，他們是絕不會援助維也納民衆的，至於希望民衆援助維也納，須提出具體的和一定的要求，然後能發生效果，『誰作全般的要求，誰就是沒有提出要求，也一無所得。』（見一八四八年工人讀本五七頁，馬氏民主黨大會的宣言。Der Aufruf des demokratischen Kongress『然不管「民主黨大會的宣言」如何，我們希望民衆從自己的昏睡狀態中驚醒過來，他們目前還能夠對於維也納人作一種唯一的幫助，就是在自己的國家內制勝反革命。』（見同書五八頁。） 可是當時的民衆不能夠依照馬氏所指的途徑做去，過了三日，（十一月六日，）他憑吊維也納的失敗，在新萊因報上很沉痛地說道：『六月和十月間無結果的慘殺，二月和三月間疲敝的犧牲，以及反革命的兇橫殘忍，將使民衆相信，要把舊社會死刑的痛苦和新社會流血產生的痛苦縮短，減少，並且集中起來，便只剩着一種方法——即革命的恐怖主義。』（見馬克思與昂格思文匯第三卷一九九頁。）

維也納的慘禍方終，而柏林的怪劇又開始了。　柏林政府與三月革命後召集的國會間本來就發生許多衝突，至十一月一日，普王威廉第四更任命威廉第二的兒子勃蘭登堡（Brandenburg）伯爵爲內閣總理，布內閣即於九日出席國會，宣布普王的上諭，以免受暴民的包圍和影響爲理由，令國會停會，至本月二十七日再在勃蘭登堡城集合開會。國會中的中左兩派雖不肯承認政府的命令，但他們只主張消極的反抗，沒有積極的行動。當時柏林的國民軍表示願保護國會。至於工人的態度尤爲激昂，有三十個工場的工人致書國會，願供驅策，書中說：『如果有人敢在人民代表中摧殘人民的權利，柏林的工人預備服從你們的指揮；他們將他們的身手和熱血獻給你們，誓死反抗每種背叛你們和人民自由的仇敵。』（見布洛斯一八四八年至一八四九年的德意志革命四六八頁。）但國會怵於反革命的勢力，不敢談及武力的抵抗。至十日下午胡蘭吉率二萬軍隊入柏林，佔據議場，禁止憲法會開會，至十二日晚更宣布戒嚴，並解除國民軍的武裝。於是一切黨會均被解散，民主派的一切報紙均被封禁。國會議員雖另擇地點開會，但總是被軍隊追逐，至十五日他們議決在國會不能自由開會之時，人民應抗稅，然軍隊又追蹤而至，柏林開會之舉遂從此告終了。到了十一月二十七日主張消極抵抗的國會議員竟低首下心，在勃蘭登堡開會，在兩次會議之後，即不足法定人數，至十二月五日，普政府便將這個國會解散，另行頒布一種新憲法和新選舉法了。柏林的怪劇就這樣告終。昂格思後來述及此事，加以批評道：『或者當一八四八年十一月初旬企圖武裝的抵抗是太遲了，或者一部分軍隊因遇着嚴重的抵抗，轉到國會一方面來，使後者獲得優勢，——這個問題是永不會解決的。　可是在革命中和在戰爭中一樣，必須時常表示一種強固的陣線，誰取攻勢，誰就佔便宜；在革命中和在戰爭中一樣，當危急存亡之際，無論情形如何，必須用全力去應付。　凡歷史上成功的革命沒有一次是不證明這種原理的眞實的。　現在講到普魯士的革命，當一八四八年十一月危急存亡之秋已經到了；正式站在全部革命利益領袖地位的國會沒有表示一種強固的陣線，因爲敵人每一進攻，他就退讓；他更沒有取攻勢，因爲他甚至於不要防衛自己；當緊要關頭到了，當胡蘭吉統率四萬軍隊來敲柏林的門，胡氏及其軍官本料到每條街道築滿了堡壘，每個窗戶變成一種放鎗的眼，不意他竟遇不着這種情形，但看見門戶洞開，街道上只是充滿了和平的柏林市民，他們〔無異〕將自己的手足束縛起來，交給兵士，令後者驚訝不置，然他們對於胡氏演了這樣的滑稽劇，反洋洋得意。　國會和人民如果抵抗，或會失敗，這是眞的；柏林或者要受砲擊，千百人或者要被殺戮，而又不能阻止王黨最終的勝利。　但這不是他們卽刻放下他們的武器的理由。一種經過頑強爭鬥的失敗在革命上的重要，和一種容易獲得的勝利是一樣的。　一八四八年巴黎六月和維也納十月的失敗，對於使這兩個城市的人心革命化，一定遠過於二月和三月的勝利。 柏林的國會和人民或者要和上列兩個城市的人民同其命運；但他們應當榮耀地失敗，應當在後死者的心中留下一種復仇的念頭，在革命的時候，這種念頭是促成強有力和激烈行動的最大激勵物之一。 在每一種爭鬥中，凡應戰的人都有被擊敗的危險，這是自然的；但這是他承認自己被擊敗，它不反抗而甘心投降的理由麼？ 在每一種革命，凡控制一個勝負攸關的局面的人如果不逼迫敵人出於一戰，而甘心拋棄這個局面，那麼，他是應當作爲叛逆看待的。』（見馬克思—本應爲昂格思—革命與反革命九五至九六頁。）

昂格思上面一大段話可以說是一八四八年十一月柏林國會及市民的『蓋棺定論，』一再明白此說，就是普魯士資產階級的『蓋棺定論』，因爲國會最大多數的分子是屬於這個階級的，當時的資產階級控制一個勝負攸關的局面，未嘗不足有爲，但他既怕上面的專制主義，和封建制度，復怕下面的無產階級，所以他『對於保守派是革命的，對於革命派是保守的。』（引馬克思語，見馬克思與昂格思文匯第三卷二一三頁。） 因此他斷然拒絕無產階級武力抵抗的計畫，而甘心採一種滑稽的消極抵抗的政策，以致一敗塗地，不可收拾，他是不能辭

背叛革命之罪的

當柏林事變發生之後，『至十一月十三日，有一種假消息傳到寬恩，就是柏林的國民軍不肯解除武裝，並不肯解散，於是〔新萊因〕報立刻宣言，以兵和武器急救柏林國會，這是萊因省的義務。』（見同書六四頁。） 至十八日萊因民主聯合會的委員會由馬克思，修白爾，和施萊德（Schneider）署名發出一種宣言，要求萊因省各民主主義的聯合會一致履行下列各項：一、自普魯士國會議決抗稅之後，大家對於強迫徵稅一事，應當盡力拒絕。 二、抵抗仇敵的國民軍應當到處組織起來。 貧民的軍器和軍需的費用應當由公家擔負，或由自由捐助。 三、請各團體明白宣布對於國會的議決案是否承認，是否願意履行。 如果各團體否認這種議決案，應設立保安委員會，在可能的限度內，並應得城鎮議會的同意。 凡反對國會的城鎮議會應由普通的國民選舉從新改組。

可是當時為全國觀瞻的柏林既毫無舉動，而各省的反革命勢力也逐漸強固，更難望民衆起來作第二次革命運動，所以雖有上面的宣言，也不能發生何種效力了。 但馬克思却因從事政治運動，於一八四九年二月七，八兩日連受兩次審判。 第一次受審判是因他和昂格思等被控爲侮辱高級檢察官和警察。　第二次受審判是因馬氏署名於民主聯合會的宣言，公然鼓吹抗稅和武裝的反抗。

馬克思在第一次受審時作一種有聲有色的辯護，他的結論如下：『「陪審」諸君，我確切告訴你們，我願盱衡世界大事，分析歷史的進程，而不願和地方的僞神聖及警察等挑戰。這些先生們在自己的幻想中以爲是如何偉大，但在現今巨大的爭鬥中，他們算不得什麽，絕對算不得什麽。　我們如果決定和此等敵人比武，我以爲這是一種眞正的犧牲。　但在被壓迫者最切近的環境中替他們主張公道，這是報紙的大職。　諸君啊，奴役建築物眞正的支柱是在下一層的政治和社會的勢力，此等勢力是直接和私人的生活及活的個人對抗的。　單和一般的狀況及最上層的勢力宣戰，是不夠的。　報紙必須毅然決然出而對抗此等警察，此等檢察官和此等地方長官。　三月革命的失敗在什麽地方呢？　就在這種革命只改造最高的政治的頂點，讓這個頂點以下的一切基礎——即舊官僚，舊軍隊，以及爲着服務於專制主義而生長，發育並衰老的法官等等——存在，不加破壞。　現在報紙的第一種天職就在使現時狀況的一切基礎根本推翻。』（見漢斯施台寬恩工人聯合會七九頁。）　馬克思講完之後，陪審官對於他和昂格思等宣告無罪。

至異日，馬克思，又復出現於法庭，此外，俠白爾和施萊德也因同一事件而出庭受審。首由國家檢察官說明一八四八年十一月十五日國會議决抗稅，在法律上是根本不發生效力的，第一，國會已奉諭遷地開會，不復能在柏林有所議決，至於遷地開會之舉，不獨是君主的特權，並且也是政府的義務，因爲國會在柏林被人民包圍，不能自由行使職權；第二，國會於各案議決，須經過三讀，方才有效，抗稅的議决案只經過一讀，法律上的手續並不完備；第三，就實質的見地講，這種所謂議決案，也屬無效，因爲國會不得對於賦稅有所議決。檢察官又說，這種議決案如果發生效力，便是推翻政府，構成內亂，凡服從這種議決案的人自有應得之咎；這種議決案在形式上和實質上既被證明是沒有根據，所以被告諸人必須受裁判；還有一層，這種議決案是不能夠推行的，因爲他 有經過國會的公布，然被告諸人竟以推行這種議決案相號召，並且更進一步，要求以武力貫徹其主張，凡以法律與秩序爲懷的人必覺得這種不法的抵抗官府行爲是一種背叛，這是不能容忍的，因此他要求科被告以應得之罪。

檢察官說完之後，休息一刻鐘，馬克思開始爲自己辯護。他首先說明這種訴訟如果開審於一八四八年十二月五日以前，則代表政府的檢察官的起訴猶有意義可言，自此以後，政府猶根據一八四八年四月的法律加罪於被告，便不可解了，因爲政府於十二月五日擅自頒布一種憲法和新選舉法，政府已立於革命的地位，這就是說，立於反革命的地位。『君主已經舉行了一次革命，他已經把原有的法律局面推翻了，他不能訴諸曾被他自己推翻的法律。當一個人舉行革命，幸而告成，他可以殺戮他的反抗者，但是他不能夠裁判他們。他可以把他們當作被克服的仇敵，加以剪除，但他不能夠把他們當作〔平常的〕罪犯，加以審判。在革命或反革命告成之後，不能夠援引已經被蹂躪的法律來加罪於擁護這種法律的人。』（見寬恩陪審官前的馬克思一一至一二頁，一八九五年柏林出版。Karl Marx vor den Kölner Geschworenen.）

馬克思於是繼續說明一國中有兩種權力互相對峙，則一種權力之下的裁判官不能應用普通刑律，認他種權力之下的人爲罪犯。『在平常的狀況之下，那公共的權力是現行法律的執行者；凡違犯這種法律的人或是以強力反抗公共權力推行這種法律的人就是罪犯。在我們的事件上，是一種公共權力破壞法律；他種公共權力——不管是那一種——主張這種法律。兩種國家權力間的爭鬥既不涉及民法的範圍，復不涉及刑法的範圍。君主是對的，還是國會是對的，這個問題是一個歷史的問題。普魯士一切陪審官，一切法庭合攏來，也不能解決這個問題。只有一種力量會解決此問題，這種力量就是歷史。因此我不解，我們何以能夠被人根據刑法典，置諸被告的地位上。』（見同書一一二頁。）

馬克思於指出以上的大理由之後，復對於檢察官所謂法律根據反覆推論一番，然後說明普魯士君主沒有使國會遷地開會的權限，也沒有准國會自由與不自由的權限；至於認國會的議決案未經過二讀，形式不完備，尤屬吹毛求疵，因爲國會在政府的武力壓迫之下，不能完成其手續，本不足怪，政府自身侵犯一切最重要的法律——如保護人身命和國民軍法律等等——並宣布戒嚴，厲行無限制的武力專制主義，『在一方面是不知羞恥，侵犯一切法律，在他方面却要求小心謹愼，保持一種規則呀！』（見同書二〇頁。）至於檢察官認馬克思等的行動是超出國會議決案之外，馬氏是承認的：『國會願意自身純粹站在法律的地位上，站在消極抵抗的地位上，這完全是對的。國會有兩條路可走。〔一條路是〕革命。他不走這一條路。這些先生們不願意拿他們的頭顱去冒險。〔另一條路是〕抗稅，這是立於消極抵抗的地位上。他走入這一條路。可是人民要實行抗稅，必須站在革命的地位上。人民並不把國會的行爲當作標準。國會自己沒有權力，人民只是以自身固有權力的主張交給國會。國會如不履行他的職務，則他的職務就消滅了。於是人民挺身出現於舞台上，根據自己的主權，處置一切事件。例如一個國會爲一個叛逆的政府所收買，那麼，人民對於政府和國會兩方必須予以驅除。當君主舉行反革命，人民即以革命報之，這是對的。這是無須國會批准的。然普魯士政府企圖叛國，這是國會自身所宣佈的。』（見同書二五至二六頁。）

末了，馬克思總括他的意思說道：『自〔普〕王自己蹂躪一八四八年四月六日和八日的法律之後，內閣不能援引這種法律，加罪於我們。……國會對於抗稅的議決案在形式上和實質上是有效的。我們在我們的宣言中是比國會更進一步。這是我們的權利，並且也是我們的義務。末了，我再申述一遍，這種戲劇的第一幕是告終了。中世紀的社會與資產階級的社會間之爭鬥是會從新在政治的形態中表現出來的。國會一經集合開會，這種衝突是會重行開始的。……無論新國會取何種途徑，那必然的結果不出下面所說的，就是：或爲反革命的完全勝利，或爲新勝利的革命！革命的勝利或者要於完成的反革命之後才是可能的。』（見同書二六頁。）

馬克思這樣侃侃而談，經過兩點鐘之久，他說完之後，狹白爾和施萊德相繼發言，他們說完之後，陪審官商議至半點鐘之久，乃宣告馬氏三人無罪。

馬克思旣得免於縲絏之災，仍舊度其領導民衆，從事革命運動的生涯。不過一八四九年的政治和社會狀況，無論在歐洲或在德國均不能令人抱樂觀，因爲此時歐洲革命運動的命運已經由法國的一八四八年六月戰爭和德國的十月及十一月事變決定了。可是是年十一月羅馬發生變亂，逼得羅馬教皇出奔，馬氏在『一八四九年的新年』（Neujahr 1849.）一文中希望歐洲的革命運動由此再開始，法國無產階級得到勝利，並且以一種世界戰爭去打破宰制世界市場的舊英國，使無產階級起而執政，然後可實現社會革命。後來這種希望雖沒有實現，但此文至今猶有絕大的價值，因爲英國現在更加猛烈地宰制世界市場，變成反革命的大本營，要馬氏的希望早日實現，全世界的社會革命才能進行順利，因此我們特介紹此文兩個重要的節段如下：

『英國使其他整個的民族變成他的無產者，他的巨大的手臂擒住全世界，並且曾經用他的金錢支付過歐洲復興費的，他自己懷中的階級對抗已經達到最顯著最無恥的形態，——英國像一種巖石，革命的波浪因這種巖石而受挫折了——新社會已經伏在母胎中了。英國宰制世界市場。歐洲大陸每一國國民經濟狀況的革命，即徧及全歐洲，如果將英國除外，便是一個玻璃杯水中的風暴。每個民族中的工業和商業市場是受他自己和其他民族的交通支配的，是以他自己對世界市場的關係決定的。可是英國宰制世界市場，而資產階級宰制英國。

歐洲的解放無論其爲被壓迫民族的獨立，或爲封建專制主義的破滅，是以法國工人階級的勝利爲條件的。但法國每一種社會革命遇着英國資產階級，遇着大不列顛人工商業的世界統治，必然要受挫折。法國以及歐洲大陸每一種局部的社會改革如果要有一定的意義，那就只是一種空洞的和虔誠的志願。只有假手於一種世界戰爭才能夠打倒舊英國，只有這種戰爭才能夠予民權黨——英國有組織的工黨——以起來反抗龐大的壓迫者的條件。要民權黨人站在英國政府的頭上，斯時社會革命才從烏託邦而達到實現的境地。然每一種牽涉英國的歐洲戰爭是一種世界戰爭。這種戰爭的出現在坎拿大，或在意大利，在東印度，或在普魯士，在非洲或在多惱河，（Donau）都是一樣。歐洲戰爭是法國勝利的工人革命的第一種結果。英國像在拿破崙時代一樣，將站在反革命軍隊的頂點，但因這種戰爭，他將投身於革命運動的頂點，並且贖他對抗十八世紀革命的罪過。

法國工人階級革命的崛起，和世界戰爭——這就是一八四九年的指標。」（見馬克思與昂格思文匯第三卷二三一至二三二頁。）

不幸一八四九年不獨法國工人階級的崛起沒有成功，世界戰爭沒有出現，即一般的民衆運動及其領導者一直到四月為止，也到處銷沉下去了。例如在職責上應指示民衆奮鬥的德意志民主黨自成立以來，不獨不能再接再厲，並且愈趨愈下，這種衰敗的情形在一八四八年十月第二次大會中即已充分表現出來了。這一黨本以萊因民主聯合會為支柱，到了一八四九年四月，聯合會更是意見紛歧，爭端疊出。新萊因報乃於四月十五日登出馬克思，狹白爾，倍克，和哇爾夫等退出民主聯合會委員會的宣言，其要點如下：『我們覺得現今各民主聯合會的組織所包含的分子過於龐雜，要想有一種達到目的的活動是不可能的。據我們的意思，願意各工人聯合會有一種密切的結合，因爲他們是由相同的分子組成的」。（見同書八〇頁。）至異日寬恩工人聯合會的大會也議決退出萊因各民主聯合會的組織了。

馬克思在退出民主黨之前，即決定一種新的策略，就是注意無產階級的政治教育和組織，從四月五日起，新萊因報上開始登載他前在不律塞演講的工資勞動與資本，他在退出民主黨的宣言中更明白指出工人須有密切的結合，後來又組織委員會，籌備於五月初間開萊因省與威斯特華倫工人團體的總會議，以便形成一種革命的工人運動。可是這種計畫正在進行之中，忽因佛郎克佛國會與普魯士政府間的衝突，引起德國各處的變亂，結果是反革命獲勝，不獨馬氏的計畫無由實現，新萊因報且被封，他自己也被驅逐了。今特分述諸事如下。

德意志國會爲一八四八年三月革命的產物。他是五月十八日在佛郎克佛集合的。至六月二九日他選舉與大利約翰大公(Erzherzog Jobann) 爲德國政務大臣。(Reichsverwerfer) 此外，國會的時間盡花費在無聊的討論上面，至於國利民福之事，他是不肯措意的。可是，到了一八四九年三月二十八日他却選舉普王爲德意志皇帝。普王對於國會的盛意不肯接受，起初聲言須徵求各邦諸侯的意見，至四月二十八日，他便很決切地謝絕國會的皇冠了。當時的民衆對於佛城國會本久已失掉信仰和同情，不過在君主和國會衝突之時，久受壓迫的民衆卻一致起來幫助國會，因爲此舉就是拯救他們自己。　從五月初二日以後，諸勒斯登，萊比錫，布列斯勞，歐爾柏菲爾德，伊色羅，(Iserlon) 巴登，普法爾次相繼發生變亂。歐爾柏菲爾德爲昂格思的家鄉，在此處的變亂中，他參加軍事委員會的保安委員會，並且受命視察戰壕，鞏固陣地，他在戰壕作工，竟於路上遇着他的父親了。（參看邁耶昂格思傳第一卷三五八至三六一頁。）

可是各處變亂大半相繼失敗，普魯士政府便運用高壓手段來對付新萊因報。　昂格思說：「諸勒斯登和歐爾柏菲爾德的變亂被壓平，伊色羅的變亂被包圍，萊因省和威斯特華倫受軍隊的威脅，而這種軍隊是要開去鎮壓普法爾次和巴登的。　最後，政府便於充分壓迫普魯士的萊因地方後，敢於向我們進攻。　編輯部有半數人是被告發，還有些人以非普魯士人而被驅逐。，在另一方面，一整個軍團站在政府的後面，便無能爲力了。　我們必須捨棄自己的堡壘，但我們是挾着武器和行裝，響起最後一號紅字印刷的旗幟，堂堂正正，退出來的。

』（見馬克思與昂格思文匯第三卷八五頁。）　普魯士政府久已視新萊因報爲眼中釘，本擬早日除去。　他曾要求寬恩當局再在寬恩宣布戒嚴，用軍法封閉新萊因報，但遇着意外的阻力，不能實現。　後來他又擬以強制力拘捕馬克思，藉以達到同樣的目的，但寬恩的陪審官已兩次宣告馬氏無罪，恐終難枉法徇私，因此未果。　迨五月間德國各處亂事發生，新萊因報的革命熱忱愈加飛躍紙上，普政府遂挾其武力，於十一日下一道命令給新萊因報的主筆，其內容如下：『新萊因報在最近的論文中愈加煽動［民衆］蔑視現政府，從事武力破壞，並企圖建設社會共和國。　該報主筆馬克思博士濫用外賓權利達於極點，應即剝奪這種權利，他既沒有獲得再行居留於各聯邦的允許，應於二十四點鐘內離開各聯邦，不得滯留。　他對於這種命令如果不願意奉行，卽當驅逐出境。』（見同書二六五至二六六頁。）

新萊因報館於十六日接到這種命令，此報於十九日發出最後的一號就告終了。　這一號中除掉佛萊利格拉有名的告別詩外，還有編輯部對於寬恩工人階級的啓事，其全文如下：『我們同人最後警告你們，在寬恩不要有何種暴動。　按照寬恩的軍事狀況，你們的失敗無可救藥了。　歐爾柏菲爾德的資產階級怎樣將工人送入炮火之中，怎樣卑鄙齷齪地暗中背叛工人，這是你們已經看見的。寬恩如果戒嚴，一定敗壞全萊因省，你們此時每一種騷動必然的結果就是戒嚴。你們如果安靜，將使普魯士〔軍〕人失望。新萊因報編輯部於臨別之時，感謝你們所表示的同情。同人最後的話，無論在何處，無論在何時，只是：工人階級的解放！』（見同書二六五頁。）

馬克思於四月半以後，即離開寬恩，往各處替新萊因報張羅款項，當驅逐他的命令發表的時候，他正在威斯特華倫。此報的股分既收不到，而報紙的銷路又一天好似一天，後來每日竟增至六千分，因此開支更大，虧累尤多，而報館常陷在窘迫的境遇中。馬克思除掉犧牲他所有的私產外，復四處張羅，以維持報紙的生命，當新萊因報陷入孤城落日的景况時，他猶向一個軍官痕截(Henze)借得三百達列，併入他從郵局所收的報費一千五百達列，用作償還排字人，印刷人，紙店，書記，通信員，和編輯部人員的欠數。至於他自己此時已有兒女三人，又當預備出亡之時，家計至爲困難，他從痕截借一個旅行提包，盛着他的妻子的銀器，送往佛郎克佛質錢以濟家用。他這種公而忘私的精神後來是極爲革命的同志所稱道的。

馬克思在逃返寬思的途次中接到被驅逐的消息，他旋和昂格思等同赴佛郎克佛，『命望在橫逆壓迫之下的德意志國會對於收集爭鬪勢力的各政府和因爭國家憲法而崛起附從革命的人民兩者間必須有所取捨。保羅教堂〔按卽國會開會地點〕的人們苟且因循，不知所措，他們的無能爲力現在才爲世所共知，昂格思和馬克思至少也想從此等人中間打出赤的火花出來。馬昂兩氏以爲國會和南德意志運動的領袖現在只要表示勇氣和決心，一切事還有可爲。我們不能確切知道，他們以其勇敢的建議去震動左派中那些領袖。他們宣言，只要國會有一種議決案，就可以召集巴登和普法爾次的革命軍到佛郎克佛來保護國會。昂格思在後來尙相信，當時這樣的一種議決案可以拯救時局。有了這種議決案，國會便一舉復行獲得人民的信任。於是黑生和丹穆斯達(Hesse-Darmstadt)軍隊的失敗，魚騰堡(Wurtt-embarg)和擺陽的依附新革命的，確是可望做到的，中部德意志各小邦也一樣要轉入革命漩渦，普魯士自顧不暇，俄國的軍隊後來向匈牙利進逼，倘若德國有這樣一種猛烈的運動，俄國必定將一部分軍隊撤回波蘭。因此匈牙利也在佛郎克佛被拯救了，在德國向前勝利的革命印象之下，巴黎革命的爆發——這是昂格思和馬克思當時每天所希望的——也不致像一八四九年六月十二日「激烈市民」那樣不經戰鬥而敗北了。」（見邁耶昂格思傳第一卷三六二至三六三頁。）

可是佛郎克佛國會的分子除掉極少數外，都是畏首畏尾，毫無革命精神與策略的，德國各處的變亂雖是爲擁護憲法而起，但國會完全不能領導這種運動。馬，昂兩氏雖有良謀，遇着這樣的國會，也自然是無由見諸實行，他們遂於五月二十日離開佛郎克佛，前往革命運動正在熱烈進行的巴登和普法爾次。但他們一入巴登境，即覺得該處軍事的領導不得法，至卡爾斯羅合（Karlsruhe）觀察軍事情形，更覺失望，乃往愷撒斯勞騰。（Kaiserslautern）他們在此處遇着德斯脫，（D'Ester）德氏是普法爾次臨時政府中的主腦，他請馬克思當普法爾次的民主黨中央委員會的全權代表，前往巴黎，與正在預備爭鬬的山嶽黨（Montagne）接洽一切。馬昂兩氏回來，路過黑生，當地軍隊把他們當做參與亂事的人，加以逮捕，並將他們解至丹穆斯達，轉送佛郎克佛，但他們在此處旋被放釋了。

馬克思與昂格思自此以後即分途進行他們的事業。昂氏仍返愷撒斯勞騰，在威里系（Willich）所組織的自由軍中當副將。馬克思則銜民主黨之命，於五月底前往巴黎。他於六月七日寫信給昂格思說：『此處伏處於王黨的反動之下，比在基佐之下更覺無恥，只好和一八一五年以後的反動相比較。　巴黎景況慘淡無光。……　雖是這樣，然巴黎革命的烈火大大的爆發，是指顧間的事。』（見昂格思與馬克思書信錄第一卷一〇四頁。）　但馬氏的希望沒有實現，而山嶽黨所籌畫的暴動方略不出一星期完全失敗了。　至七月十九日，法國內務總長命警察總監下令驅逐馬克思出巴黎。　馬夫人的記錄中說：『我們在巴黎寄居一個月。　但此處也不是我們的棲身所。　有一天早晨，一個相熟的警察來到我們家中，宣稱馬克思及其夫人必須於二十四點鐘之內離開巴黎。　還有一種向我們示恩的說法，叫我們移居摩俾翁（Morbihan）的瓦內。（Vannes）　我們自然不能承認這樣一種放逐，我再收拾行李到倫敦找一個避難所。　卡爾已經先我們前往該處了。』（見馬克思革命與反革命編輯者序言第六頁。）

馬克思雖接到即刻離開巴黎的驅逐令，但未能如期出境。　他當時受金錢壓迫，達於極點，遂馳書向佛萊利格拉和拉塞爾告貸。　他於八月二十三日寫信給昂格思，說於當日離開巴黎，前往倫敦。　至九月五日，他寫信給佛氏，說他的妻子將於十五日來倫敦。　自此以後，馬克思即以倫敦爲長駐地，至臨終時止，共居三十四年之久。　他自一八四三年出遊巴黎，至一八四九年離開巴黎，中間不過七年，然他因投身無產階級，從事革命運動，由法而比而英而德而奥，奔走呼號不遺餘力，他自此次到英後，因時局的變遷，復潛居研究室中，過其靜悄的生活；與前此迥不相同，因此他的奔走時期（第二時期）即以離開巴黎爲終點了。

馬克思傳（上）完